東洋文庫 868

メッカ巡礼記 1

旅の出会いに関する
情報の備忘録

イブン・ジュバイル
家島彦一 訳注

平凡社

装幀　原　弘

凡例

一、本書は、イブン・ジュバイル（アブー・アル＝フサイン・ムハンマド・ブン・アフマド・ブン・ジュバイル・アル＝キナーニー、Ibn Jubayr, Abū al-Ḥusayn Muḥammad b. Aḥmad b. Jubayr al-Kinānī, 一一四五—一二一七）による『旅の出会いに関する情報の備忘録 *Tadhkirat bi'l-Akhbār 'an Ittifāqāt al-Asfār*』、通称『イブン・ジュバイルのメッカ巡礼記 *Riḥlat Ibn Jubayr*』として知られる書物の全訳である。なお、本書の邦訳は分量の都合で全体を三分冊とし、そのうち本巻（第一巻）は著者イブン・ジュバイルがメッカ巡礼の目的で、ヒジュラ暦五七八年シャウワール月八日（西暦一一八三年二月四日）、現スペインのグラナダ（ガルナータ）を出発し、半年後の五七九年第二ラビーウ月一三日（一一八三年八月四日）にメッカに到着、そこで過ごした第二ジュマーダー月末（一〇月一九日）までの記録を含む。

一、本書は、オランダのライデン大学図書館所蔵のアラビア語写本に依拠し、W・ライト（William Wright）が一八五二年に校訂し、さらに一九〇七年、ド・フーエ（M. J. de Goeje）が改訂を加えたアラビア語テキスト『イブン・ジュバイルの旅行記 *The Travels of Ibn Jubayr*』(Edited from a Ms. in the University Library of Leiden by William Wright, second edition revised by M. J. de Goeje and printed for the trustees of the "E. J. W. Gibb Memorial". Leyden: E. J. Brill, Imprimerie Orientale, London: Luzac & Co., 1907) を定本として用いた。

一、写本の欠損および判読不明な部分については、〔 〕に括《くく》って示し、補足した。

一、原則として以下のような意味で括弧を使い分けた。本文に引用された書名は『　』、話者から直接引用する部分は「　」もしくは〝　〟で示し、特殊な用語については〈　〉、『クルアーン』の章句と預言者の伝承（ハディース）は《　》で分けた場合がある。
一、本文中で、文意を明らかにするために言葉を補う場合には［　］に括って、また直前の語句の説明と言語のローマ字表記を示す場合は（　）に括って示した。
一、年号表記は原文どおりに、ヒジュラ暦と異邦暦（一二世紀のアンダルスで使われていた太陽暦、グレゴリオ暦）を併記して用いる。
一、『クルアーン』から引用の章・節番号は、G・フリューゲル（Gustavus Flügel）版に、その邦訳は主に井筒俊彦訳『コーラン』（岩波書店、一九九五年、九八年版）に拠った。
一、宗教・儀礼用語、職名、動植物名、技術・道具名などの特殊名称は原則的に日本訳にし、必要な場合は原語をカタカナルビで併記するか、（　）内に記した。なお、適当な定訳が得られない場合には、原語をそのままカタカナで表記した。
一、地名、人名はカタカナで表記した。本文中では、原則としてテキストの表記を忠実に写したが、比較的多く使われている名称については慣用の表記に従い、初出の時に（　）内に原文に近い表記を載せた。
　例　グラナダ（ガルナータ）、シチリア（スィキッリーヤ）、カイロ（アル＝カーヒラ）、メッカ（マッカ）、メディナ（アル＝マディーナ）、ダマスカス（ディマシュク）、カリフ（ハリーファ）、スルタン（スルターン）
一、人名・地名や特殊なイスラーム用語に付く定冠詞、「アル」（al-）については、「アル＝」と表記する。ただし語頭にあるときのみ、これを省略する。

例　ハサン（al-Ḥasan）、マーリキー（al-Mālikī）、マスウーディー（al-Mas‘ūdī）、ワリード（al-Walīd）、シャリーフ（al-sharīf）、アレクサンドリア（al-Iskandrīya）、サファー（al-Ṣafā）、マルワ（al-Marwa）

一、後に太陽文字（tā’, thā’, dāl, dhāl, rā’, zāy, sīn, shīn, ṣād, ḍād, ṭā’, ẓā’, lām, nūn）が続く時は「アッ」「アン」などのようにする。例外として、al-Dīn の場合はウッ＝ディーンとする。

一、語頭のハムザ、語末のターマルブータは省略するが、ザカート（zakāt）、サラート（ṣalāt）のような例外もある。ペルシア語末のhは「フ」と書く場合もある。

一、人名の間にあるIbn（イブン）は「ブン」と表記し、ラテン文字を転写した場合はb. となる。

一、母音を伴わないハムザは原則として詰まりの小文字ァ、ィ、ゥで、アインはア、イ、ウで表す。

例　ra’s ラァス　mu’min ムゥミン　dhirā‘ ズィラーウ　Ka‘ba カアバ

一、アラビア語の発音表記は、なるべく原語に近い表記法をとった。アラビア文字とラテン文字への転写およびカナ表記は次頁の表のとおりである。

一、ペルシア語とトルコ語のローマ字転写については、原則として『新版イスラム百科事典 *The Encyclopaedia of Islam*』（New edition, Leiden: E. J. Brill, 1–12（Supplement）, 1960–2004）の表記に従う。

一、訳注は、章の区分となるイスラーム月の終わりに一括して載せた。なお、それぞれの注に含まれる参考文献については、最終巻となる第三巻を参照されたい。

一、地図、表および写真は、本文と関連する箇所に挿入した。

一、ラテン文字表記を含む地名と人名の索引は、第三巻に載せる。

文字名		カナ表記			（単独子音）	文字名		カナ表記			（単独子音）	
'alif	'	ア	イ	ウ	ゥ	ẓā'	ẓ	ザ	ズィ	ズゥ	ズ	
bā'	b	バ	ビ	ブ	ブ	'ayn	'	ア	イ	ウ	ア	ウ
tā'	t	タ	ティ	トゥ	ト	ghayn	gh	ガ	ギ	グ	グ	
thā'	th	サ	スィ	ス	ス	fā'	f	ファ	フィ	フ	フ	
jīm	j	ジャ	ジ	ジュ	ジュ	qāf	q	カ	キ	ク	ク	
ḥā'	h	ハ	ヒ	フ	フ	kāf	k	カ	キ	ク	ク	
khā'	kh	ハ	ヒ	フ	フ	lām	l	ラ	リ	ル	ル	
dāl	d	ダ	ディ	ドゥ	ド	mīm	m	マ	ミ	ム	ム	
dhāl	dh	ザ	ズィ	ズ	ズ	nūn	n	ナ	ニ	ヌ	ン	
rā'	r	ラ	リ	ル	ル	hā'	h	ハ	ヒ	フ	フ	
zāy	z	ザ	ズィ	ズ	ズ	wāw	w	ワ	ウィ	ウ	ウ	ゥ
sīn	s	サ	スィ	ス	ス	ww	wi		ウィー			
shīn	sh	シャ	シ	シュ	シュ	yā'	y	ヤ	イ	ウ	イ	ュ
ṣād	ṣ	サ	スィ	ス	ス	yy	yī		イー			
ḍād	ḍ	ダ	ディ	ド	ド	hamza	'	ア	イ	ウ	ゥ	
ṭā'	ṭ	タ	ティ	トゥ	ト							

はしがき

本書は『旅の出会いに関する情報の備忘録 *Tadhkirat bi'l-Akhbār 'an Ittifāqāt al-Asfār*』、一般には『イブン・ジュバイルのメッカ巡礼記 *Riḥlat Ibn Jubayr*』と呼ばれるアラビア語の記録である。なお、本巻は全体の分量により三分冊にしたうちの第一巻に当たる。第一巻では、著者であるイブン・ジュバイルがメッカ巡礼（ハッジ）の義務を果たすため、ヒジュラ暦五七八年シャウワール月の八日目（西暦一一八三年二月四日）、友人の医師イブン・ハッサーン（Ibn Ḥassān, Abū Ja'far Aḥmad b. Ḥassān b. Aḥmad b. al-Ḥasan al-Quḍā'ī, 一二〇一／〇二年没）と連れ立って、現スペイン南部、アンダルシア地方の都市グラナダを出発し、半年後の五七九年第二ラビーウ月の一三日目（一一八三年八月四日）にメッカに到着、同年第二ジュマーダー月末（同年一〇月一九日）のメッカ滞在までの記録を含んでいる。

著者イブン・ジュバイル（Ibn Jubayr）は、正式の名前をアブー・アル＝フサイン・ムハンマド・ブン・アフマド・ブン・ジュバイル・アル＝キナーニー（Abū al-Ḥusayn Muḥammad b. Aḥmad b. Jubayr al-Kinānī）と言い、その名前から判断すると、彼の祖先はアラビア半島のアラブの名門、キナーナ族（Banū Kināna）の出身であったと思われる。一一四五年に現スペインのバレンシアに生まれた後、父のアブー・ジャアファル・アフマド（Abū Ja'far Aḥmad）が書記として勤務するシャーティバ（バレンシアの南、内陸の山間部にある現在のハティヴァ）に移り住み、その地で父やウラマーからアラビア諸学（文法学・神学・哲学）や詩文・散文などを学んだ。若い頃から、とくに詩学と修辞学に秀でた才能を発揮したイブン・ジュバイルは、ムワッヒド朝統治下のグラナダの地方総督《アミール》、アブー・サイード・ウスマーン（Abū Sa'īd 'Uthmān）のもとで宮廷付きの書記として抜擢されることとなった。

ムワッヒド朝（一一三〇―一二六九）は、チュニジア以西の北アフリカとイベリア半島の南部を領有したベルベル系マスムーダ族の王朝で、初代スルタン、アブド・アル＝ムゥミン（'Abd al-Mu'min, 在位一一三〇―六三）は、同じマスムーダ族出身のイブン・トゥーマルト（Ibn Tūmart, 一〇九一？―一一三〇）の主張する宗教運動に乗じて多くの民衆を煽動すると、マラケシュを首都としたムラービト朝（al-Murābiṭ, 一〇五六―一一四七）の打倒に成功した。アブー・サイード・ウスマーンはスルタン＝アブド・アル＝ムゥミンの皇子の一人で、一一四五年、王朝の軍隊を率いてジブラルタル海峡を越え、アンダルス地方に進出すると、グラナダの地方総督に任命された。

シエラ・ネバダ山麓に位置するグラナダは、〈アンダルスのダマスカス〉（Dimashq al-Andalus）の別名で呼ばれ、シリアのダマスカスと気候・風土が似ていることから、アラブ・ムスリム軍によるアンダルス征服の頃、多くのシリア系移住者たちが流入した。イスラーム地理学者たちによると、一〇世紀までのグラナダはオリーブ、ブドウ、イチジクなどの果実と穀物の生産拠点であった。商工業都市として急速に発展したのは一一世紀以降のことで、ベルベル系サンハージャ族のズィール朝（Banū Zīrid, 九七二―一一五二）による地方政権の創始者ザウィー・ブン・ズィーリー（Zawī b. Zīrī, 在位一〇一三―一一九）がグラナダに本格的な城壁を築き、軍事・政治上の拠点としたことが発端となり、続くムワッヒド朝とナスル朝（Banū Naṣr, al-Dawlat al-Nāṣrīya, Banū al-Aḥmar, 一二三〇―一四九二）統治下のグラナダは、いわゆる「レコンキスタ運動」の進展に伴って、北から逃避・亡命してきた多数のムスリムやユダヤ教徒の知識人・技能者たちを受け入れて市域を拡大し、活気ある文化的・経済的センターとして栄えた。

イブン・ジュバイルの旅程のあらまし

ムワッヒド朝のアミール、アブー・サイード・ウスマーンのもとで書記職の地位にあったイブン・ジュバイルがメッカ巡礼の旅を思い立った直接の事情について、一四世紀前半にグラナダで活躍したナスル朝の宰相、歴史家、伝記学者として著名なイブン・アル＝ハティーブ（Ibn al-Khaṭīb, 一三一三―七五）はその二つの著書『グラナダ情報の心得 *al-Ikhāṭa fī Akhbār Gharnāṭa*』と『簡便なグラナダ史に関する心得の書 *Kitāb al-Ikhāṭa bi-mā tayassara min Taʾrīkh Gharnāṭa*』のなかで、次のような興味深い逸話を伝えている。ある日のこと、イブン・ジュバイルが宮殿に招かれると、アミールは酒を飲んでいる最中であった。酒に酔った勢いから、アミールは酒杯を差し出すと、「汝、酒杯七杯を飲め！」との厳命を下した。そこで、イブン・ジュバイルはやむなく服して杯をあけると、アミールは彼にディーナール（金貨）を満たした七つの酒杯を下賜した。イブン・ジュバイルはその金を懐の袖の中に納めて家に戻るが、敬虔なムスリムである自分がアミールのもとで禁酒の掟を破ったことが異端的行為であるとの自責の念に駆られた。そこで、彼はその金を資金にメッカ巡礼の義務を果たすことを心に決めた。

一一八三年二月四日、友人の医師イブン・ハッサーンと一緒にメッカを目指してグラナダを出発した。二人は、ジブラルタル海峡を渡って対岸にあるセウタからジェノヴァ人の船に便乗し、嵐による死の危険に遭遇しながら、一ヵ月の航海で地中海を横断、アレクサンドリアに上陸した。その頃のエジプトは、アイユーブ朝（一一六九―一二五〇）の建設者で、英明・寛容として知られたスルタン、サラーフ・ウッ＝ディーン（サラディン）の善政により行政と治安が整っていたが、意に反してアレクサンドリアの港務行政官による屈辱的な処遇と不正な課税行為に遭遇して大きな衝撃を受けた。

その後、首都のカイロに向かい、同年の四月六日、ミスル（フスタート）にあるアムル・モスクから近いフンドゥク（隊商宿）に泊まった。ミスルとその周辺にある名所や旧跡を巡って、詳しく記録に留めた後、船に乗ると、ナイル川の両岸に広がる壮大な古代遺跡の数々を眺めながら上エジプト（サイード地方）に向けて遡り、一八日間でクースに至った。当時のクースは、メッカ、イエメンやインドとの間を往来する巡礼者・商人や旅人たちで賑わう、物品と情報の一大交流センターであった。

六月六日、クースからラクダ・キャラバン隊と一緒にナイル川と紅海との間に横たわる灼熱の東部砂漠を一八日間で横断すると、同月二五日、アイザーブへ達した。アイザーブは一一世紀半ばから一三世紀半ばまでの二〇〇年以上にわたって、その対岸に位置するジッダと並んで、紅海に臨む国際中継港として繁盛していたが、周囲の自然環境の厳しさと食糧・飲料水の不足に加えて、〈ブジャー〉(al-Bujā, al-Būja)と呼ばれる狡猾な黒人《スーダーン》系部族の処遇など、そこでの滞在は苦難を極めた。

アイザーブの港から〈ジャルバ〉(jalba, jilba)と呼ばれる脆弱な縫合型木造船に乗り紅海を渡ってジッダを目指したが、地中海での船旅で経験したと同じように、その航海中、暴風と雷雨に翻弄されて死の恐怖に遭遇しながら、出港から八日後の七月二六日、やっとの思いでジッダの近くに辿り着いた。ジッダからは再びキャラバン隊とともに夜の旅《イスラー》を続けて、ついに同年八月四日、ウムラ門を通って聖地、メッカに入場した。

メッカには九ヵ月近く滞在し、巡礼大祭《マウスィム》の儀式や二大祭礼《イード》(ラマダーン明けの祭礼とズー・アル＝ヒッジャ月の犠牲祭)に参加し、さまざまな聖所、記念物や旧跡を巡り、故事来歴を詳しく調べて、それらを記録に留めた。至福に満ちた日々をメッカで過ごした後、翌年の一一八四年四月初め、イラクの巡礼キャラバン隊と一緒にメッカ近郊のザーヒルを出発し、途中のメディナでは聖モスク内にあるムハンマドの聖廟を参拝、聖庭《ラウダ》（聖廟と説教壇《ミンバル》との間の聖なる空間）の前で祈りを捧げた。さらに流砂の続く不毛のナジュド高原を越えて、ユーフラテス川に沿ったクーファに出ると、バグダードに向かった。当時のバグダードはアッバース朝全盛期のような華やかさはすでに失われて、「数々の［悲惨な］歴史的事件がその町を襲い、惨禍のまなざし（邪視）がそこに注がれる以前の、［繁栄し、華やかな］過去の有様と比べると、現在のバグダード［西岸地域］は、まるで崩れた遺丘と［住む人の］死に絶えた廃屋のごとくに、あるいは不気味に現れる亡霊の影のようであった」が、とくにティグリス川の東岸地域には大規模な市場や金曜大モスク（ジャーミウ）、公衆浴場やマドラサ（高等学院）があって、数え切れないほど多くの人たちで賑わっていた。

ザンギー朝（al-Dawlat al-Zankīya, 一一二七―一二二二）の統治下にある要衝の町、マウスィル（モスル）の支配者マスウード（Masʻūd, ʻIzz al-Dīn Masʻūd I, 在位一一七六―九三）の二人の皇女一行に率いられた巡礼キャラバン隊と一緒にバグダードを離れると、ティグリス川沿いの肥沃な耕地と村々を通って北上の旅を続けた。ベドウィンのハファージャ族による襲撃を逃れて、無事にマウスィルに着いた後、さらにジャズィーラ地方のナスィービーン、ハッラーンなどの諸都市を経由、シリア北部のアレッポに至った。アレッポは難攻不落なことで知られた城塞のある古い町で、古来、多くの権力者たちが支配権を巡って争った。その堅固な城塞、壮麗な大モスク、マドラサや公共の商業施設（カイサーリーヤ）などを目にして感動に浸った後、ハマー、ヒムスを経て、一一八四年七月五日にダマスカスに到着し、ウマイヤ・モスクの西にある〈伝承の館〉(Dār al-Ḥadīth) と呼ばれる宿泊所に滞在した。

ダマスカスでは、町の諸門、金曜大モスク（ウマイヤ・モスク）、宗教・教育施設、墓地、病院、カースィユーン（カシオン）山の聖跡などについて興味を持って記録した。これらの公共施設の多くが、特別に設定されたワクフ財（財産寄進制度に設定された財源）によって運営・維持されていることや、マグリブ地方から来た移住者たちを受け入れるためのさまざまな施設があって、彼らがスルタンや国家の高官たちに厚遇されて活躍していることにも注目した。

二ヵ月間滞在した後、同年九月一三日、商品を積んで地中海の港アッカ（アッカー）へ向かう商人たちの大規模なキャラバン隊に加わって出発すると、レバノン山脈を越えた。レバノン・パレスチナの丘陵・海岸部はムスリムの領土とイフランジュ（フランク十字軍）の支配地域とが接する国境地帯であり、しばしば軍事衝突が起こって緊迫状態にあったが、「ダマスカスからミスル（フスタート）までのイフランジュの［占領］地域を通過するキャラバン隊の往来は絶えることとなく、またダマスカスからアッカまでのムスリムたちの往来についても同じであった」。「ムスリムたちのキャラバン隊がイフランジュによる領土に向かって出掛けるかと思えば、他方で彼らの捕虜たちがムスリムの領土に入って来る」。「語られていることで最も不思議なことの一つとして、ムスリムたちとキリスト教徒の両軍の間には騒乱の炎が燃え上がっており、時に双方の軍が遭遇し［激戦を交え］たり、時にまた［対峙したまま］戦列を保つこともあるが、その間もムスリムたちやキリスト教徒の「商人や巡礼者など」旅する仲間たちは阻止されることなく、彼ら両軍の間を行き来している」と伝えて、戦時にあるなかでも人びとが自由に往来している光景を目撃した。

一〇月一八日、キャラバン隊の集結地であり、地中海交易の要衝地アッカに着くが、アルジェリアのビジャーヤ港に向かう船がスールから出港するとの情報を得たので、急遽、スールに向かった。しかし、乗船を予定していた船が小型であったため、再度、アッカまで引き返すと、幸運にもジェノヴァ人の所有する大型船を見つけた。

当時、地中海ではジェノヴァ人の海運活動が目覚ましく、キリスト教徒のエルサレム巡礼者とムスリムのメッカ巡礼者が同乗する船が往来していた。イブン・ジュバイルは、総勢二〇〇〇人以上のキリスト教徒たちを含むジェノヴァ人所有の大型船団の一艘へ乗り込んだが、シチリア方面に向かうために必要な東風を待っている間に海難の多い危険な冬季が刻々と迫っていた。恐れていたとおり、その航海中に何度か嵐に遭遇し、激しい風と荒波に翻弄され、航路の定まらぬまま北に南に方向を変えながら、転覆・溺死する寸前のところでメッシーナ海峡に近い岩礁に漂着した。幸いなことに、ノルマン・シチリア王国所属の小舟に救出されると、ノルマン王、ウィレルムス二世（Ghilyām, Guillelmus II, Willelmus II, 在位一一六六—八九）による特別の計らいによって船賃を免除された上、奴隷になることなく、メッシーナに上陸することが許可された。その後、メッシーナから小舟に乗せられると、王国の都パレルモ（マディーナ）に移送され、そこに約三ヵ月間滞在することになった。その間に、ノルマン支配下のシチリア島の豊かな農業地域と都市の繁栄の様子、ムスリム住民が不当な抑圧や搾取を受けて不便な生活を強いられながらも、ギリシア系やラテン系キリスト教徒たちと共存している状況を目撃した。その後、陸路トラパニ（アトラーブンシュ）に移り、そこの港でアンダルス行きのルーム船に便乗した。船は順風に恵まれてサルデーニャ島の沖合を通過、ガリタ島とバレアレス諸島の一つのイビサ（エイヴィッサ）島に一時投錨した後、やがて懐かしいアンダルスの山々を望み、カルタヘナ（カルタージャンナ）に無事入港。そこから陸路、ムルシアを経由、一一八五年四月二五日、約二年三ヵ月ぶりにグラナダに帰り着いた。

以上のように、本書はイブン・ジュバイルが第一回目のメッカ巡礼の旅で見聞・経験したところを日記風に綴った記録であるが、第一回目の旅から戻って四年後の一一八九年、再びセウタから船で巡礼の旅に出ると、二年後の九一年に帰還した。さらに一二一七年には、妻を伴って三度目の巡礼へ旅立つと、メッカに至って巡礼を果たし、同時に多くの学者たちと交流を重ねる機会を得た。そして帰路はエルサレム、カイロを経て、アレクサンドリアに達し、そこで教育・研究活動を続けるが、一二一七年一一月二九日にその地で客死した。なお、彼による第二回目と第三回目の旅の記録は残されていない。

イブン・ジュバイルの記録の価値

イブン・ジュバイルが第一回目の旅の過程で見聞・経験したこと、また出会った著名な学者・知識人や収集した情報が正確であることは、古今の旅行記のなかでも最高の第一次資料としての価値がある。とくに諸勢力の対立・抗争する十字軍時代の地中海世界の様子、ノルマン支配下のシチリア島の自然やそこの町に住むムスリムたちの状況、アイユーブ朝のサラーフ・ウッ＝ディーンの統治によるエジプト、シリアとパレスチナにおけるイスラーム社会とキリスト教社会との日常的な対立・緊張・交流の諸相を、著者自身がそのなかに身を置く臨場感とでも呼ぶべき鋭い視角で生き生きと描き出している点で興味深い。また、メッカの聖モスク、カアバ神殿やその周囲の聖跡の記述、巡礼儀式の手順と所作などの詳細な記録は、将来の日にメッカを訪れたいと願っているマグリブ・アンダルスの人たちにとっての最良の手引書として広く読まれた。さらに彼が伝えるカイロ、ダマスカス、バグダード、メッカ、メディナなどの学術都市についての情報は学問修得を志す若い学徒を対象とした留学案内書としても利用された。

以上の点に加えて、イブン・ジュバイルが伝える西アジアの各地に見られる隣人歓待や客人保護の慣行、とくにマグリブ人たちが優遇されて地域社会に温かく迎え入れられているとの情報が一二・一三世紀、マグリブ・アンダルス人の西アジアへの移動・定住を促す上で、重要な影響を及ぼしたと、私は考えている。一一世紀後半以降、イベリア半島の北部に住むキリスト教徒たちが、いわゆる「レコンキスタ」（キリスト教徒が領土を奪還していった運動）の旗印のもとにイベリア半島の南部に拡大するとともに、故郷を追われた多くのムスリムやユダヤ教徒たちはジブラルタル海峡と西地中海を渡って、モロッコ、アルジェリアやチュニジアの各地に逃避・移住し、彼らの一部は遠くエジプト、シリア、イラクなどに新天地を求めるようになった。

イブン・ジュバイルはイラクやシリアで目撃した驚嘆すべき事実として、住民は異境の人たち、とくにマグリブ出身の巡礼者や困窮者たちを寛大に扱い、時には社会の一員として積極的に受け入れていること、もしも彼らが旅の途中、農園で働くことを望めば、そのまま定住して安楽な生活を送り、またモスクのイマーム（礼拝の指導者）職や教育者としての仕事を得る機会もあるとの情報を提供している。ダマスカスの事例について、「異邦人であるマグリブ人を除くすべての者は信用されていない。なぜなら、マグリブ人たちはこの町において信頼できるという評判が高く、そうした噂が広まっているからである」と、また「われらマグリブ人の若い世代の人たちのうちで、立身出世を望む者は、まずはこの地に向けて旅立ち、そして知識を求めて移り住むように！」と述べて、積極的に移住を奨励している。こうした情報がアンダルスの人たちの間に噂として広がり、彼らの東方世界への移動を促したことは明らかであろう。

北部モロッコに生まれたイブン・バットゥータ（Ibn Baṭṭūṭa, 一三〇四―六八／九）は一四世紀前半のイスラーム世界のほぼ全域を遍歴した大旅行家として知られている。彼の旅の最初の目的はイブン・ジュバイルの場合と同じように、メッカ巡礼の義務を果たすことであったが、三〇年近くに及んだ彼の旅を可能にした最大の理由は、彼自身がマシュリク（東方イスラーム地域）では数少ない優れたマーリク派の法官《カーディー》であったことにあり、そのことが各地の地域社会で厚遇され、職を得て長期間の滞在を可能にしたと考えられる。実際に、彼はマーリク派の法官として、インドのデリーで八年間を、マルディヴ諸島のマレーでは一年近く滞在する機会を得ており、彼の長期にわたった旅の人生は他の多くのマグリブ・アンダルス地方の人たちと同じように、マシュリクに向けての移住活動の一つであったと理解できるのである。

また、本書の最大の存在価値は、アラブの修辞学に関心を寄せる学者・知識人や一般読者にとって、韻文と散文を交え、技巧を凝らしたイブン・ジュバイルの文章がきわめて重要な手本となり、一三世紀以後に発達する「リフラ」の祖としての不動の地位を築くこととなった点にある。アラビア語のリフラ（riḥla）の一般的な意味は「旅、旅程、行程」であるが、アンダルスとサハラ・スーダーン（ビラード・スーダーン）を含めたマグリブ地方（西方イスラーム地域）の、とくにイスラーム諸学を修めた学者・知識人たちの間では「メッカ巡礼記」（リフラ・マッキーヤ）、「ヒジャーズ巡礼記」（リフラ・ヒジャーズィーヤ）、または「マグリブ人たちによるメッカ巡礼記」（リフラ・アル＝マガーリバ）を意味しており、巡礼紀行文学の一つのジャンルとして特殊な発展を遂げた。リフラの起源は、一二世紀以前に遡ると思われるバルナーミジュ（barnāmij）あるいはフィフリスト（fihrist）と呼ばれる、著名な名士・学者たちの姓名・業績などを整理した類書や著書目録の発展形式として誕生したものと考えられるが、イブン・ジュバイルの書はメッカ巡礼の旅程に沿って、各地の地理・歴史・人物・物産・歴史などの諸事項を網羅的に整理・記録してゆくことで構成されている。マシュリクにおいても、各時代にメッカとメディナに至る旅程や巡礼大祭における儀式の手順と所作、カアバ神殿と聖モスクの配置、故事来歴や預言者にまつわる伝承や聖跡などを内容とする、いわゆる「巡礼と旅の案内書」が数多く記録・編述されたが、イランやトルコではリフラという名称よりも、「旅の書」（サファル・ナーマ）、もしくは「周遊記」（セヤーハト・ナーマ）と呼ばれた。

一方、マグリブの場合、リフラは次の二点で大きな特徴を持っている。その第一点は、リフラと言えばただちにメッカ巡礼記を指しており、ほぼ共通の叙述形式と記録内容を持った巡礼紀行文学として、一二世紀のイブン・ジュバイルの書が著されて以後、現在に至るまで引き続き記録されていることである。第二点は、リフラはムスリムとしてのメッカ巡礼の責務を果たすための旅であり、同時に学問探求の旅（リフラ・アル＝ウルーム、リフラ・ウルーミーヤ）としての意味合いが強く含まれていることである。そのために、出発地と両聖地との間の往路・復路の旅程でイヤーン（見聞・実体験）された自然地理および人びとの社会・生活・文化・歴史などを網羅的に記録するだけでなく、エジプト、シリア、イラク、ヒジャーズにある学術・文化都市で活躍する著名なウラマー、とくに当代屈指の『クルアーン』朗誦者、伝承学者《ハディース》、説教師《ハティーブ》、神学・思想家やスーフィー聖者たちと彼らの弟子たちの系譜・伝記について、また学問・修行・教育のための施設であるマドラサ、ザーウィヤ、ハーンカ、リバートなどのスーフィーや聖者たちの修道場の所在地や実際の活動状況を伝えることに細心の注意が払われたことである。

したがって、イスラーム諸学の研究を志すマグリブの若い学徒や修行者たちにとって、リフラを読むことで、マシュリクの諸都市、とくにアレクサンドリア、カイロ、メッカ、メディナ、ダマスカスなどで活躍する著名な学者たちや思想・教育と学問修行の最新情報を得て、将来に果たせるかもしれない巡礼の夢や学問修得の機会を熱く心に思い描くようになったと思われる。

アラビア語原本と翻訳のテキスト

本書の原本となるアラビア語写本は、これまでに次の二種の存在が確認されている。

①オランダのライデン大学図書館所蔵の写本目録（Catalogue des manuscrits Orientales de Leyde, Leyde, 1851）の第二巻一三五頁所収（Catalog. vol. II, p. 135)。ヒジュラ暦八七五年ムハッラム月一一日（一四七〇年七月一〇日)、アブド・アル＝カーディル・ブン・アブド・アル＝ワッハーブ・ブン・アブド・アル＝ムゥミン・アル＝クラシー（ʻAbd al-Qādir b. ʻAbd al-Wahhāb b. ʻAbd al-Muʼmin al-Qurashī）によってメッカで書写された。写本には『神聖なる至聖所と巡礼儀式の説明についての献身的信者の熟慮すべきことの報告 *Risālat Iʻtibār al-Nāsik fī Dhikr al-Āthār al-Karīma wa'l-Manāsik*』とあるが、この題名は後代に内容について不案内な人物によって任意に書き加えられたものである。写本全体で二一〇頁、マグリブ書体で書き綴られている。写本の随所に文字の欠落と判読不可能な箇所が見られる。

②モロッコのラバトにある王立図書館写本番号五八五五番（Fahāris al-Khizānat al-Mālikīya,

vol. 1, pp. 437–38）。全体は一〇七葉であるが、前半部と最後部が欠落している上、一八葉から二四葉までの七葉は空欄（白紙）になっている。マグリブ書体で、一部に欠落した部分を補ったと思われるナスヒー体の文字が挿入されている。この写本がいつ、誰によって書写されたかは詳らかでない。

私が本書の定本として利用したアラビア語テキストは、①のライデン大学所蔵写本を使ってW・ライト（William Wright）が一八五二年に校訂・出版し、さらに一九〇七年にアラビア学の碩学《せきがく》として名高いド・フーエ（M. J. de Goeje）が改訂した『イブン・ジュバイルの旅行記 *The Travels of Ibn Jubayr*』（Edited from a Ms. in the University Library of Leiden by William Wright, sedond edition revised by M. J. de Goeje and printed for the trustees of the "E. J. W. Gibb Memorial", Leyden: E. J. Brill, Imprimerie Orientale, London: Luzac & Co., 1907）である。このテキストは、脚注において写本文字の読み方の異同を詳細に示し、時には推論を交えて文法的な誤りを訂正するだけでなく、写本の欠落部分や判読の難しい部分についてはアブダリー（al-ʻAbdarī）、シャリーシー（al-Sharīshī）、イブン・バットゥータなどのいくつかの関連する史料に引用された箇所を調べて、最良のテキストにするよう最大限の努力が払われている。本書の訳文中に挿入された〔 〕は、写本の欠落もしくは不鮮明な部分であるが、ド・フーエ改訂本では可能な限りに適切な補正がなされている。なお、アラブ世界の各地でこれまでに出版されたイブン・ジュバイルのアラビア語テキストは、いずれもこのド・フーエ改訂本に基づいている。私はラバトの王立図書館所蔵本について未見であるため、現在のところド・フーエ改訂本がテキストとして最も優れたものであると考えるが、今後、世界各地の図書館をさらに詳しく調査することで、上述の二種の写本の他にもイブン・ジュバイル写本が発見される可能性があると思われる。それらを総合的に使ったテキスト・クリティクによって、別の新しいテキストが登場することが期待される。

イブン・ジュバイルの最初の邦訳は、一九七五年、関西大学の藤本勝次教授が同大学東西学術研究所の所長に就任した際に、訳注シリーズ・プロジェクトの一環として計画され、池田修、福原信義、菊池忠純、愛宕あもりなどの諸氏が翻訳作業に共同参画することで、一九九二年に関西大学出版部から『旅行記』として刊行された（改訂版『イブン・ジュバイルの旅行記』藤本勝次／池田修監訳、講談社学術文庫、二〇〇九）。なお、その他の海外におけるイブン・ジュバイルの研究書や翻訳本については、第三巻の巻末で述べる予定である。

私がイブン・ジュバイルの訳注をあえて世に問おうとする理由は、アラブ修辞学の手本となる本書のような一級史料の解釈に取り組みたいという自分の勉強のためはさておいて、すでに訳出したイブン・バットゥータの研究を一層深めるためには何よりもまずイブン・ジュバイルの書を読みかつ十分に理解しなければならないと痛感したからである。イブン・バットゥータの訳注本は、幸いにも一九九六年から二〇〇二年までの七年間をかけて、平凡社「東洋文庫」六〇一、六一四、六三〇、六五九、六七五、六九一、七〇四、七〇五の全八巻として公刊された。それ以来、すでに一〇年以上が経過しているが、イブン・バットゥータの訳文には依然として不明の部分があり、しかも数え切れない誤り、思い違いなどが見つかってきた。そこで、そうした部分を理解するために、加えてイブン・バットゥータの記録のオリジナリティ、真偽性や文体の特徴を検証するためにも、巡礼紀行文学（リフラ）の祖型であり、最高傑作のイブン・ジュバイル『メッカ巡礼記』の訳出に着手することが必要となってきたのである。

現在、私は『イブン・バットゥータの新研究』と題する別の書物の執筆を進めている。その研究過程における最大の問題は、グラナダ出身の若き文学者イブン・ジュザイイ（Ibn Juzayy）がイブン・バットゥータの旅の記録をまとめる際に、イブン・ジュバイルの書をどのように利用・改変したのか、あるいはイブン・バットゥータは故郷のタンジャ（タンジール）を出発した時、旅の案内書としてイブン・ジュバイルの書を携えて旅を続けたのではないか、といった点である。いずれにしても、本書の翻訳と注釈の研究によって、こうした重要な問題を解き明かす手掛かりをつかみたいと考えている。

最後に一言付け加えておきたい。これまでに私はイブン・バットゥータ『大旅行記』の他にも、匿名者とアブー・ザイド・アル＝ハサンによる『中国とインドの諸情報』（全二巻、二〇〇七）、イブン・ファドラーン『ヴォルガ・ブルガール旅行記』（二〇〇九）とブズルク・ブン・シャフリヤール『インドの驚異譚』（全二巻、二〇一一）などの基本的なアラビア語史料の邦訳・注釈書を、いずれも平凡社「東洋文庫」に収めて公刊することができた。こうした重要な基本史料は、今回のイブン・ジュバイルの書を加えて、いずれも専門の研究者だけでなく、一般読者にもイスラーム文化の貴重な遺産として、広く知ってもらう必要があるのではないか。そのために、私自身もこうした仕事の一端を担って、今後も一層地道な努力を積み重ねてゆかねばならないと思っているのである。

平成二七年初夏

家島彦一

ヒジュラ暦・西暦対照表

ヒジュラ暦年	ヒジュラ暦月名	第一日の西暦年月日	
五七八年	シャウワール月（第一〇月）	一一八三年一月二八日	（本書第一巻）
	ズー・アル＝カアダ月（第一一月）	二月二六日	
	ズー・アル＝ヒッジャ月（第一二月）	三月二八日	
五七九年	ムハッラム月（第一月）	四月二六日	
	サファル月（第二月）	五月二六日	
	第一ラビーウ月（第三月）	六月二四日	
	第二ラビーウ月（第四月）	七月二四日	
	第一ジュマーダー月（第五月）	八月二二日	
	第二ジュマーダー月（第六月）	九月二一日	
	ラジャブ月（第七月）	一〇月二〇日	（第二巻）
	シャアバーン月（第八月）	一一月一九日	
	ラマダーン月（第九月）	一二月一八日	
	シャウワール月（第一〇月）	一一八四年一月一七日	
	ズー・アル＝カアダ月（第一一月）	二月一五日	

	ズー・アル＝ヒッジャ月（第一二月）	三月一六日
五八〇年	ムハッラム月（第一月）	四月一四日
	サファル月（第二月）	五月一四日
	第一ラビーウ月（第三月）	六月一二日（第三巻）
	第二ラビーウ月（第四月）	七月一二日
	第一ジュマーダー月（第五月）	八月一〇日
	第二ジュマーダー月（第六月）	九月九日
	ラジャブ月（第七月）	一〇月八日
	シャアバーン月（第八月）	一一月七日
	ラマダーン月（第九月）	一二月六日
	シャウワール月（第一〇月）	一一八五年一月五日
	ズー・アル＝カアダ月（第一一月）	二月三日
	ズー・アル＝ヒッジャ月（第一二月）	三月五日
五八一年	ムハッラム月（第一月）	四月四日

（陳垣撰『中西回史日暦』中華書局影印）

関連略年表

西暦	主な事件
一〇七一	ムラービト朝ユースフ・ブン・ターシュフィーン、新都マラケシュ建設。マラーズギルトの戦いで、セルジューク朝軍、ビザンツ帝国軍に大勝
一〇七二	ノルマン人のシチリア征服。ムスリムによるシチリア支配終焉
一〇七七	ルーム・セルジューク朝（〜一三〇七）興る
一〇八六	ムラービト朝のイベリア半島進出、グラナダ（一〇九〇）、セビリア（一〇九一）占領、アンダルスを支配下に置く
一〇九六	十字軍運動の端緒となる第一次十字軍（〜九九）による地中海東部地域への進出
一〇九九	十字軍がエルサレムを占領、エルサレム王国樹立（〜一一八七）
一一〇二	十字軍がトリポリ伯領を建設
一一四五	ムワッヒド朝軍のアンダルス攻撃が始まる。イブン・ジュバイル、アンダルスのバレンシアに生まれる
一一四七	ムワッヒド朝、ムラービト朝を倒してマラケシュを首都に。第二回十字軍の開始（〜四九）
一一五四	地理学者イドリースィー、世界地図の解説書である通称『ルッジェーロの書』を完成

一一六九	サラーフ・ウッ＝ディーン、アイユーブ朝を樹立（〜一二五〇）
一一七一	ファーティマ朝、サラーフ・ウッ＝ディーンにより滅亡
一一八三	十字軍艦隊による紅海への進出、アイザーブを攻撃。サラーフ・ウッ＝ディーンの兄トゥーラーン・シャーによるイエメン支配。イブン・ジュバイル、友人の医師イブン・ハッサーンと一緒にグラナダを出発、メッカを目指し、同年八月四日、メッカ到着
一一八五	四月、イブン・ジュバイル、グラナダに帰還
一一八七	サラーフ・ウッ＝ディーン、ヒッティーンの戦いで十字軍に大勝、エルサレム奪回
一一八九	第三回十字軍の開始（〜九二）、アッカを攻略。イブン・ジュバイル、第二回目のメッカ巡礼
一一九一	イブン・ジュバイル、第二回目の巡礼の旅から戻る
一一九三	サラーフ・ウッ＝ディーン、ダマスカスで没
一一九四	大セルジューク朝滅亡
一一九六	モロッコにマリーン朝（〜一四六五）興る
一二一七	イブン・ジュバイル、第三回目の旅立ち。妻と一緒に巡礼大祭に参列した後、一一月、アレクサンドリアで客死（一一月二九日）

目次

凡例……3
はしがき……7
ヒジュラ暦・西暦対照表……25
関連略年表……27

（一）〔五七八年シャウワール月八日～ズー・アル＝カアダ月〕……39
グラナダ――ジャイヤーン――ガイダーク――カブラ――イスティッジャ――ウシューナ――シャッラバラ――アルクシュ――イブン・アッ＝サリーム（ナシュマ）――タリファの半島――カスル・マスムーダ――セウタ――ジェノヴァ船で地中海を東に航海――アンダルス東海岸に沿って北上――イビサ島――マヨルカ島、ミノルカ島――サルデーニャ島のクースマルカ港上陸――シチリア島――バッル・アル＝ガルブ沖を通過――アレクサンドリア港到着
（一）〔五七八年シャウワール月八日―ズー・アル＝カアダ月〕訳注……51

旅の途中で遭遇した官憲による厳しい取り調べ――ムンシャート・アッ＝スーダーン――ブルヤナ――ダシュナ――ダンダラ――キナー――キフト――クース到着――その郊外で宿泊
（三）〔五〕七九年ムハッラム月訳注……153
（四）〔五七九年〕サファル月……164
クース出発――マブラズ――ハージル――キラーウ・アッ＝ディヤーウ――ラキータ――アブダーン――ドゥンカーシュ――シャーギブ――アムターン――マジャージュ――ワダフ
（四）〔五七九年〕サファル月訳注……178
（五）〔五七九年〕第一ラビーウ月……184
ワダフ――ウシャラーゥ――マー・アル＝ジャニーブ――アイザーブ到着――アイザーブ港の賑わい――ジャルバ（縫合型）船――アイザーブの住民――ファラオの海（紅海）の船旅――大嵐に遭遇――船の海難の島
（五）〔五七九年〕第一ラビーウ月訳注……198
（六）〔五七九年〕第二ラビーウ月……208
ウブハル――ジッダ入港――マグリブ人にしかイスラームはない――ムワッヒド朝の東

第2巻目次

第3巻目次

地図・図・表・系図一覧

シーア派関連系図

（アリー家とシーア派イマーム。本文 79-82 頁参照）

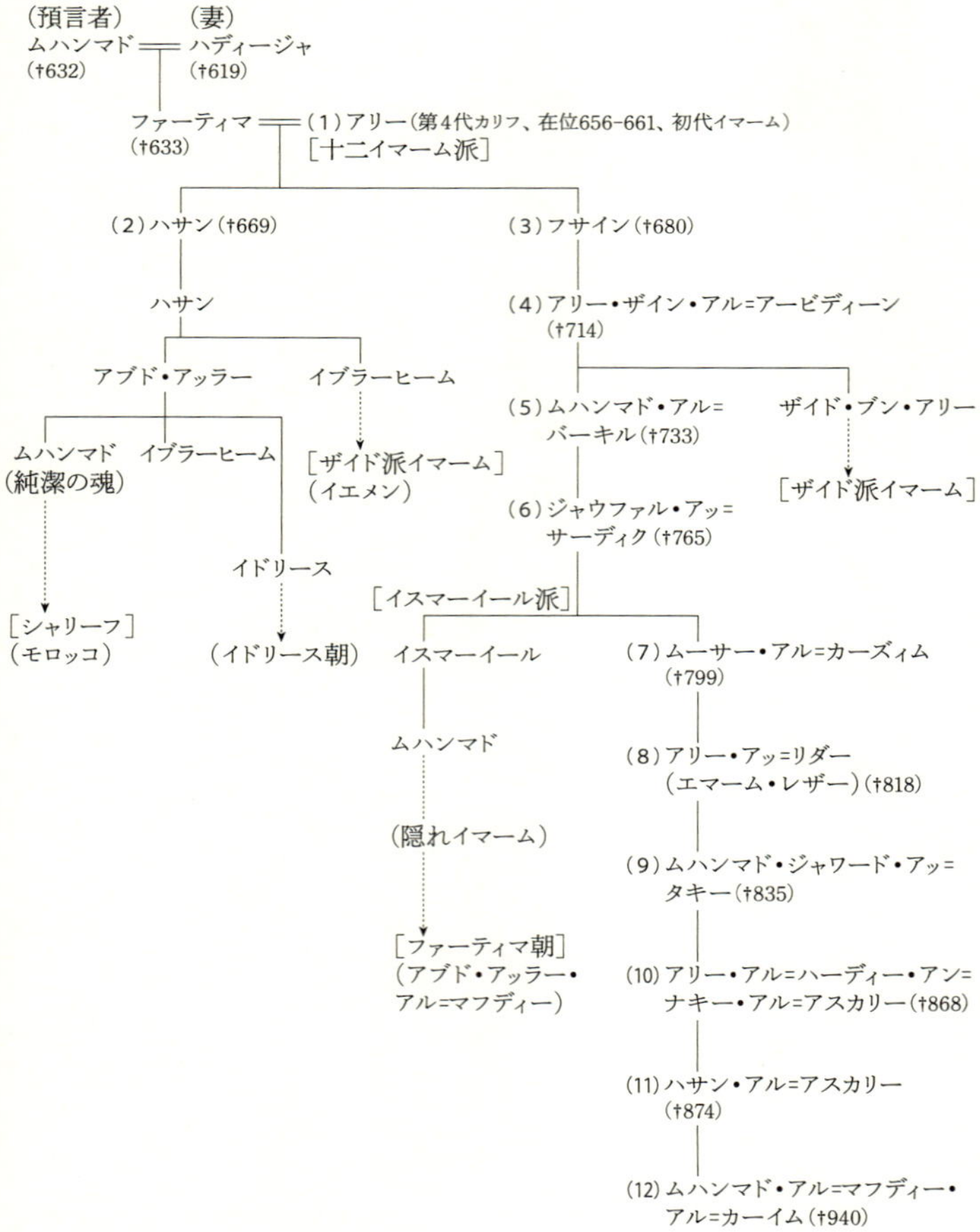
（預言者）
ムハンマド
（†632）
（妻）
ハディージャ
（†619）
ファーティマ
（†633）
（1）アリー（第4代カリフ、在位656-661、初代イマーム）
［十二イマーム派］
（2）ハサン（†669）
（3）フサイン（†680）
ハサン
アブド・アッラー
イブラーヒーム
ムハンマド
（純潔の魂）
イブラーヒーム
［ザイド派イマーム］
（イエメン）
イドリース
［シャリーフ］
（モロッコ）
（イドリース朝）
（4）アリー・ザイン・アル=アービディーン
（†714）
（5）ムハンマド・アル=バーキル（†733）
ザイド・ブン・アリー
［ザイド派イマーム］
（6）ジャウファル・アッ=サーディク（†765）
［イスマーイール派］
イスマーイール
ムハンマド
（隠れイマーム）
［ファーティマ朝］
（アブド・アッラー・アル=マフディー）
（7）ムーサー・アル=カーズィム
（†799）
（8）アリー・アッ=リダー
（エマーム・レザー）（†818）
（9）ムハンマド・ジャワード・アッ=タキー（†835）
（10）アリー・アル=ハーディー・アン=ナキー・アル=アスカリー（†868）
（11）ハサン・アル=アスカリー
（†874）
（12）ムハンマド・アル=マフディー・アル=カーイム（†940）

メッカ巡礼記《じゅんれいき》 1

旅の出会いに関する情報の備忘録

イブン・ジュバイル
家島《やじま》彦一《ひこいち》 訳注

慈悲深く、慈愛あまねきアッラーの御名において
われらが主［預言者］ムハンマドと彼の家族、ならびに彼の教友たちにも等しく祝福と平安を与え給え！

メッカ巡礼記（旅の出会いに関する情報の備忘録）

（一）｛五七八年シャウワール月八日—ズー・アル＝カアダ月｝

［ヒジュラ暦］五七八年シャウワール月の三〇日目（一一八三年二月二五日）に当たる金曜日は、まさにこの備忘録をシエラ・ネバダ[1]（シュライル）山が眼前に迫る海上で書き始めた日であった。アッラーよ、どうかお恵みにより、われらに［以後の旅の］安寧を授け給え！

……………………

さて、アフマド・ブン・ハッサーン[2]（イブン・ハッサーン）とムハンマド・ブン・ジュバイル（イブン・ジュバイル）［の二人］が祝福されたヒジャーズ——アッラーよ、そこに安寧と平穏をもたらし、そして［天地創造の時、万物をお創りになられたアッラーの］見事なる御業行を特別に黙示され給え！——への巡礼（メッカ巡礼）を行うことの［信仰上の］意思表明《ニィヤ》[3]により、グラナダ[4]（ガルナータ）——アッラーよ！　そこを無事に守り給え！——を出立したのは、同じシャウワール［月］八日目、木曜日、第一の刻、すなわち異邦暦の［一一八三年］二月の三日目に当たる日[5]であった。

アルバセテ
アルカラス山脈
セグラ山脈
ハティヴァ
（シャーティバ）
デニア（ダーニヤ）
アイタナ山
アリカンテ
（ラカント）
アレクサンドリア
ムルシア
（ムルシイヤ）
ロルカ
ス
ル
カルタヘナ
（カルタージャンナ）
ロスフィラブレス山脈
ライヤ山）
アルメリア
（アル=マリイヤ）
ガータ岬
地　中　海
ムスタガーネム
ワフラーン
（オラン）
リヤ
0°
39°N
38°N
37°N
36°N

地図1：イブン・ジュバイルの旅程（1）　アンダルスの諸都市を経て地中海へ

そして、若干の用事を片付けるため[6]、ジャイヤーン[7]に立ち寄り、その後、そこから出発したのは同じシャウワール［月］一九日目、月曜日、第一の刻、つまり上述した［異邦暦の］二月の四日目に当たる日であった。

　われわれの最初の旅程はそこからガイダーク城塞[8]へ向かい、さらにそこからカブラ城塞[9]へ、そこからイスティッジャ[10]の町、次にそこからウシューナ城塞[11]、さらにそこからシャッラバラ[12]に、そこからアルクシュ城塞[13]へ、さらにそこからイブン・アッ＝サリームの町［に付属］の村々の一つの〈ナシュマ村[14]〉と呼ばれる村に達し、そこからタリファの半島[15]（ジャズィーラ・タリーフ）に向かった。それは、同じ月の二六日目、月曜日のことであった。われわれの［タリファ］滞在から［数えて］二日目、火曜日の正午になって、アッラーはわれわれには不思議と思えるほど困難もなく、カスル・マスムーダ[16]（マスムーダ城）までの［ジブラルタル］海[17]［峡］を渡る便宜をお与えになられた。有り難や、アッラー！　そして、その月の二八日目、水曜日の早朝に、そこからセウタ[18]（サブタ）まで進み、セウタにおいて、至高・至大なるアッラーの御権能によって、アレクサンドリア[19]へ向けて出帆するジェノヴァ人たちのルーム船[20]と出会って、しかもアッラーはその船に乗る便宜をわれわれにお与えになられた。そして、同月の二九日目、木曜日の正午、上述の［異邦暦の］二月の二四日目に、われわれはいと誉れ高きアッラーの御権能と御援助を得て、無事に出港することができたのである。アッラーを除いて、主は他にあらせられない。

さて、［この『備忘録』を書き始めた後の］われわれの海上での航路はアンダルスの陸地[21]沿いに［北東に］進み、そしてズー・アル＝カアダ月六日目、木曜日、デニア[22]（ダーニヤ）［の陸地］と向かい合った時点で、いよいよアンダルスとも別れを告げた。そして同じ月の七日目、金曜日の朝にはイビサ（ヤービサ）島[23]を眼前に見て、その次の土曜日、マヨルカ（マユールカ）島[24]の陸地と向かい合い、さらに明くる日曜日、われわれはミノルカ（ミヌールカ）島[25]と向かい合った。［一般に、海上での］一マジュラー[26]［の航行］は一〇〇［アラビア・］マイルに相当するので、セウタ［で乗船して］からそこ［ミノルカ］までは［八日間］、およそ八マジュラーとなる。そして、われわれはこの同じ［ミノルカ］島の陸地に別れを告げると、同月の一一日目の火曜日、すなわち［異邦暦］三月の八日目の夕刻、われわれの眼前、約一マイルかそれ以内のところに突如としてサルデーニャ（サルダーニヤ）島[27]の陸地が現れた。なお、サルデーニャとミノルカとの二つの島の間［の距離］はおよそ四〇〇マイル[28]であるから、［その間の海域を］驚異的な速さで横断したことになる。

ところが、その夜になって、予期せずして［サルデーニャの］陸地と向かい合う地点［の海域］で大きな恐怖がわれわれを襲った。しかし、崇高なるアッラーはまさにその時、同じ陸地からの［追］風（西風）をお送りになられて、その恐怖を防ぎ、われわれをその危険から回避させ給うたのである。それ故にこそ、アッラーに讃えあれ！

さらに、その同じ日の火曜日の朝方、嵐[29]がわれわれを襲い、そのために海は大荒れに荒れて、その後の水曜日まで［の二日］の間、サルデーニャの陸地の周囲［の海域］を行きつ戻りつする状態を続けた。その嵐によって不安な状態に陥り、東も西も区別できないほど方向感覚を失った状態に置かれたが、そうした時宜を得て、アッラーは一艘のルーム船をわれわれに差し向けられたのである。すると、その船はわれわれに向かって近づき、［しばらく］並走しながら進み、［われわれの船から相手の］船の目的地について問い掛けられると、その船はシチリア（スィキッリーヤ）島(30)に向かっていること、しかも［われわれと同じアンダルスの］ムルシア行政区(31)のカルタヘナ(32)（カルタージャンナ）からの船であるとの応答があった。つまり、気づかないうちに、その船が通って来た同じ航路をわれわれの方が一足先に航海してきたことになるが、今度は［逆に］われわれの方がその船の後に付き従って進むことになったのである。まことにアッラーこそは、［何事にも］お優しく容易になし給う御方であり、アッラーを除いて、他に主はあらせられない。

すると、次に、上述のサルデーニャの陸地の端がわれわれの前に現れたので、［一時避難するために］〈クースマルカ(33)〉と呼ばれるその陸地の端に着くまで、もう一度引き返し始めた。そこは、彼ら［ジェノヴァ人たち］にとってよく知られた投錨地であったので、われわれは同じ［日の］水曜日の正午、その［ルーム］船と一緒にそこで停泊することとなった。この同じ場所には古ぼけた建物の跡があり、われわれに伝えられたところでは、そこは以前にユダヤ教徒たち(34)の住んでいた場所とのことである。

その後、同じ［ズー・アル＝カアダ］月の一六日目、日曜日の正午、そこから出帆したが、同じ投錨地に停泊している間に、われわれは飲料水、薪木と糧食［など］を補給した。ルームの言語（ギリシア語）が理解できる人たちのなかで、ムスリムたちの一人はルーム人の一団に付き添って下船し、われわれの［停泊している］場所から一番近い居住区まで出掛けた。その［同行した］ムスリムがわれわれに伝えたところでは、そこの市場において、捕虜になったムスリムの一団、八〇人ほどの男と女が売られているのを目撃し、それは敵の奴ども――アッラーよ、［憎き］その敵の奴どもを滅ぼし給え！――がムスリムたちの地方の海岸地帯[35]から彼らを連れてきたばかりとのことであった。アッラーよ、御慈悲により、彼ら［ムスリムの捕虜たちの以後］の幸せを守り給え！

われわれがそこに寄港した日から［数えて］三日目の金曜日、この島の支配者[36]が騎兵隊の一団を引き連れて、同じ投錨地に到着した。そこで、ルーム船の司令官たち[37]は下船して、その支配者と会見し、そのもとで長い時間を過ごした後に別れると、支配者の側も自分の住んでいる場所に引き返した。

そして、同じ月のズー・アル＝カアダ月の一八日目、同じ［異邦暦の］三月の一五日目の火曜日の夜、われわれ［の出帆］に好都合な［東］風が吹いてきた時点で、まだ数人の船の仲間が市街地に残って、姿が見えなかったため、われわれはその船の停泊している場所に引き続き留まり、同夜も四分の一を残す時刻になって、やっとわれわれはそのサルデーニャの陸地と離れた。なお、そこは細長い陸地であり、二〇〇マイルほどにわたって、われわれ［の船］は陸沿いに平行して航行した。その島の周囲全体は、われわれに伝えられたところによると、五〇〇マイル以上に達するという。アッラーは、幸いなことに、その島の海域から無事抜け出られるよう執り成し給うた。というのも、その［島の近くの］海域は航路上の最大の難所の一つ[38]で、多くの場合、そこから［無事に］抜け出ることは困難であるからである。それ故にこそ、一層、アッラーに讃えあれ！

その島を過ぎて［翌］水曜日の夜、まだ宵の口から風がわれわれに逆らって［吹き付ける］嵐模様になり、それにより海は大きく荒れた。風に加えて、強風が運ぶ［豪］雨は、まるで矢が降り注ぐように、ますます強烈になり、事態は一層深刻になるばかりで、［人びとの］不安も高まった。幾重もの動く山のような波濤があらゆる場所（方向）からわれわれを襲ったので、そうした［危険な］状態の続くなか、すでに絶望感は頂点に達したまま、夜通し過ごした。夜が明けて、われわれはほっとした気分になり、それまで［の夜中に］われわれを襲った状態が幾分和らぐように感じられるなかで昼間を迎えた。ところがである。その日はズー・アル＝カアダ月の一九日目、水曜日、まさに最悪の恐怖と最大の不安な一日であった。海はますます荒れ狂い、水平線は暗黒になり、風と雨は嵐によって荒れ狂い、ついに船の［主］帆[39]はそれを受けて耐えられなくなり、そのために副帆[40]の使用に切り替えられたが、風はその帆の一つを捕えて引き裂き、帆布が結び付けられている木材（帆桁）を壊してしまった。その木材は、彼らには[船乗りたちの使う専門用語で]〈カリーヤ〉(41)の名で知られた。そうした状況になると、人びとは不安な気持ちに包まれ、ムスリムたちは手を[天に]かざして至高・至大なるアッラーへの祈願《ドゥアー》を捧げた。そうしたなかで昼間をずっと過ごしていたが、夜の帳《とばり》に包まれる頃に、[嵐による危機的]状態は少し和らいできたので、この[一時的な]好転を利用して、帆柱に受ける[追]風を[最大限に]使って、全速力で進んだ。

その日に、われわれはシチリア島の陸地と向かい合い、期待と不安が錯綜するなか、その夜、すなわち翌日の木曜日の夜を過ごした。

朝日に[水平線が]黄色みを帯びる頃になると、アッラーはお恵みを垂れ給い、雲は霧散し、天候が好転して、陽光が輝き、海は穏やかになり始めると、[船の]乗客たちは喜び、ほっとした気持ちになって、[それまでの]不安も消えた。尊大なる御権能をわれらにお示しになられた御方[アッラー]に讃えあれ！ さらに、アッラーは麗しき御慈悲とお優しい哀れ深いお気持ちによって、[それまでの損失を]埋め合わされたのであって、アッラーの御利益とお恵みとに満足し、ただただ讃美を捧げ奉らん！

この同じ日の朝、シチリアの陸地がわれわれの眼前に見えてきた。その時、すでにわれわれはその島のほぼ全体を通過しており、残すところわずかであった。ルーム[船]の船長たちや、ムスリムたちのなかで、これまでの[何度か]旅の経験と航海において恐怖を味わったことのある者たちでさえ、彼らの一致した意見として、これまでの全生涯を通じて、今回のような恐

図１　聖マルコ（San Marco）の遺体を乗せてアレクサンドリアからヴェネツィアに向かう小舟（ヴェネツィアの聖マルコ教会堂に描かれた13世紀のモザイク画）

ろしい目に遭遇したことはなかった［という］。こうした実際の状況についての情報は、いくら［大げさに］語ったとしても、そのすべてを語り尽くせるものではないだろう。

上述した二つの陸地、すなわちサルデーニャの陸地とシチリアの陸地との間は、およそ四〇〇マイル隔たっていた。われわれはシチリアの陸地に沿うように、二〇〇マイル以上進んだところで、凪《なぎ》になったため、その沖合を一進一退していた。同月の二一日目、金曜日の午後になると、それまで［凪のために一時］停泊していた場所を出て、その夜の初めには同じ陸地［の沖］を離れて、われわれとその陸地との間がかなり遠く離れた距離のところで、土曜日の朝を迎えた。まさにその時、ブルカーン(42)（火山）のある［エトナ］山が遠望された。それは天空に聳《そび》え立つ規模雄大な山であり、雪を戴いていた。われわれに伝えられたところによると、雲のない晴天の日であれば、その山は一〇〇マイル以上も離れた海上からも遠望されるとのことである。

われわれは、広々とした大海原の航海を続けたが、行く手に待ち望む最も近い陸地はクレタ（イクリーティシュ）島(43)であった。そこはルーム人たちの［領有する］島々の一つで、現在、そこを統治・管理するのはコンスタンチノープルの支配者(44)である。なお、その島とシチリア島との間の隔たりは七〇〇マイルある［とのことである］。まことに、アッラーこそは、慈悲深きお恵みにより、常に容易に［ありとあらゆる］困難を除き給う保証人《カフィール》(45)であらせられる。なお、この島、つまり上述のクレタ島の長さについては、およそ三〇〇マイルである。そして同月の二五日目、火曜日の夜、すなわち［異邦暦］三月の二二日目に、目で確認したわけではないが、われわれはその陸地に沿って航行しているものと思われた。そして同日の朝に、そこを離れると、われわれの［航海の次の］目的地へ向かって船足を速めた。なお、この同じ島とアレクサンドリアとの間は六〇〇マイルもしくはほぼその程度の距離である。

そして、同月の二六日目の水曜日の朝に、〈バッル・アル＝ガルブ〉(46)（西海岸）と呼ばれるアレクサンドリアに続く大きな陸地が視界に入ってきた。われわれに伝えられたところによると、［船は］そこから〈ハンマーム諸島〉(47)と呼ばれる地点まで陸地沿いに航行し、そことアレクサンドリアとの間は約四〇〇マイルの距離であるとのことであるが、われわれはその陸地を右舷に見ながら［東に］航行を続けた。

こうして同月の二九日目、土曜日の朝に、アッラーは前方約二〇マイルのところにアレクサンドリアの灯台(48)を望む吉報を無事お届けになられた。まことに有り難や、それ故にこそ、アッラーに、一層の恩恵と寛大なる御業行にお応えするだけの讃美を捧げ奉らん！

かくして、われわれ［の船］が錨を下ろしたのはその市街地にある港で、それに引き続き、われわれが下船したのは、他ならぬその日の第五の刻(49)の終わりのことであった。まことに、アッラーこそは慈悲深き恩恵により、いつも頼りになる御方であらせられる。以上のように、われわれが海上で過ごしたのは三〇日間(50)、そしてわれわれの［アレクサンドリア］上陸は三一日目のことであった。なぜならば、［セウタで］乗船したのはシャウワール月の二九日目、木曜日、そして［アレクサンドリアで］下船したのはズー・アル＝カアダ月の二九日目、土曜日、すなわち［異邦暦］三月の二六日目に当たっていた。幸いにも、［航海中］容易《たやす》かったこと、そして［あらゆる］困難を除き給うたアッラーに讃えあれ！ ああ、畏《おそ》れ多き御方よ、どうか目的地［メッカ］に達するまでの御褒美をわれわれに何も過不足なくお与えいただき、そしてすべての罪をお赦《ゆる》しになられ、元気一杯に故郷まで急ぎ帰らせ給わりますよう切にお願い申し上げます。まことに、アッラーこそはそうしたことの恩恵を施す御方であり、アッラー以外には主はあらせられない。こうして、アレクサンドリアにおけるわれわれの［最初の］滞在は、石鹸工場から近い〈フンドゥク・アッ＝サッファール〉(51)（真鍮細工商の隊商宿）と呼ばれる隊商宿（フンドゥク）であった。

（一）｛五七八年シャウワール月八日―ズー・アル＝カアダ月｝訳注

（1） シエラ・ネバダ山（Jabal Shulayr）：アラビア語でシュライル山、雪山（Jabal al-Thalj）とも呼ばれた。その語源はセラリウス山（Mons Selarius, Mons Solorius）にある（al-Ḥimyarī, *text*, 112, *trans.*, 137）。

（2） アフマド・ブン・ハッサーン（Aḥmad b. Ḥassān）：グラナダ出身の医師。イブン・ジュバイルの友人であったことから、ムワッヒド朝の地方総督《アミール》アブー・サイード・ウスマーン・ブン・アブド・アル＝ムゥミン（Abū Sa‘īd ‘Uthmān b. ‘Abd al-Mu’min）の命により、随行してメッカ巡礼を行うことになった。彼の詳しい来歴については定かでない。

（3）ヒジャーズへの巡礼（メッカ巡礼）を行うことの［信仰上の］意思表明により（li'l-niyyat al-Ḥijāzīyat）：ヒジャーズは、現サウジアラビアの紅海寄りの西部山岳地方、北西はアカバ湾に面する地方名。ムスリムたちの二大聖地メッカとメディナを含むことから、巡礼・参拝の目的地の意味としても使われ、一般に〈高貴なるヒジャーズ〉（al-Ḥijāz al-sharīf）と呼ばれた（イブン・バットゥータ、第七巻六二頁および同書第二六章注（181）を参照。例えば、「メッカ巡礼記」（al-riḥlat Makkīya）は「ヒジャーズ巡礼記」（al-riḥlat al-Ḥijāzīya）の別名でも呼ばれた（家島彦一［2013］五八—六二頁）。アラビア語のニイヤ（niyyat, nawāyā）は、とくに信仰行為における意図、意思または意思表明のこと。イスラーム法では、信仰行為はそれ自体を意図としてアッラーのために行わなければならない。とくにメッカへの巡礼はすべてのムスリムたちに課せられた宗教的義務であり、しかも自らの明白な意思表示のもとに遂行されるべきとされた。

（4）グラナダ（Gharnāṭa）：アラビア語でガルナータもしくはイグラナータ（Ighranāṭa）という。現スペインの南部、グラナダ県の県都。とくにベルベル系王朝のムワッヒド朝がアンダルス地方に勢力を拡大すると、スルタン＝アブド・アル＝ムゥミンの皇子アブー・サイード・ウスマーンはグラナダの地方総督《アミール》に任命されて、文化・経済・政治など都市の公的機能を集中させた。その後、グラナダはアンダルスにおける最後のイスラーム系王朝、ナスル朝（Banū Naṣr, Banū al-Aḥmar 一二三〇—一四九二）の首都として最盛期を迎え、現在も同時期のアルハンブラ宮殿など、重要な遺跡が残されている。なお、イブン・バットゥータがグラナダを訪れたのはナスル朝の第七代スルタン＝ユースフ一世（Yūsuf I, 在位一三三三—五四）の治世の時であった。グラナダ出身の自然・歴史学者や著名な学者たちについては、イブン・アル＝ハティーブ（Ibn al-Khaṭīb, Lisān al-Dīn）に詳しい（Ibn al-Khaṭīb, *al-Iḥāṭa*, 1/91–143; al-Idrīsī, 564–572, 581; al-Ḥimyarī, *text*, 23–24, *trans*., 29–31; *Enc. Is.* [1991] 2/1012–1020；イブン・バットゥータ、第七巻二七七―二八三頁）。

（5）シャウワール［月］八日目、木曜日、第一の刻、すなわち異邦暦の［一一八三年］二月の三日目に当たる日：ヒジュラ暦（太陰暦）による一日は日没時から翌日の日没前までの二四時間であり、その第一刻は一日を五つの刻に分けたうちの日没後の夜の礼拝（イシャー）から翌日の夜明け（ファジュル）までをいう。したがって、五七八年シャウワール月八日は西暦一一八三年二月三日の日没後から四日の日没前まで、その第一の刻は二月三日の日没から夜明けまでのこと。異邦暦（al-ʿajamī）は西暦（太陽暦）であり、一二世紀のアンダルス社会ではヒジュラ暦（回暦）と並んで、西暦の紀年法が広く使用されていたものと思われる。併せて、後述注（49）を参照。

（6）若干の用事を片付けるため（li-qaḍāʾ baʿḍ al-asbāb）：グラナダからタリファ（ジャズィーラ・タリファァ）に達する旅程は、本来であればマラガ（マーラカ）、マルベーリア（マルバッラ）、カルテイラ（カルタージャンナ）経由の海岸道であるが、イブン・ジュバイル一行はハエン（ジャイヤーン）、カブラ、アルコス・デ・ラ・フロンテーラなどの山間部を大きく迂回する道を選んだ。一行があえてこのような迂回路を選んだ理由については詳らかでない。

（7）ジャイヤーン（Jayyān）：現スペイン・アンダルシア地方の州都ハエン（Jaen）。グラナダの北北東、約九〇キロメートルの山間部に位置する（al-Ḥimyarī, *text*, 70–71, *trans*., 88–90; *Enc. Is.* [1991] 2/515–516）。

（8）ガイダーク城塞（Ḥiṣn al-Ghaydāq）：バイヤーナ（Bayyāna, Baena）近郊にある要塞の一つ（al-

Ḥimyarī, *text*, 59, *trans*. 75)。

（9）カブラ城塞（Ḥiṣn Qabra）：現在のコルドバ地方にあるカブラ（Cabra）の町。山間の要害地に位置する（al-Ḥimyarī, *text*, 59, 149–150, *trans*. 75, 178–179）。

（10）イスティッジャ（Istijja）：ローマ時代のアスチッギ（Astiggi）、現スペインのエシハ（Ecija）の町で、コルドバの南西に位置する（al-Ḥimyarī, *text*, 14–15, *trans*. 20–21）。

（11）ウシューナ城塞（Ḥiṣn Ushūna）：エシハから近いオスーナ（Osuna）の町。そこの城塞はオスーナの町を見下ろす（al-Ḥimyarī, *text*, 23, *trans*. 29）。

（12）シャッラバラ（Shallabara）：おそらくシャルバタッラ（Shalbatarra）に同じで、現在のカラトラヴァ・ラ・ヌエヴァ（Calatrava la Nueva）に隣接したサルヴァティエッラ（Salvatierra）のこと。イブン・ジュバイルが仕えたグラナダの地方総督アブー・サイード・ウスマーンによって包囲・獲得されたラバーフ要塞（Qal'at Rabāḥ, Calatrava）のある一地方（al-Ḥimyarī, *text*, 108–110, *trans*. 132–135）。

（13）アルクシュ城塞（Ḥiṣn Arkush）：ラッコ川（Wādī Lukkah, Lakko, Guadalete）沿いに位置する要塞。現在のアルコス・デ・ラ・フロンテーラ（Arcos de la Frontera）のこと（al-Ḥimyarī, *text*, 14, *trans*. 20）。

（14）イブン・アッ＝サリームの町［に付属］の村々の一つの〈ナシュマ村〉（al-Nashmat min qurā madīnat Ibn al-Salīm）：イブン・アッ＝サリームはシャズーナ（Shadhūna）とも呼ばれ、現在のメディナセリ（Medinaceli）のこと。ナシュマはその近郊の村の一つ（al-Ḥimyarī, *text*, 162–163, *trans*. 195）。

（15）タリファの半島（Jazīrat Ṭarīf）：イベリア半島最南端、ジブラルタル海峡に面した現在のタリファ（Tarifa）の町。モロッコ側の港タンジャと結ばれた海上交通の要衝（al-Idrīsī, 527, 536, 542; al-Ḥimyarī, *text*, 127, *trans*. 154）。

（16）カスル・マスムーダ（Qaṣr Maṣmūda）：マスムーダはサンハージャ（Ṣanhāja）と並んで、マグリブ西部地域に広く居住したベルベル系の主要な民族集団の一つ。ムワッヒド朝の創設者ムハンマド・ブン・トゥーマルト（Muḥammad b. Tūmart）はマスムーダ族の出身者。〈マスムーダ城〉はモロッコのタンジャの東、ジブラルタル海峡に面した、現在のクサル・エッ＝サギール（Kṣar es-Ṣaghīr）を指したと思われる。ムワッヒド朝の三代目のスルタン＝マンスール・アブー・ユースフ・ヤァクーブ（al-Manṣūr Abū Yūsuf Ya'qūb, 在位一一八四―九九）は、一一九〇年、モロッコのカスル・マスムーダから船を出して、ジブラルタル海峡を渡り、タリファに上陸、そこからコルドバ、セビリアへと進軍した（al-Idrīsī, 527, 529; al-Ḥimyarī, *text*, 107, *trans*. 131）。

（17）海（al-baḥr）：ここではジブラルタル海峡、アラビア語のバフル・アッ＝ズカーク（Baḥr al-Zuqāq）と同意。

（18）セウタ（Ceuta, Sabta）：アラビア語でサブタ。アフリカ北西端にある現スペイン領の港町。ジブラルタルの対岸にある要塞都市として有名（al-Idrīsī, 527–532; *Enc. Is*.〔1995〕8/689–691）。詳しくは、イブン・バットゥータ、第七巻第二五章注（115）を見よ。

（19）アレクサンドリア（al-Iskandrīya）：ナイル・デルタの北西端に位置するエジプト第二の都市（*Enc. Is*.〔1990〕4/131–137）。詳しくは、後述六四―七三頁を参照。

（20）ジェノヴァ人たちのルーム船（markab li'l-Rūm al-Janawīyīn）：ルーム（al-Rūm）は地中海の東

方地域に住むキリスト教徒たち（ahl al-Rūm）、もしくはビザンツ帝国（Bilād al-Rūm）を指した。一方、西ヨーロッパ内陸部のキリスト教徒については、イフランジュ（al-Ifranj）、フランジュ（al-Firanj）、すなわちフランク（Franks）人、フランク地方と呼び、ルーム（人）とは区別された。また後述するように、当時、シリア・パレスチナ地方を支配した十字軍のキリスト教徒たちを指して、イフランジュと呼んだ。ルーム船は、おそらく三、四本のマストを装備したガレオン船で、速度があり、海戦にも適したことから、当時の地中海の商業や軍事に広く利用された。併せて、後述注（39）と（40）を参照。

（21）アンダルスの陸地（barr al-Andalus）：船がセウタから出港し、南スペインのコスタ・デ・ソル海岸の近くを北東に向かって航海する時、その左舷から望まれる白い山脈、シエラ・ネバダ山脈の山稜を指す。〈西の半島（al-Jazīrat al-Gharibīya）とも呼ばれた（イブン・バットゥータ、第七巻二七一頁を参照）。

（22）デニア（Dāniya）：アラビア語でダーニヤ、現スペイン・アリカンテ州の北東にある州都。シチリア島、チュニス、アレクサンドリアなどと結ばれた地中海交易の重要な港（Ṣafī al-Dīn al-Baghdādī, 2/510; al-Ḥimyarī, *text*, 76, *trans.*, 95; *Enc. Is.*［1991］2/111-112）。

（23）イビサ島（Jazīrat Yābisa）：イビサはアラビア語でヤービサ、現スペインの地中海西部にあるバレアレス諸島の西端に位置するイヴィッサ（エイヴィッサ）島のこと（al-Ḥimyarī, *text*, 198, *trans.*, 240; *Enc. Is.*［2002］11/224-225）。

（24）マヨルカ島（Jazīrat Mayūrqa）：アラビア語でマユールカ。マジョルカ島、マリョルカ島に同じ。バレアレス諸島中の最大の島。シチリア島とアンダルシア地方のデニア、カルタヘナ、マラガなどの諸港を結ぶ西地中海交通の要衝の島（al-Ḥimyarī, *text*, 188–191, *trans.* 228–231; Abulafia, D.［1994］4, 122–125, 220; *Enc. Is.*［1991］6/926–927）。

(25) ミノルカ島（Jazīrat Minūrqa）：アラビア語でミヌールカ、ミヌラカ（Minuraqa）という。バレアレス諸島東端の島（al-Ḥimyarī, *text*, 185, *trans.* 224; *Enc. Is.*［1993］7/87）。

(26) 一マジュラー（al-majrā）：マジュラー（majrā, majārin）は海上における距離を示す単位として用いられた。イブン・ジュバイルによると、一マジュラー＝一〇〇アラビア・マイル＝二〇〇（もしくは一九二・一〇）キロメートルとなる。セウタからミノルカ島までは、直線距離にして約一〇〇〇キロメートルであるから、五日間の航行距離となる（cf. al-Ḥimyarī, 260）。なおアラビア海・インド洋のイラン・アラブ系の船乗りたちの間では、一マジュラーは八ザーム（三時間を一単位とし、八単位＝一日）で、一〇〇アラビア・マイル＝約一六〇～二〇〇キロメートルに相当する。ブズルク・ブン・シャフリヤール『インドの驚異譚』第二巻三六〇頁を参照。

(27) サルデーニャ島（Jazīrat Sardāniya）：イタリア半島西方約三〇キロメートルにある地中海第二の大島。イブン・バットゥータは復路、アレクサンドリアから船に乗り、チュニス経由、カタラン（カタロニア）人の船でサルデーニャ島南端、おそらくカリヤリ（Cagliari）の港を訪れた（*Enc. Is.*［1997］9/49–50；イブン・バットゥータ、第七巻一六六頁）。

(28) 四〇〇マイル：四〇〇アラビア・マイルは約七七〇～八〇〇キロメートルとなるが、実際のサルデーニャ～ミノルカ間の最長距離は三二〇キロメートルであるため、おそらく二〇〇マイルの誤りであろう。

(29) 嵐（naw'）：ナウゥは、とくに春・秋・冬の季節の変わり目に吹く地中海の大嵐のことで、強風・雷・雨を伴い、三、四日間連続する。地中海の風位名については、家島彦一［1986］四〇―四七頁を参照。

（30）シチリア島（Jazīrat Siqilliya）：アラビア語でスィキッリーヤ。イタリア半島南端にある地中海最大の島。地中海のほぼ中央に位置し、イタリア半島と北アフリカとを結ぶ懸け橋に位置することから、多様な民族・文化が交流するとともに、島の領有・支配権を巡って絶えず争われた。イブン・ジュバイルは、復路、ノルマン王国統治下のシチリア島を訪問し、社会・文化について貴重な記録を残している（al-Idrīsī, 583, 586–591; *Enc. Is.*［1997］9/582–591；高山博［1995］七一頁、一一二―一一三頁、一四〇―一四二頁）。

（31）ムルシア行政区（ʿamal Mursiyya）：アマル（ʿamal, aʿmāl）はマグリブ・アンダルス地方では地方行政区の一つで、徴税上の一単位を示す。ムルシアは現スペインの南東部のカルタヘナの北北東、四五キロメートルほど内陸に入った山間の町、学術都市としても有名（al-Ḥimyarī, *text*, 181–183, *trans.* 218–220; *Enc. Is.*［1993］7/633–634）。

（32）カルタヘナ（Qarṭājanna）：カルタージャンナ・アル＝ジャズィーラ（Qarṭājannat al-Jazīra）の別名で知られ、現スペインの南東部のジブラルタルに近い地中海の良港。現在は軍港として知られる。イスラーム時代にはデニアやアルメリアと並んで西地中海の海上交易を競った（al-Ḥimyarī, *text*, 151, *trans.* 180; *Enc. Is.*［1990］4/672–673）。

（33）クースマルカ（Qūsmarka）：おそらくサルデーニャ島西海岸、オリスターノ湾に突き出たサン・マルコ岬（Capo San Marco）のこと。カウス・マルカ（Qaws Marka）と読めば、〈聖マルコの弓〉（弓状に突き出た聖マルコの岬）の意となる。

（34） ユダヤ教徒たち（al-Yahūd）：当時、ユダヤ教徒は西ヨーロッパ、地中海世界とイスラーム世界を股に掛けた国際交易、工芸・医術・天文学などの広い分野で活動した。しかし、イベリア半島におけるムスリムたちと同様に、彼らはいわゆる「レコンキスタ運動」に燃えるキリスト教徒の勢力によって各地から駆逐された。マヨルカ島やサルデーニャ島ではアラゴン（Araghon）の勢力が拡大したため、ユダヤ教徒の居留地は攻撃を受けて、その多くが廃墟となった（al-Ḥimyarī, *text*, 48, *trans*. 61, 150, 228, 248; *Enc. Is*. ［2004］ 12/80-82）。

（35） ムスリムたちの地方の海岸地帯（sawāḥil al-baḥr bi-bilād al-Muslimīn）：チュニジアやアルジェリアなどの海岸地帯を指す。バッル・アル＝ウドワ（Barr al-ʻUdwa）の別名で呼ばれた。アラゴン（Araghon, Araghūn）は、一二―一三世紀にしばしばチュニジア海岸を侵略し、放火・略奪を繰り返し、ムスリムの男女を捕虜として、サルデーニャ島の奴隷市場で売却した（*Enc. Is*. ［2004］ 12/80-82）。

（36） この島の支配者（sulṭān al-jazīra）：ここでのスルタン（スルターン）は支配者、指導者のこと。当時、サルデーニャ島のクースマルカを支配した人物については不詳。

（37） ルーム船の司令官たち（ashyākh al-markab min al-Rūm）：シャイフ（shaykh, ashyākh）は〈長老、年配者や指導的な立場にある人、顔役〉の意。〈船のシャイフたち〉（ashyākh al-markab）は船の司令官たち、もしくは船客の中の長老、年配者や主要な商人たちを指したと思われる。

（38） 最大の難所の一つ：地中海における航海上の難所は、とくにコルシカ島とサルデーニャ島との間の海峡、シチリア島のメッシーナ海峡とシチリア海峡などが知られた。

（39） ［主］帆（al-shirāʻ）：ここではアラビア語単数のシラーウ（shirāʻ）とあるので、主帆を指す。

いない。イブン・ジュバイルは、セウタから乗船したジェノヴァ船の船型・構造・大きさについて言及していない。彼がメッカ巡礼を終えて、復路、アッカから乗った大型のジェノヴァ船にはエルサレム巡礼から帰りのキリスト教徒たち、総勢二〇〇〇人以上が同乗したと伝えている。地中海の海運では、一三世紀後半から一四世紀初頭にかけて、航海と造船の技術革新が行われたが、それ以前の一二世紀のジェノヴァ船が一艘で二〇〇〇人以上の乗客を収容したかについては疑問が残る。この時、イブン・ジュバイルの乗った船は、おそらく一本の縦に張られた主帆と複数の副帆を備え、主に風力を利用したガレオン船の一種で、推進力としての多数のオールは使用していなかったと思われる（清水廣一郎［1980］八九―一一六頁を参照）。

（40）副帆（al-shuruʻ al-ṣighār）：アラビア語複数形のシュルウ（shuruʻ）とあるので、当時のジェノヴァ船は一枚の主帆と複数の副帆を備えていたことが分かる。併せて、前掲注（20）を見よ。

（41）カリーヤ（al-qarīya）：語源はギリシア語のケライア（keraia）。船の帆桁、もしくは帆を支えるための円材（帆柱、帆桁など）。

（42）ブルカーン（al-bulkān）：ヴォルカノ（volcano）、火山のこと。シチリア島北東部にある活火山、エトナ山を指す。エトナ火山のことは、中国の趙如适《ちょうじょかつ》『諸蕃志』「斯加里野国」（スィキッリーヤ、シチリア）条に「斯加里野国は、蘆眉国（ルーム、ビザンツ帝国）境界にほど近い海島で、一千里の闊《ひろ》さがある。衣服・風俗・言語は蘆眉国と同じである。この国には山にとても深い［火口の］穴があって、一年中火を吐いており、遠くから眺めると昼間には煙り、夜間には火が見えるだけだが、近寄ってみると火勢はすこぶる烈しい。……五年ごとに一回、火は石（溶岩）を伴って火口から溢れ出し、流れ流れて海辺に至ると、またもと［の休止状態］に戻る。溶岩の流れ過ぎた途すじの林木という林木は、炎をあげて燃える暇もなく、溶岩に触れると一瞬の間に灰になってしまう」との詳しい記録が見られる（同書、二〇六頁）。

(43) クレタ島（Jazīrat Iqrīṭish）：クレタはアラビア語でイクリーティシュ。地中海東部に位置するギリシア領の島。古代にクレタ文明の中心として繁栄し、ローマ、ビザンツの支配を経て、イブン・ジュバイルの時代からわずか二〇年後の一二〇四年に、ヴェネツィア勢力による商業・海軍基地となった（al-Idrīsī, 638-641; *Enc. Is.* [1986] 3/1082-1087）。

(44) コンスタンチノープルの支配者（ṣāḥib al-Qusṭanṭīnīya）：コンスタンチノープルは、三三〇年、コンスタンチヌス大帝がローマから遷都して以来のビザンツ帝国の首都。現トルコ共和国の首都イスタンブル。一二世紀のクレタ島は、ビザンツ帝国の領有下に置かれていた。イブン・バットゥータは、一三三四年頃にコンスタンチノープルを訪問して、皇帝位を廃して修道士となったジルジース王と会見したことを伝えている。このジルジース王は、おそらくアンドロニコス二世（皇帝在位一二八二―一三二八）との政争に敗れて退位させられ、修道院に入れられた僧アントニウスを指したと思われるが、歴史的事実との間に矛盾がある（イブン・バットゥータ、第四巻六五―八〇頁）。

(45) 保証人（kafīl）：『クルアーン』第一六章第九三節に《アッラーの契約を結んだからには、必ずこれを履行せよ。[何事によらず] 一度立てた誓いは破ってはならぬ。特にアッラーに保証をお願い申した場合には、よいか、アッラーはお前たちのすることをことごとく知り給う》とあり、アッラーの前で厳粛に立てた誓約を守りさえすれば、アッラーは必ずそれに応えてくれる頼もしい保証人であると説く。

(46) バッル・アル＝ガルブ（Barr al-Gharb）：アラビア語で〈西の陸地〉の意。ここでは西から東に向かって進む船の右舷に見える北アフリカの海岸地帯を指しており、とくにガーベス湾周辺地域からスルト湾を経て、エジプトに至る海岸地域のこと。

(47) ハンマーム諸島（Jazāʾir Ḥammām）：アラビア語で〈公衆浴場の諸島〉の意。現在のリビア・キレナイカ地方のハンマーマ（al-Ḥammāma）沖合のジャバル・アル＝アフダル（Jabal al-Akhḍar）の岩礁地帯。ラァス・ティーン（ティーン岬）から近い（al-Bakrī, *text*, 85, *trans*. 173; al-Idrīsī, 272）。

(48) アレクサンドリアの灯台（manār al-Iskandrīya）：古代世界の七不思議の一つで、プトレマイオス二世により紀元前三世紀に建立されたファロスの灯台。一説によれば、灯台の高さは一二〇メートル、五六キロメートル先からもその光が見えたという。イブン・バットゥータの時代、大地震によってその大部分が崩壊した。その後、マムルーク朝のスルタン＝カーイトベイ（在位一四六八—九六）は灯台の跡に堅固な要塞を建てた（al-Masʿūdī, *Murūj*., 1/104-109; al-Masʿūdī, *Tanbīh*., 45; *al-Istibṣār*., 96; Yāqūt, *Muʿjam*., 1/364；イブン・バットゥータ、第一巻五一—五二頁）。

(49) 第五の刻（al-sāʿat al-khāmisa）：一日の礼拝時間（al-ṣalāt）をイシャー（al-ʿishāʾ）、ファジュル（al-fajr）、ズフル（al-ẓuhr）、アスル（al-ʿaṣr）、マグリブ（al-maghrib）の五つに分類し、その第五の刻は一日の終わりのマグリブを指す。併せて、前掲注（5）を参照。

(50) 三〇日（thalāthīn yawm）：イブン・ジュバイルの乗ったジェノヴァ船はセウタからアレクサンドリアまで、三〇日の航海日数であった。一方、「カイロ・ゲニザ文書」によると、地中海の航海はマルセーユからアレクサンドリアまで二五日、パレルモからアレクサンドリアまで二九日、もしくは五〇日とある（Goitein, S. D.［1967］1/325-326）。

（51） フンドゥク・アッ＝サッファール（funduq al-Ṣaffār）：アラビア語で〈真鍮細工商の隊商宿〉の意。フンドゥクの語源はギリシア語、イタリア語ではフォンダコ（fondaco, fondago）。アラビア語のフンドゥクは街道沿いや市街・港・河畔などに設置された宿泊施設で、商業取引・市場を兼ねる場合もある。ハーン（khān）、ワカーラ（wakāla, wikāla）、カールヴァーン・サラーイ（kārvān-sarāy）などもほぼ同じ機能を果たし、一般に方形中庭式、二階建てのものが多い。中庭の中央には水飲み場、家畜置き場、一階には商品の倉庫や事務所、二階に商人・旅人が宿泊する（*Enc. Is.* [1991] 2/945）。

（二）同年（五七八年）ズー・アル＝ヒッジャ月

その月の初日は日曜日、われわれがアレクサンドリアに上陸して二日目のことであった。だが、われわれが上陸した当日、そこで実際に経験した第一のことといえば、［われわれの乗った］船で運ばれてきたすべてのものを記録するため、そこのスルタン(1)［、サラーフ・ウッ＝ディーン］からの［手代として派遣された］代理官たち(2)が船に乗り込んできたことである。すると、乗船していたムスリムたち全員は一人ひとり呼び出され、彼らの名前、身体的特徴と出身地の名［など］が記録され、ザカート(3)（宗教的喜捨税）を払わせるために各自が所持していた商品あるいは現金が調べられた。しかも、それ［の所持品］が［一年の］期間を経たものか、経ていないものであるかについて［区別して］調べられることなく、すべて一律に行われたのである。［乗船していた］ムスリムたちの大多数は［メッカ巡礼の］義務を果たすという自己の目的を持った人たちであるから、当然、彼らの旅の道中で［必要最低限の］糧食以外、［余分な商品は］何も持参していなかった。それにもかかわらず、一定の年数を経過したものかどうか訊かれることもなく、［不当にも］それ［のすべて一律］にザカートの支払いが義務づけられたのである。そして、われわれの［随行者］アフマド・ブン・ハッサーン（イブン・ハッサーン）は下船させられて、マグリブの情報やその船の積荷について尋問を受け、監視下に置かれて、最初にスルタン［派遣の代理官たち］のもとに、次に法官(4)のもとに、さらに［港湾］官庁《ディーワーン》の役人たち(5)のもとに、そしてスルタンの従者（宦官）たちの一団(6)のもとへと盥回《たらいまわ》しにされた。そして、彼はそれぞれの係官のもとで尋問を受けて、彼がしゃべったこと［のすべて］は記録に取られ、その後になってやっと保釈された。［乗船していたすべての］ムスリムたちは、海浜で監視する任務を委ねられた下級役人たちの目前で、それぞれの手荷物とそれ以外の旅の糧食類を［船から］下ろすように、さらには下ろされたすべてのものを［港湾官庁の］事務所に運ぶよう命じられた。その結果として、［その事務所に］ムスリムたちの一人ひとりが呼び出され、各自の手荷物を持って出頭させられた。その時の事務所［内］は、すでに人込みでごった返していたが、その取り調べは細かいものも大きなものも問わず、すべての手荷物を提出させられたため、その一部が他のものとごちゃ混ぜになってしまった。さらに、何か隠匿物があるのではないかと調べられたため、彼らの腰にも手が入れられた。そうした後に、［取り調べの］係官たちが見つけたもの以外にも、［別の］所持品があるか、あるいはいっさい何もないかと、彼らは誓約して確認させられた。

そうこうしている間に、［取り調べの係官たちの］いくつもの手が入り乱れたため、しかも大変に混雑していたため、人びとの手荷物の多くは行方不明となった。不名誉極まりない非常に屈辱的な取り扱いを受けた後、やっとのことでムスリムたちは解放された。どうか、われらのそうした［屈辱的な扱いを受けたことに対する］見返りの償いが［将来、］大きなものになることを、ただただアッラーにお願いするばかりであった。以上のようなことは、間違いなく〈サラーフ・ウッ＝ディーン〉(8)の名前で知られるあの偉大なスルタンの目を盗んで［内密に］行われたことの一つであろう。彼に関しては、公正さと深い慈悲心をお備えになられているので、もしもそうした事実をお知りになれば、当然、それを中止させたことであろう。アッラーよ！　敬虔な［イスラームの］信者たちがそのような困難な立場に置かれた際にはどうぞお救いいただき、そして［徴収された］ザカートがそっくりそのまま払い戻されることを切に願っております。［それ以後、］われわれがこの人物［、サラーフ・ウッ＝ディーンによる統治］の諸地方において、特別に記録すべき不快なことに遭遇したことは、この事件、他ならぬ［アレクサンドリアの港湾官庁の］役所での行政官たちに原因した一件を除いては何もなかった。

○アレクサンドリア情報の一部とそこにある遺跡の説明

その第一は、市街地《バラド》の立地条件の優れていることであり、そこの建物の区画は大きく広がり、実際にわれわれが見た［他の諸都市の］市街地の中で最大規模であり、そこよりも建物が高く聳え、古色蒼然として、盛んなところを他に見たことがなかったほどで、そこの市街地の市場についても殷盛を極めていた。さらに、その市街地の特徴として、驚嘆すべきことの一つとして、市街の地下にある建造物は、まるでその地上にある建造物のようで、より一層歴史が古く、より堅固なことである。つまり、ナイルからの水は地下を［伝わって］アレクサンドリアのすべての屋敷と路地裏の街路まで引かれているからであって、［そこに掘られた］いくつもの井戸（水道）はその一方から他方へとつながり、相互に水を供給し合っている。さらにまた、われわれは実際にそこでいくつもの大理石の柱とその切石《きりいし》を見たが、想像すらできないほど、その数は多く、高く聳え、巨大かつ立派なもので、もしもあなたが実際にそこの通路のどこかで、大空がふさがれるほどに迫り上がったいくつもの［列］柱に出会うことがあれば、それらの柱に一体全体どのような意味があるのか、何故にそのようなものが設置されたのか全く見当がつかないであろう。われわれに伝えられたところでは、［一説によると、］古代において、とくに［ギリシアの］哲学者たちとその当時の指導者たちの建物がその通路沿いにあったとのことである。まことに、アッラーのみ最もよくご存じであろうが、おそらくそれ［の建物］は監視のためのものであったとも考えられる。

われわれが実際に見たアレクサンドリアのいくつもの驚嘆すべきもののなかで最大［規模］のものとして、灯台がある。それこそ、おそらくは至高・至大なるアッラーが《物事の意味を深く捉えようと心掛けている人びとにとっての有り難き神兆として》（『クルアーン』第一五章第七五節）、また旅人たちのための正しい導きとして、そのことを利用しようとする人のためにお授けになられたものであろう。その灯台［の光］は［海上］七〇マイル以上も離れた位置から望まれるので、もしもそれがなければ、海上において［船に乗った］人たちはアレクサンドリアの陸地まで無事・安全に辿り着けないであろう。その建造物は縦と横ともに古色蒼然としているが、［今もなお］堅固なもので、空一杯に、しかも［その実際の様子は］説明することが難しいほど高く聳えており、一瞥《いちべつ》しただけではその全体像を視野に収めることができないほどである。それを実際に見た際の様相があまりにも大きく広がり、到底それを一言で説明することは難しいが、われわれはその四面のうちの一面を計測したところ、五〇バーウ[9]強もあることが分かった。また、その高さについては、人伝えではあるが、一五〇カーマ[10]以上もあるとのことである。その内部についていえば、［上への］登り口と［内部への］入口の幅が広く、しかも居室が数多い点でも、それを見た人は恐怖を覚えるほどで、そこの居室を管理している人やその内部の通路にいつも踏み入［って慣れてい］る人でさえも、時として道に迷ってしまうほどである。[11]総じて、言葉ではそこのこと［のすべて］を語り尽くせないほどで、まことにイスラームへの喚び掛け《ダウワ》[12]と切り離さずには語り得ないので、それ以上のことは不問に付されている。灯台の最上階には、［神による］御利益《バラカ》が叶えられる一つのモスクがあって、一般の人びとはそこでお祈りをすることで神の恩寵を受けることができる。われわれは同年のズー・アル＝ヒッジャ［月］五日目の木曜日（一一八三年四月一日）、実際にそこへ登り、この祝福されたモスクで礼拝を行ったが、その建物のことについては、どのような説明者であれ、到底語り尽くせないほどの驚異の体験をした。

この市街地の［他に］誇るべき［アッラーから授けられた］美徳であり、まことにそこのスルタン［、サラーフ・ウッ＝ディーン］に関わる栄誉輝く恩典として、学問と［正しい］信仰を求める人たちのために用意されたいくつものマドラサ（高等学院[13]）や救護用の施設[14]がある。そのような人たちは、遠方の地域からやってきた際にも、［ひとたび、そこに到着すれば、］彼らの一人ひとりが身を安心して落ち着いて住める場所、学びたいと思う［専門の］学問分野を教える教授やどのような状況にも対応できる支援金にも巡り会うことができる。このような不意にやってきた見ず知らずのよそ者たちに対しても、スルタンの心遣いはあまねく行き届いており、もしも彼らが公衆浴場《ハンマーム》に入ろうと思い、そのことが実際に必要とあれば、その風呂［代］を特定の目的としたもの（費用）を［無償で提供するよう］命じたほどである。また、スルタンは彼ら［異邦人たち］のなかで病気に罹《かか》った者の治療のために公共病院《マーリスターン》[15]を指定して、彼らの［病気の］状態を診察する医師たちに彼ら［のこと］を委ねた。［治療を任された］医師たちの配下には、さらに複数の看護師たちが控えており、医師たちはその看護師たちに治療と食事を指示する役務を任せて、看護するよう命じる。とくに見知らぬ他国の人たちのなかの、そうした病院に来ることから縁遠いような病人たちのために、訪問看護の代理人たちが手配されることもあって、病人たちの治療が十分に満足できるものにするように、そうした代理人たちが出向いて直接調べ、患者の健康状態を担当の医師たちに報告することもあった。

また、「スルタンが」このような「慈善を」目的としたことのなかで、最も崇高なことの一つに、スルタンはマグリブ出身の旅行者たちのために、毎日、一人で最大限で二個のパンを「無料で」支給することをお決めになり、それを配るため、毎日、スルタン自身に代わる信頼に値する人《アミーン》を特別に任命したことがある。したがって、一日に多少の増減があっても、「彼ら全員の分量として」パン二〇〇〇個かそれ以上にも及んだ。こうしたことはごく日常的なことであり、特別に指定された現金によるザカート（喜捨税）の他に、スルタンの複数のワクフ財[16]「からの収益金」によって、すべてこの財源に当てられた。しかもスルタンは、そのための代理官たちを指名して、規定の割当の費用が彼らに少しでも不足した時は、スルタンの小遣銭で補うようにと指示した。

さて、アレクサンドリアの土地っ子たち[17]についていえば、彼らは究極なまでに奢侈《しゃし》な生活を送っており、大まかな状況ではあるが、彼らには法律的な義務が全く課せられておらず、したがってスルタンにとってこの市街から得ているもの（税収）はほとんどないに等しい。ただし、例外として、スルタンによって特別に指定された収益金の見込まれるワクフ財「からの収益金」、ユダヤ教徒とキリスト教徒からの人頭税《ジズヤ》、そして現金による八分の三の支払いに限定したザカート税——「残りの」八分の五については除外される——を前述の目的（税）に当てた。

そして、こうした賞讃に値する慣行を実施し、それまで永い間、実行されたことのないこの寛大な法令を発布されたスルタンこそ、他ならぬサラーフ・ウッ＝ディーン・アブー・アル＝

ムザッファル・ユースフ・ブン・アイユーブ（サラディン）その人である。アッラーよ、彼の［神からの末永き命の］御救済《サラーフ》と御成功《タウフィーク》とを切に祈り奉らん！

他国の人たちにたまたま起こされた最も不思議な出来事の一つに、次のことがあった。ある人物がこのスルタンに上奏をしようと近づき、「こうした［他国から来た］奴らの大部分は、生きる上で必要もない［余分の］パンの支給を［無償で］譲り受けております。なぜなら、奴らは自分にとって［必要］最低限の旅の糧食だけは各自が持参しているのですから」と訴えたので、この上奏による中傷はほぼ認められることとなった。ある日のこと、上述のスルタンは、その［アレクサンドリアの］市街の外を視察するために出かけたが、その折、タラーブルスに続く砂漠地帯(18)において死ほどの苦難に遭遇した彼ら［マグリブ人］の一団と出会った。その時の彼らは、すでに飢えと渇きによって疲労困憊し、変わり果て［哀れな姿になっ］ていたので、［それを見た］スルタンは彼らが［これから］どこを目指して行くつもりなのか、彼らの身の上に一体何が起こったのかと聞きただすと、彼らは聖なるアッラーの館（メッカにあるカアバ神殿）を目指していること、今まで陸路を通ってきたが、［途中の］砂漠で危難に遭遇したことを彼に告げた。すると、スルタンは「もし、彼らがそれまでにこのような未知の場所に踏み込み、迷いに迷い、苦しみに苦しみ抜いた末に到着したのであれば、たとえ彼らの各自が自分の体重と同量の金や銀を持参していたとしても、［その苦難をわれらも］共に分かち合わねばならぬことであり、したがってわれわれがこれまで支給してきた例の［パンを無料で配る］慣行を中止すべきではない。しかるに、このような者たちを中傷し、われらが至高・至大なるアッラーのために当然果たすべきことを中止させようとして、われらのもとに中傷して近づこうとする［不謹慎な］輩《やから》がいるとは、何とも驚いたことだな！」と語った。

このスルタンの［賞讃すべき］功績と彼の公正さを貫こうとすること、さらには［イスラームの］正しい信仰の領域から［不信仰者たちの侵入を］防御しようとする彼の確固たる立場・行動は［それ以外にも］数えあげられないほど多いのである。(19)

同じように、この市街のいくつもの状況のなかで、驚嘆すべきこととして、市民たちは、いかなる状況であれ、昼間に彼らの商いを行っていると同じように、夜間にも同じように［市場で商品の］売り買いを続けている点である。

他ならぬそこは［地上における］アッラーの町々（イスラームの諸都市）のなかでも最もモスクの数が多く、その数については住民でさえ正確に把握できないほどである。そのために、彼らのなかには過大に主張する人もいれば、過小に語る人もいる。過大に主張する人はその概数を一万二〇〇〇のモスクがあると、一方、過小に述べる人は明確には把握できないが、それ以下であると主張する。彼らのなかで［少なく見積もる人でも］八〇〇〇［のモスクが］あるといい、また別の者でそれ以外の数を挙げる人もいるが、総じてモスク［の数］が実に多いということだけは確かであり、一つの場所にそれが四つも五つもあったり、時にはそれが複合施設であったりもする。しかも、それらのモスクのすべてについて、スルタンからの給与の支給を受けるイマーム（礼拝の指導者）たちがいる。イマームたちのある者は月額で五エジプト・ディーナール、すなわち［ムワッヒド朝の］一〇ムゥミニーヤ[20]［・ディーナール］に相当する［高額を受給している者や、それ以上、あるいはその他の者でそれ以下のこともある。これこそはスルタンの数々の恩恵（公共奉仕）のなかでも最も偉大なる事業の一つであり、それ以外にもあるのだが、偉業の数々を一つひとつ数えあげると、その説明が長くなって、収拾がつかなくなるほどである。

　その後、いと高きアッラーによる御利益とその恵み深き御支援のもとに、アレクサンドリアから旅立ったのは、前述と同じズー・アル＝ヒッジャ［月］八日目の日曜日の朝、つまり［異邦暦］四月の三日目のことであった。われわれの［最初の］旅程はその市街から〈ダマンフール[21]〉として知られる場所までであった。そこは城壁に囲まれた市街地で、アレクサンドリアからそこへ、さらにミスル（フスタート）へと連なる広々とした平坦な大地に位置し、しかもその平原はすべてナイルの洪水によって潤された沃土であって、そこにある村々は［行く手の］右左に数え切れないほど多かった。

　さらに翌日、すなわち月曜日、われわれは〈サー[22]〉と呼ばれる地点で渡し舟[23]に乗ってナイル[24]を渡り、次のわれわれの旅程が〈ビルマ[25]〉と呼ばれる地点に至ると、そこを［同日の］われわれの宿泊地とした。そこには一つの市場があり、すべての公共施設を備えた規模の大きな村である。さらにその村を出て、われわれは火曜日、すなわち同じ日付の五七八年の犠牲祭の日

〈ズー・アル＝ヒッジャ月一〇日目〉の早朝を迎え、〈タンダタ〉[26]の名で知られる場所で［人びとの］礼拝［の様子］を見た。タンダタは村々のなかでも面積が広く、人口も多かったので、われわれはそこで祝賀に集まる大群衆を目撃した。その時、一人の説教師が弁舌さわやかに分かりやすい説教をしていた。次に、われわれの旅程は〈スブク〉[27]と呼ばれる場所に至ったので、そこを夜の宿泊地とした。その同じ日［の翌日］に、われわれは〈ミリージュ〉[28]と呼ばれる美しい場所を通過したが、そこの居住地域は［切れ目なく］連なり、いくつもの村がわれわれの道中のすべてにわたって整然と並んでいた。［さらに］その後、そこから出て、水曜日の早朝を迎えた。われわれが通過した最も佳麗な市街地の一つに、カイロから六マイルのところに〈カルユーブ〉[29]と呼ばれる場所があった。そこには、いくつもの素敵な市場と美麗な造りの一つの大きな金曜モスクがあった。さらに、その後はムンヤ[30]であり、そこも同じように人の多く集まる場所であった。次に、そこからカイロ[31]に向かったが、カイロは他ならぬ人びとの殷集する規模雄大なスルタン［、サラーフ・ウッ＝ディーン］の都会（首都）である。その後、そこを出て［神に］守護されたミスル[32]（フスタート）に至った。われわれがそこに入ったのは木曜日の午後の礼拝の後、すなわち同じズー・アル＝ヒッジャ［月］一一日目、［異邦暦］四月の六日目のこと。アッラーよ！　われらにそこでの善事と恩寵とを授け給え！　そして、今後、われわれが待ち望む目的［の地、メッカ］に無事到着するように、アッラーよ、善き御業行をなし給え！　さらには、アッラーの御稜威《みいつ》と御尽力とによって、［目的を達成することを］いと容易《たやす》く、

地図2：イブン・ジュバイルの旅程(2) ナイル川の船旅

［今後も引き続き］障害のなきようお願い申し上げます。まことに、アッラーはお望みになられたとおりのことをなされる全能者《カディール》であらせられる。同じ水曜日に、われわれは〈ドゥジュ[33]ワ〉と呼ばれる場所で、再び渡し舟でナイルの二番目の支流を渡った。それは、夜明けの時刻であった。かくして、ミスルでのわれわれでの宿泊は、アムル・ブン・アル＝アース[34]——アッラーよ、彼に祝福を与え給え！——の大モスクから近いカナーディール横町[35]にあるフンドゥク・アブー・アッ＝サナーゥ[36]（アブー・アッ＝サナーゥの隊商宿）であり、その同じフンドゥクの入口に近い大きな部屋であった。

○ミスル（フスタート）とカイロおよびその両地にある驚嘆すべき至聖所の説明

そのことに関連して、われわれが最初に説明すべきことは、数々の至聖所と霊験あらたかな霊廟《マシュハド》[37]についてであり、他でもない至高・至大なるアッラーはそれらを［これまで永く］守護せられてきた。その一つは、カイロの町にある大規模な霊廟であって、そこにはアリー・ブン・アブー・ターリブの子息フサイン[38]——アッラーよ、両人に祝福を授け給え！——の首が祀《まつ》られている。その首は地下に葬られた銀の棺の中に納められており、その箱を覆って言い尽くし難く、かつ理解し得ないほど見事な構築物が築かれ、数種類の錦織の布に包まれ、しかも［その周囲が］まるで巨大な円柱のような白い蠟燭で囲まれている。蠟燭のなかにはそれほど大きくないものもあるが、その大部分は純銀もしくは一部に金メッキを施された燭台の上に置かれている。また、その棺の上に、銀の燭台が［天井から］吊り下げられている。棺の最上部の全体はリンゴの形状の［円い］黄金で覆われて、［メディナの聖モスクにある預言者ムハンマドの］あのラウダ[39]（聖庭）に似せて作られており、そのあまりの美しさに目を奪われるほどで、技術の粋を極め、象眼の精緻が凝らされた、さまざまな種類の見事な大理石［の彫刻］が施されて、それは想像する人たちの理解をはるかに超えたもので、またそれを説明しようとする人たちの言葉では到底尽くし難いほどである。

この［フサインの］ラウダに至る通路は、優雅さと珍貴さという点では［メディナにある預言者ムハンマドの］ラウダと同じように、モスクの脇を通って行くが、そこにある壁の全面は上述したのと同じような仕様の大理石である。このラウダの右側とその北（左）側には二つの構築物（部屋）があって、その二つのどちらもラウダへ通じる入口で、しかも同じような仕様で、錦織の布で作られた素晴らしい壁掛けがその全面に掛けられている。

この祝福されたモスクに入って、われわれが実際に目にしたもののなかで最も驚いたことの一つに、内部に入って行く者の手前、正面となる壁に置かれた一個の石があるが、その石は真っ黒で、ぴかぴかに輝いており、入ってきた者の一人ひとりの姿がまるで磨いたばかりの［精巧な］インド製の鏡[40]のごとくに［鮮明に］映し出される。われわれは、［参詣の］人たちがその聖墓に触れている様子を見たが、そうした人たちのなかには、その墓をただ凝視しているだけの人、それに身を投げ出している人、その上に被せられた覆い布を擦《こす》っている人、またその周囲を回っている人［等々］があって、［いずれの人たちも］その聖祝された霊廟の御利益を願い、ああもったいないかなとアッラーに請い願い、魂が溶けるほどに涙を流しつつ祈願し、肝を［砕き］溶かし、［頑強な］岩石をも砕かんばかりに我が身をへりくだった態度を示していた。そうしたことは、［言葉で語るより］さらに凄まじく、その状況を見てぞっとするほどであった。アッラーよ、その神聖なる霊廟の御利益を、われらにも分かち与え給え！　だが、実際の状況はそれ以上であることを指摘するだけで、ここではその説明のごく一部を言及するだけに留めておきたい。なぜならば、理性ある人にとって、その説明のために［余分な］心を尽くすべきではないからであり、また［すべてのことにおいて、］説明には、たとえ十分だと思っても自ずから限界があり、当然、説明し切れない部分も残ってしまうからである。総じて、私は、［この世に］存在するすべてのもののなかで、それ以上に壮麗な創造物は存在せず、また実際に目に見えるもののなかで、それ以上に驚嘆し、さらに唯一無二の造営物は他にないのではないかと思ったほどである。アッラーよ、霊験と御利益とによって、そこに納められた神聖なる御遺体が、より一層聖化されますよう切にお願い申し上げます。

　そして、われわれは同日の夜に、〈カラーファ〉[41]として知られた共同墓地《ジャッバーナ》で泊まったが、そこもまた、この世の数ある驚異の一つである。なぜならば、そこには、数々の預言者たち――彼らに、アッラーの祝福を与え給え！――、〈御家の人たち〉[42]（預言者ムハンマドの家族たち、とくにアリー家の子孫たち）――彼らに、アッラーの祝福を与え給え！――、預言者［ムハンマドの」教友たちと彼らの教えに付き従った人たち、［高名な］学識者たち、苦行者たち、世に名高い奇跡と不可思議な告知の持ち主の［スーフィー］聖者たち［など数々］が納められているからである。しかし、以下では、われわれが実際にこの目で見て確認できたものに限って説明することにしよう。

そうしたなかには、預言者サーリフの子息[43]の墓、ルービール・ブン・ヤァクーブ・ブン・イスハーク・ブン・イブラーヒーム・アル＝ハリール・アッ＝ラフマーン[44]（ラフマーン神の友）――アッラーよ、彼ら［すべて］に祝福を与え給え！――の墓、ファラオ（ファラウーン）の妻のアースィヤ[45]――アッラーよ、彼女に祝福を与え給え！――の墓、〈御家の人たち〉――アッラーよ、彼らすべてに祝福を与え給え！――の墓［など］、男性一四人と女性五人の霊廟が含まれる。それらの一つひとつの霊廟を覆って立派な建造物があり、そのすべてには完璧なほどに壮麗かつ驚嘆すべき建物を備えたラウダがあり、しかも監視人（墓守）たちが管理を任されて、そこに住み込んでいる。それら［全体］の景観はまことに驚嘆すべき景観である。なお、そこの監視人たちのために、毎月、給与が支給されている。

○**〈御家の人たち〉**（アリー家の人たち）**――アッラーよ、彼らに祝福を与え給え――の霊廟の説明**[46]

●アリー・ブン・アル＝フサイン・ブン・アリー[47]――アッラーよ、彼に祝福を与え給え！――の墓廟。

●［ムハンマド・］ジャウファル・ブン・ムハンマド・アッ＝サーディクの二人の子息(48)――アッラーよ、彼らに祝福を与え給え！――の二つの霊廟。
●前述のムハンマド・ブン・ジャウファル・アッ＝サーディク・ブン・ムハンマド・ブン・アリー・ザイン・アル＝アービディーンの子息であるカースィム(49)――アッラーよ、彼らに祝福を与え給え！――の霊廟。
●その［アリーの］二人の子息であるハサンとフサイン(50)――アッラーよ、彼らに祝福を与え給え！――の二つの霊廟。
●その子息、アブド・アッラー・ブン・アル＝カースィム(51)――アッラーよ、彼に祝福を与え給え！――の霊廟。
●その子息、ヤフヤー・ブン・アル＝カースィムの霊廟とアリー・ブン・アブド・アッラー・ブン・アル＝カースィム(52)――アッラーよ、彼らに祝福を与え給え！――の霊廟。
●彼の兄弟、イーサー・ブン・アブド・アッラー(53)――アッラーよ、この両人に祝福を与え給え！――の霊廟。
●ヤフヤー・ブン・アル＝ハサン・ブン・ザイド・ブン・アル＝ハサン(54)――アッラーよ、彼らに祝福を与え給え！――の霊廟。
●ムハンマド・ブン・アブド・アッラー・ブン・ムハンマド・アル＝バーキル・ブン・アリー・ザイン・アル＝アービディーン・ブン・アル＝フサイン・ブン・アリー(55)――アッラーよ、

彼らに祝福を与え給え！――の霊廟。

●アリー・ブン・アル＝フサインの子孫、ジャウファル・ブン・ムハンマド[56]――アッラーよ、彼らに祝福を与え給え！――の霊廟。なお、われわれに伝えられたところでは、このジャウファルは実際にはマーリク［・ブン・アナス］――アッラーよ、彼に祝福を与え給え！――の養子[57]であったともいう。

○アリーの女性系譜に連なる貴婦人たち[58]――アッラーよ、彼女らに祝福を与え給え！――の霊廟

●カースィム・ブン・ムハンマド・ブン・ジャウファルの娘、ウンム・クルスーム夫人[59]――アッラーよ、彼らに祝福を与え給え！――の霊廟。

●ヤフヤー・ブン・ザイド・ブン・アリー・ブン・アル＝フサインの娘、ザイナブ夫人[60]――アッラーよ、彼らに祝福を与え給え！――の霊廟。

●ムハンマド・ブン・ジャウファル・アッ＝サーディクの娘、ウンム・クルスーム夫人[61]――アッラーよ、彼らに祝福を与え給え！――の霊廟。

●アブド・アッラー・ブン・アル＝カースィム・ブン・ムハンマドの母堂[62]――アッラーよ、彼らに祝福を与え給え！――の霊廟。

　以上は、これらの尊厳あるアリー一族の霊廟のうちで、目で見て確認し得たものに限るが、実際の数はそれよりも多い。われわれに伝えられたところによると、それらのなかに、アリー・ブン・アブー・ターリブ――アッラーよ、彼に祝福を与え給え！――の娘、マルヤム(63)の霊験あらたかな霊廟があって、それについては世間に広く知られているが、われわれはそれを直接見ていない。こうした霊験あらたかな墓廟の主たちの名前について、われわれは連綿として続いてきた情報に加えて、霊廟にある［刻文による］確実な年代によって、それが正しいものと認めたものだけであるが、それについてはアッラーのみぞ、ご存じであらせられる。そうした霊廟の一つひとつの上には立派な建物があって、それらの全体はラウダを構成しており、見事なまでに完成された驚くべきほどの［複合的な］構築物で、しかもその霊廟の中に住み、そこをいつも管理している監視人たちがいる。したがって、その全体の景観は見事なまでに整然としている。なお、毎月、その監視人たちのために月給が支給されている。

○上述したカラーファにある預言者［ムハンマド］の一部の教友たち――アッラーよ、彼らに祝福と平安を与え給え！――の霊廟、ならびに教友の後継者たち、イマームたち――、ウラマーおよび奇跡で名声を博した禁欲主義の聖者たち――彼らのすべてに祝福を与え給え！――の霊廟の説明

［一介の旅行者である、私のような］記録者は、それら［以下の情報］が正確であると主張したとしても［、たとえ誤りであれ、］許されるべきであり、［私としては］ただただそこにある［墓誌銘に刻まれた］彼らの名前を［書き取って］記録しただけにすぎない。とはいえ、総じて、

もしも至高・至大なるアッラーの御意思に適うのであれば、それらについて疑問の余地はないほど、すべて正確なことであろう。

●ムアーズ・ブン・ジャバル[64]——アッラーよ、彼に祝福を与え給え！——の霊廟。

●アッラーの使徒［ムハンマド］——アッラーよ、彼に祝福と平安を与え給え！——の旗手、ウクバ・ブン・アーミル・アル＝ジュハニー[65]の霊廟。

●アッラーの使徒［ムハンマド］——アッラーよ、彼に祝福と平安を与え給え！——の外套の所有者[66]の霊廟。

●アッラーの使徒［ムハンマド］——アッラーよ、彼に祝福と平安あれ！——の金細工師、アブー・アル＝ハサンの霊廟。

●サーリヤ・アル＝ジャバル[67]——アッラーよ、彼に祝福を与え給え！——の霊廟。

●アブー・バクル・アッ＝スィッディークの子息、ムハンマド——アッラーよ、この両名に祝福を与え給え！——の霊廟。

●彼の子息たち——アッラーよ、彼らに祝福を与え給え！——の霊廟。

●アブー・バクル・アッ＝スィッディーク——アッラーよ、彼に祝福を与え給え！——の子息、アフマド[68]の聖墓。

●アブー・バクル・アッ＝スィッディークの娘、アスマーゥ[69]——アッラーよ、この両名に祝福を与え給え！——の霊廟。

●イブン・アル＝アウワームの子息、イブン・アッ＝ズバイル(70)――アッラーよ、この両人に祝福を与え給え！――の霊廟。
●アッラーの使徒［ムハンマド］――アッラーよ、彼に祝福と平安を与え給え！――の教友、アブド・アッラー・ブン・フザーファ・アッ＝サフミー(71)の霊廟。
●アッラーの使徒［ムハンマド］――アッラーよ、彼に祝福と平安を与え給え！――の乳兄弟、イブン・ハリーマ(72)の霊廟。

○イマームたち、ウラマー、そして禁欲主義者たち――アッラーよ、彼らすべてに祝福を与え給え！――の霊廟

●イマーム＝シャーフィイー(73)――アッラーよ、彼に祝福を与え給え！――の霊廟。それは華麗さと広大さの点において、数ある大霊廟のなかで［代表するもの］の一つとして数えられる。そして、そこの霊廟の正面には一つのマドラサが建てられて、面積の広さと建物の華麗さという点でも、この［エジプト］地方において、他に類例を見ないほどの建物で、そこの周囲を巡る人には、それ自体がまるで独立した一つの街ではないかと錯覚するほどである。つまり、そのマドラサの正面には一つの公衆浴場とその他の付属のいくつもの公共施設があって、今なお、その建設［工事］が続けられているが、その建設に要する費用については算定できぬほどで、シャイフにしてイマーム、禁欲主義者の〈ナジュム・ウッ＝ディーン・アル＝ハブーシャーニ

ー〉[74]として知られた学識者がその建設自体を指揮している。一方、この方面の支配者《スルタン》である［アイユーブのスルタン＝］サラーフ・ウッ＝ディーンは「その負担のすべては、このわしらに責任がかかっているのであるから、より一層佳麗にして、優雅なものにせよ！」と命じて、そのことのすべてを彼（シャイフ＝ハブーシャーニー）の要求に従った。有り難や！　アッラーは、彼の名が示しているように、〈真の教え〉（イスラーム教）に従う純正の人（サラーフ・ウッ＝ディーン）〉となし給うたのである。そして、われわれは、上述のそのハブーシャーニー本人と実際に会って、彼の祈願による御利益を得ようとした。なぜならば、すでに彼のことは［私が旅行に出る以前、］アンダルスにいた時分から知らされていたからである。そこで、われわれは彼とカイロにある彼自身のモスクの中で実際に会うことができた。つまり、［その会見の場所は］同じモスクの内部にある彼が住居としていた部屋であり、そこは中庭に面した狭い部屋であった。すると、彼はわれわれのために［アッラーへの］祈願を行い、しかる後にわれわれはその場を辞した次第であるが、エジプトの人たちのなかで、彼に匹敵するような［高潔な］人物には他に会えなかったほどである。

●イマーム＝シャーフィイー——アッラーよ、彼に祝福を授け給え！——の教友、ムザニー[75]の霊廟。

●マーリク［・ブン・アナス］——アッラーよ、彼に祝福を授け給え！——の教友、アシュハブ[76]の霊廟。

●マーリク［・ブン・アナス］の教友、アブド・アッ＝ラフマーン・ブン・アル＝カースィム[77]――アッラーよ、この両人に祝福を授け給え！――の霊廟。

●マーリク［・ブン・アナス］の教友、アスバグ[78]――アッラーよ、この両人に祝福を授け給え！――の霊廟。

●法官アブド・アル＝ワッハーブ[79]――アッラーよ、彼に祝福を授け給え！――の霊廟。

●アブド・アッラー・ブン・［アブド・］アル＝ハカムとムハンマド・ブン・アブド・アッラー・ブン・アブド・アル＝ハカム[80]――アッラーよ、この両名に祝福を授け給え！――の霊廟。

●法学者、説教師、禁欲主義者アブー・アル＝ハサン・アッ＝ディーナワリー[81]――アッラーよ、彼に祝福を授け給え！――の霊廟。

●ブナーン・アル＝アービド[82]――アッラーよ、彼に祝福を授け給え！――の霊廟。

●〈サーヒブ・アル＝イブリーク[83]〉（水差しの主人）の名で一般に知られた純正なる人物、献身的な修行者、禁欲主義者の霊廟。なお、彼についての不可思議な逸話《キッサ》[84]とは奇跡《カラーマ》についてである。

●アブー・ムスリム・アル＝ハウラーニー[85]――アッラーよ、彼に祝福を授け給え！――の霊廟。

●〈アイナーゥ[86]〉の名で一般に知られた純正なる女性――アッラーよ、彼女に祝福を授け給え！――の霊廟。

●ルーザーバーリー[87]――アッラーよ、彼に祝福を授け給え！――の霊廟。

●一般には〈サブティー〉（セウタ出身者）の名で知られたムハンマド・ブン・マスウード・ブ

ン・ムハンマド・ブン・ハールーン・アッ＝ラシード[88]――アッラーよ、彼に祝福を授け給え！――の霊廟。

●純正なる人、ムクビル・アル＝ハバシー[89]（エチオピア出身者）――アッラーよ、彼に祝福を授け給え！――の霊廟。

●ズー・アン＝ヌーン・ブン・イブラーヒーム・アル＝ミスリー[90]（ミスル出身者）――アッラーよ、彼に祝福を授け給え！――の霊廟。

●法官アンバーリー[91]の霊廟。彼が［亡くなって］棺に納められた時、《主よ、どうぞ私をおめでたい［あの世の］舟着場に着かせ下さいませ。まことに汝ほどよい舟着をさせて下さる御方はござりませぬ》（『クルアーン』第二三章第二九節）としゃべったと、人に噂されるほどの弁舌に長《た》けた人[92]――アッラーよ、彼に祝福を授け給え！――の墓。

●アルースの霊廟。彼女には、夫の前で［初夜に］ヴェールを脱いだ状態の時に、前代未聞の驚くべき奇跡を起こしたとの言い伝えがある。

●四〇年間、しゃべらなかったと伝えられる沈思黙考の人[93]（サーミト）の霊廟。

●アサーフィーリーの霊廟。

●アブド・アル＝アズィーズ・ブン・アフマド・ブン・アリー・ブン・アル＝ハサン・アル＝フワーリズミー[94]（フワーリズム出身者）の霊廟。

●法学者、説教師、アフダル・アル＝ジャウハリー[95]の霊廟と彼の霊廟の手前にあるその弟子たちによる複数の霊廟。アッラーよ、彼らすべてに祝福を授け給え！

●ズー・アン＝ヌーン・アル＝ミスリー（ミスル出身者）の師匠（シャイフ）、シュクラーン[96]の霊廟。

●〈アクタウ・アル＝マグリビー[97]〉（マグリブ出身者）の名で一般に知られた純正の人の霊廟。

●『クルアーン』の著名な朗誦者、ワルシュ[98]の霊廟。

●タバリーの霊廟。

●シャイバーン・アッ＝ラーイー[99]の霊廟。

以上、そこにある祝福された霊廟は、［その他にも］記録に留めて把握したり、あるいは一つひとつ数えあげて理解するより以上に数多くあるので、われわれが説明し得たものは、ただただ私が［実際に訪れ、］目で見て確認ができたものを［ここでの］記述の対象としたにすぎない。

さらに、すでに言及したカラーファの南側には、〈殉教者たちの墓地〉として知られた広大な平坦地がある。なお、彼ら（殉教者たち）は、他ならぬサーリヤ[100]［・アル＝ジャバル］に付き従い、信仰のために命を落とした人たちである。アッラーよ、彼らのすべてに祝福を与え給え！　また、この同じ平坦地は、目で眺めたところ、いくつも瘤《こぶ》状に盛り上がっているが、何の構築物もない。

驚嘆すべき一つとして、この同じカラーファの全体には建屋のような複数のモスクや人の住む霊廟があって、そうした場所に外国から来た見知らぬ人たち、ウラマー、純正者たちや貧窮者たち［など］が寄寓しており、しかもその一つひとつへの拠出金が、毎月、スルタン［＝サラーフ・ウッ＝ディーン］から支給され続けている［とのことである］。なお、ミスル（フスタート）とカイロにある［すべての］マドラサについても同じで、われわれによって確認されたところでは、そうしたすべてに対する拠出金は月額でミスルのディーナール換算、およそ二〇〇〇枚にのぼり、［ムワッヒド朝の］ムゥミニーヤ・ディーナール[101]の換算では四〇〇〇枚にも相当する［とのことである］。

また、われわれに伝えられたところによると、ミスルにあるアムル・ブン・アル＝アースの金曜大モスクは、毎日の収入としてミスルのディーナール換算で約三〇枚であり、そのモスクの改修費、モスクの管理人と使用人たち、モスクのイマームたちやそこの『クルアーン』朗誦者たち［など］の給与として分配されているとのことである。

われわれがカイロで実際に見たもののうち、四ヵ所の金曜大モスクについては特別に立派な建物と雅やかな造りで、［その他の］多くの［一般の］モスク（マスジド）についても同じことがいえる。

そして、ある日、［カイロのそれら四ヵ所の］金曜大モスクのうちの一つにおいて［金曜日礼拝の］説教《フトバ》が行われ［て、私もそこに参列し］たが、そこの説教師はスンナ派の流儀に則《のっと》り、その説教の中で［預言者ムハンマドの］教友たち——アッラーよ、彼らに祝福を与え給え！——と彼らに従った［弟子の］人たちなど、さらには敬虔な信徒たちの御母堂たち、すなわち預言者［ムハンマド］――アッラーよ、彼に平安と祝福を与え給え！――の妻たち、預言者の尊くて侵し難い二人の叔父のハムザとアッバース[102]――アッラーよ、この両人に祝福を与え給え！――の［順で］祈りを併せて行った。その説教の語り口は穏やかではあるが、言葉の端々の音節に押韻をきかせながら[103]［淡々と］説き始め、やがて［人びとの冷たく］すさんだ心［の嵐］を衰えさせ、［凍りついて］動かない［冷酷な］目からも［温もりのある］涙をあふれさせるほどになった。その説教師はアッバース家の流儀[104]に則り、［その王朝のシンボルである］黒衣をまとって、説教のために登場した。その際、彼の服装の特徴は［説教用の］黒い外套をまとい、さらにその同じ外套の上から黒い絹製のショール[105]を羽織っていた。なお、そのショールは、マグリブ［地方］では〈イフラーム[106]〉と呼んでいるものである。また、彼のターバンについても黒色で、刀剣を帯びていた。そして、説教壇《ミンバル》を登る時、彼は、その登った一段目のところで、彼の刀剣の石突《いしづき》[107]（鞘尻を包んだ金具）の部分を［ドンと］一突きした。その音は参列者たち全員に聞こえるほどで、まるで耳を故意にそばだたせ喚起させようとしているかのようであった。さらに、その説教師は説教壇の中段において二度目［のドンの音］、彼が最上段に達した時に三度目［のドンの音］を響かせた。そうした後に、彼は左右に控える参列者たちに向かって拝礼し、説教壇の最上段で、前もって立てられていた白の斑点文様の付いた二本の黒い旗の中間の位置に立った。

　この時点での彼の［最初の］祈禱《ドゥアー》は、アッバース朝のイマーム（カリフ）＝アブー・アル＝アッバース・アフマド・アン＝ナースィル・リ・ディーン・アッラー[108]に向けたものであった。なお、このイマーム＝ナースィルは、イマーム＝アブー・ムハンマド・アル＝ハサン・アル＝ムスタディー・ビッラーの子息に当たる人物で、さらにこの後者のイマームはイマーム＝アブー・アル＝ムザッファル・ユースフ・アル＝ムスタンジド・ビッラー[109]の子息のことである。次に、［この説教師による祈禱は、］彼（アブー・アル＝アッバース・アフマド・アン＝ナースィル）の〈王朝の再生者〉（ムフイー・アッ＝ダウラ）、アブー・アル＝ムザッファル・ユースフ・ブン・アイユーブ・サラーフ・ウッ＝ディーン[110]に向けたものであり、その後は、サラーフ・ウッ＝ディーンの兄弟で、彼の〈当代の後継者〉のアブー・バクル・サイフ・ウッ＝ディーン[111]に向けての祈りであった。

　また、われわれは一つの城塞[112]の建物を見たが、それこそはカイロと隣接した、難攻不落の要塞であり、スルタン［＝サラーフ・ウッ＝ディーン］はそこを自らの居住場所と定めると、さらにその周壁を延長して、ミスル（フスタート）とカイロの二つの町を一つにつなげたいと望んだ。この建築工事に従事する人たちや、大理石を鋸で切ったり、巨大な岩石を切り出したり、その同じ要塞の周壁を囲む掘割――それは、つるはしで岩石をくりぬいた塹壕のことで、その［掘削した］跡は後世のいつになっても消えることのないほど［堅固で］、とりわけ驚くべきものである――を掘るなどの労力を要する重労働や大きな危険を伴う工事のすべてを委ねられた人たちは、他ならぬルーム出身の異教の捕虜たち[113]であった。彼らの人数はあまりに多く数え切

図2　サラーフ・ウッ＝ディーン（サラディン）がカイロに築いた城塞。現存するのはその一部で、ムハンマド・アリーの城塞・モスクとして知られる

れぬほどで、そのため「幸いにも、サラーフ・ウッ＝ディーンによる寛大なるご処置によって」彼ら以外の「一般のムスリムたちの」誰一人として、その「ような苛酷な」建築工事で身をすり減らすことに従事させなかった。

スルタンは、その他のいくつかの場所でも建築を行っているが、そこでも異教徒たちがそこの労役に使われている。一方、ムスリムたちのなかでこのような「危険を伴う」公益工事に駆り出されることが予定されていた「罪を負った」人たちでさえ、そうしたすべての労役の義務から免れ、「ムスリムの」誰一人としてそのことの義務はないのである。

また、われわれが目撃したもののなかで、このスルタンの功業の一つとして、カイロ

図３　パスカル・コスト（Pascal Coste）によって描かれたカイロの市街（1820年頃）

の町にある公共病院《マーリスターン》が挙げられる。(114)それは、佳麗さと規模という点で、まさしく完璧なほど美しい宮殿［のよう］で、スルタンはこの善行によって、来世における［アッラーからの］一層善き報酬を授けてもらうことを願い、［医術の］専門家たちのなかから一人の監督者を指名すると、その者に医薬品の保管箱を任せて、種々多様な種類の処方に従って、飲み薬を用いて治療に当たらせた。その宮殿［のような病院］にあるいくつもの小部屋にはソファーが置かれて、そこにおいて患者たちはシーツの完備された、ゆったりとしたベッドとして使用できる。さらに、その監督者のもとには、早朝と夕方に患者の容体を調べる任務に当たる複数の使用人が控えているので、その使用人たちが［それぞれの］患者に適合した食べ物と飲み物を運ぶ。

この［男性病棟のある］場所と向かい合って、女性患者用の一つの隔離施設があって、そこにも彼女らの世話をする［専任の］人たちがいる。以上の［男性用と女性用の］二つの施設と隣接して、さらに別の一つの施設があるが、そこには広い中庭があって、鉄格子の付いたたいくつもの小部屋が備えられているが、それは精神病患者たちを保護するために用意されたものである。精神病患者たちに対しても同じように、毎日、彼らの病状を調べ、適切に対応する任務の者が控えている。〔一方、〕スルタンは、［病院のことを］調査したり、人に聞きただしたりして、こうした状況のすべてを常に把握しており、十分な気配りをもって、究極なまでに熱意をもって維持することに自ら努めている。ミスルには、こうした方式と同じもので、さらに別の一つの公共病院がある。

｛さて、｝ミスル（フスタート）とカイロとの中間には、アブー・アル＝アッバース・アフマド・ブン・トゥールーン[115]に由来付けられた、一つの規模壮麗なモスクがある。それは他ならぬ古色蒼然とした金曜大モスクに属するもので、優雅な造りの壮大な建造物であって、スルタン「、サラーフ・ウッ＝ディーン」は、そこを外国から来た見知らぬ人たちのなかの「、とくに」マグリブ出身者たちのための避難所と定めて、彼らがそこに住み、「師匠を囲んで」円陣を作って学んだりできるように、そして毎月、「食べるための」費用を支給している。彼ら「マグリブ人たち」の有力者たちの一人がわれわれに話してくれた最も驚嘆すべきことの一つとして、

図4　イブン・トゥールーン・モスク（カイロ、876-879）。トゥールーン朝の創始者アフマド・ブン・トゥールーンによって建てられた。図版は北西面の回廊とその外側に建つミナレット

このスルタンは彼らの自治権を彼らに任せて、［他の］誰にも彼らのことで干渉させないようにしたことがある。したがって、彼らは自分たちの間から自治管理者《ハーキム》(116)を選出して、その人の命令に従い、予期せぬ不祥事が起こった際には、その人に法的な決定を行ってもらうようにした。［そうしたことで、］彼らは、常に［互いに諍《いさか》いのない］温厚で、安寧な日々を送りたいと願い、ただただ彼らの主［、アッラー］を敬慕することにのみ専心できるので、このスルタンの美徳のなかでも、彼のお蔭による善事の最高に優れた助っ人であると認めている。

カイロの数ある金曜大モスクのどれをとっても、また［市内の地区ごとにある小規模な］数あるモスク（マスジド）であれ、いかなる墓地に［付属して］建てられているラウダであれ、いかなる監視所であれ、また数あるマドラサのなかであれ、スルタンの善行はそこに助けを求めて来る人やそこに住むことを余儀なくされた人たちのすべてに行き渡っており、そうしたところで必要となる費用は［すべて］国庫金によって賄われている。

スルタンがムスリムたちに関わる一切の物事に深く気を配っていることを明白に示す栄誉ある功業の一つとして、彼がいくつもの専用の［教育］施設《マフダル》の建設を命じ、そこに至高・至大なるアッラーの書（『クルアーン』）のための専任の教師を配置し、とくに貧困者の子息たちや孤児たちを教える任務を担わせ、しかも彼らのための十分な手当てを支給していることがある。

さらに、このスルタンの［他の］功績のなかで、［全］ムスリムたちのためにも有益にして不滅な彼の偉業の一つとして、いくつもの堰堤《カンタラ》(117)［を建造したこと］が挙げられる。それこそは、彼がミスル（フスタート）の西側、そこから七マイルの距離のところで、その構築を開始して、ミスルと真向かいのナイルの洪水の限界地[118]に始まる土手道の後方まで達するものである。その土手道はまるで大地に広がる山のように、上述した堰堤とつながるまで、［ナイル川に沿って］六マイルにわたって連なっている。その堰堤は、他ならぬ［東西の］数ある堰堤にかけられたアーチのなかでも、最大のアーチが約四〇ヵ所もあって、そこからアレクサンドリアまで広がる砂漠地帯と接している。そうしたことは、思慮分別ある［世の］諸王による施策のなかでも、彼の［最も］優れた施策の一つとして数えられるべきものであろう。なぜならば、それはナイル洪水の時に土地が冠水し、それが原因で軍隊の行動が妨げられた際、アレクサンドリア港の方面から突如として襲ってくる敵軍による予期せぬ事件に対処するためであり、必要とあらば、いついかなる場合であれ［迅速に］行動を起こすように備えるものであった。アッラーよ、御《み》稜威《いつ》により、すべての［将来に］起こり得る事件に適宜対処し、また警戒すべきことの危険からも、このスルタンがムスリムたちの領域を守護なされることを切にお願い申し上げます。そして、この堰堤［建設］に関連付けて、ミスルの人たちは、もしやムワッヒド［王］朝の人たちによるミスルおよび東方地域[119]征服の前兆ではないかと考え、［近い将来に起こるかもしれない不吉な］予期せぬ出来事に対する警告の一つとしたのである。しかし、まことにアッラーこそは、その隠れたるもの（将来の予測不可能なこと）についても、全部ご存じ。アッラーの他に、神はあらせられない。

この新しく建設された堰堤の近くに、古代の奇跡ともいえるピラミッド(120)がある。それは四角形の奇妙な形の建造物であって、まるで打ち立てられた天幕のごとく天空に向かって立っている。とくに、ピラミッドのうちの二つについては、天を覆い尽くさんばかりに聳え立ち、その一つのピラミッドの横幅は、[四つの]角の一つの角からもう一方の角までが三六六ハトワ(121)(歩幅)もあって、切り出された巨大な岩石で築かれ、[一つひとつは]表面を見たところ、その[積み石を重ねた]縁《へり》の部分は尖っているが、継ぎ目の部分を埋める隙間が全くなく、驚くほどぴったりと見事に付着している。また、危険と困難を顧みなければ、ピラミッドの上に登ることもできるが、[実際にその上に登ってみると、]そのごつごつと尖った縁の部分は[横幅の]広さという点ではそれ以上の大きな広がりがないと思えるほどで、たとえ地球上の人間がその建築物を破壊しようとしても、そうしたことは全く不可能であろう。

ピラミッド[が一体全体、何であるか]について、人びとの間にはさまざまな議論があり、ある者によれば、それをアード(122)と彼の子孫の墓であるとし、また、別の者はそれ以外のものであると主張しているが、結局のところ、その真相については至高・至大なるアッラーを除いて、他に誰にも分からない。

ピラミッドのなかでも、とくに巨大な二つのうちの片方については、地表から人の背丈ほど、あるいはそれ以上の高さのところに、[内部に入り]上に登って行くことのできる一つの入口があり、そこを伝って大きな部屋に入れる。その部屋の幅は五〇シブルほどで、その[奥行きの」長さもそれと同じ程度である。その部屋の内部には、一般の人たちが〈ビーラ〉[123]（尖塔）と呼んでいるものに似た、がらんどうの細長い一つの大理石（石棺）がある。しかし、その真実については、神のみぞ、ご存じ。

そして大型のもの以外にも、［別の小型の一つの］ピラミッドがあり、その大きさは一つの角から次の角までが一四〇ハトワである。さらに、この小型のもの以外にも、五つの小型のものがあって、そのうちの三つは互いにくっつき、他の二つはそれから少し離れた距離のところでつながっている。

これらのピラミッドから一ガルワ[124]の距離を隔てた近くに、石で造られた一つの奇妙な形のものがあり、それはまるで塔状の構築物のように、恐ろしい形相をした人間の姿をしており、その顔面はピラミッドの方向に、その背は南の方向、つまりナイルの水源（川上）に向けられて、［一般には］〈アブー・アル＝アフワール[125]〉（恐怖の親玉、スフィンクス）｛の名で知られている｝。

ミスル（フスタート）の町にはアムル・ブン・アル＝アース――アッラーよ、彼に祝福を与え給え！――のものと由来付けられた金曜大モスク[126]がある。彼には、アレクサンドリアにもう一つ別の金曜大モスクがあり、他ならぬそこは［今では］マーリク派の人たちのための金曜礼拝の場所となっている。同じく、ミスルの町にはウバイド家の人たちの王朝[127]（ファーティマ朝）崩壊時の暴動[128]の際、すなわち［ヒジュラ暦］五六四年（一一六八／六九年）のことであるが、そこで起こった火事がもとで廃墟と化した遺構がある。現在、その［ファーティマ朝時代のミスルの廃墟の］大部分は再興しており、そこにはすでにいくつもの建造物が並び建っている。そこは、周辺ならびにその近郊にもいくつもの古い遺構があるので、明らかに大都会であり、過去におけるその町［全体］の区画がいかに壮大であったかを想像させる。

ミスル（フスタート）の西側に続くナイルの岸辺に沿って、その両者（ミスルとナイル川）に挟まれたところに、規模が大きく、立派な建物の［建ち並ぶ］大きな村があり、その村の名は〈ジーザ〉[129]（ギーザ）として知られる。その村には、日曜ごとに［多くの］人の集まる大規模な［週］市の一つがある。［なお、］ジーザの村とミスルとの中間に一つの島[130]（中洲、ラウダ島）があって、その島には豪奢な邸宅と［ナイル川を］見渡せるいくつもの見晴らし台があって、そこは［人びとにとっての］娯楽と散歩に集う場所となっている。また、その島とミスルとの間にナイルの一つの入江があり、長さ一マイルほど入り込んでいるが、その出口はない。この島（ラウダ島）には一つの金曜大モスクがあり、［金曜日ごとに］説教が行われる。この金曜大モスクと隣接して、［ナイル川の］水量計《ミクヤース》[131]（ナイロ・メーター）がある。水量計とは、毎年、ナイル洪水の時期に、その水量の増加量が測定されるもので、つまりナイル増水の始まりが［異邦暦］六月に、その増水がピークに達するのが八月、それの終了［して減水を始める］時期が一〇月初めであること［の正確な情報］を［その水量計の数値によって計測・］確認するものである。この水量計は八角形の白い大理石の複数の柱で、［ナイル川の］水がそこに流れ込んできた時に、その水が集まる場所に位置する。その柱は二二ズィラーウの目盛で区切られ、さらに〈アサービウ〉[132]と呼ばれる二四の区分［、つまり一ズィラーウ＝二四イスバウ］に分かれている。したがって、彼ら［エジプトの人たち］によれば、その［年のナイル川の］洪水が起こって、最終的にそのあふれ出た水が一九ズィラーウまで満たされた時、彼らによれば、それこそ豊作年の最大量であるという。時として、［一九ズィラーウ以上に達して］洪水が広く行き渡り、水量計［の縁］を［越えて］あふれ出ることもある。そして、彼らによれば、［過不及でない］中間［の数値］は一七ズィラーウに水が満ちた状態のことで、それこそが彼らにとって前述した［ナイル川］増水［の推移］のなかで最も良い［豊作年である］。スルタンは、他ならぬその増水量が一六ズィラーウとそれ以上を超える水量をもって、エジプト地方における彼のハラージュ（地租）税を決める基準としているので、［水量計の］増量を監視する人は毎日、前述したズィラーウの区分による増水量について［詳細に、］その情報を提供することが義務づけられ、洪水が起こって極限の量になるまで、日々欠かせない仕事として、そのことを［スルタンのもとに］報告しなければならない。そして、もしも一六ズィラーウに満たなければ、その年のスルタンによる税の徴収は一切行われず、ハラージュ税もない。

われわれに伝えられたところによると、すでに述べたジーザ［の村］に、カアブ・アル＝アフバール[133]──アッラーよ、彼に祝福を与え給え！──の墓があるという。また、同じジーザの入口のところに、鰐《わに》の姿が彫られた大理石のいくつもの石があって、その石の［霊的な］効力によって、その地区に隣接したナイルの上流と下流の三マイルにわたる範囲で、鰐たちが現れないとの言い伝えがあるが、まことにアッラーのみぞ、その真相を最もよくご存じであらせられる。

さて、このスルタンが「来世において」至高なるアッラーのお側近くに赴くための「現世で果たすべき」善行として、そして真の信仰（イスラーム教）と世俗の両方において立派な名声を「世に永く」残すための彼の「社会」貢献として、ウバイド家の人たちの王朝（ファーティマ朝）時代には「メッカ」巡礼者に法定の税として課せられていたマクス税[134]の制度を廃止したことが挙げられる。なぜならば、それまで、巡礼者たちは不当な「重税の」苦しみによって、その要求の抑圧を受けて、酷《ひど》く虐げられた惨めな立場を負わされ、時には、彼らのなかに、たとえその課せられたもの（金銭）が不足したり、あるいは全く支払えない者であっても、必ず決められた法定の税を支払うことが義務付けられていた。「その税率は」一人当たりエジプトのディーナールで七・五ディーナール、つまり「ムワッヒド朝の」ムゥミニーヤ・ディーナールの換算では一五ディーナールに相当するものであって、その「税を課せられた」当人がそれ「の金額」を支払うことができなければ、アイザーブ[135]において酷い拷問にかけられた。アイザーブ――アイザーブの文字の最初のアインはアラビア語の母音〈ア〉（a）[136]と発音する――は、まさしくその名の「意味の」とおり「酷い拷問」であった。さらに時として、その「規定の税が支払えない」者に対して、両耳を「縛って」吊るすなど、ありとあらゆる恐ろしい方法でさまざまな種類の拷問が加えられることもあった。アッラーよ、どうかそのような「過去における」

不幸な運命からわれらをお救いになられますように！　さらに［それだけにとどまらず、海を渡った対岸の］ジッダ[137]においても、アイザーブでマクス税を支払わずに、その者の名前［を記した書類］に支払い済みの印がなくて到着した者に対して、［アイザーブでの］そうした拷問と同程度か、それに倍するものが科せられた。しかし、このスルタンこそは、このような呪われた［過去の］制度を撤廃し［ただけでなく］、それに代わるものとして、食べ物やその他のものを支給したのである。彼は、そのために［必要な財源の］すべてを賄《まかな》うために［分与の］指定された場所（農耕地）に徴税官を指名して、そこで［収穫された］すべてのものがヒジャーズ[138]まで無事・安全に届くよう［必要な制度を］整えた。なぜならば、この同じ制度はメッカとメディナ――アッラーよ、この二つに一層の繁栄を与え給え！――［を平穏に保つため］の食糧《ミーラ》[139]［援助］という名目のもとに、それを［従来の拷問に代わる］最も素晴らしい代償として、巡礼者たちに安楽な旅をさせようとしたためである。それまで、［エジプトからメッカとメディナに運ばれる］食糧援助は［その輸送距離が長いため］中断された状態のままで、［その中断された理由について詳しく］詮索することもない状態で放置されていたが、まことにアッラーは、この公正なるスルタン［＝サラーフ・ウッ＝ディーン］の威勢を借りて、敬虔な［ムスリム］信者たちを［過去における］大惨事と悲しき状況からお救いになられたのである。

　したがって、このスルタンへの感謝［に値する数々の善行］は、ただただ〈神聖なる御家[140]〉［カアバ神殿］の巡礼こそがイスラームにおける〈五つの柱〉の一つであると、堅く心に信じているすべての［敬虔な］一般の人たちに向けられるべきことであろう。なぜならば、そのこと（ムスリムにとって、一生に一度はメッカ巡礼を果たすという宗教義務）は［イスラームの］すべての辺境にまでもあまねく行き渡っていることであり、それ故にありとあらゆる［北の寒い］地方およびどんな［暑い低湿地の］地点であっても、スルタンに向けての［感謝の］祈願がなされるべきであろう。まことに、アッラーこそは、善行を実践する信者たちへの御褒美の背後に、いつもお控えになられておられるのである。そしてアッラーこそはその偉大なる御稜威を存分に発揮される御方であり、善行を積む［敬虔な信］者への報酬を決してお忘れにならないからである。(141) エジプト地方およびその他の地域において、従来、このこと以外にも、大小を問わず売り買いされるものすべてがマクス税の対象とされていたが、［その極端な例として、］ナイルの水を飲むことまでにもマクス税が課せられていたほどである。ところが、このスルタン［＝サラーフ・ウッ＝ディーン］は、こうした呪うべき［イスラーム法の上でも］不法なものをすべて撤廃し、正しき行状を世に広げて、安寧あまねく行き渡るようになされたのである。スルタンの公正さと、道路の治安が維持されているお蔭で、彼の国中において、人びとは夜の衣服を羽織って安心してあちこちを思いどおりに出歩き回ることができ、彼らが夜の闇の恐怖に陥れられる心配もなくなった。すでに述べたように、われわれはミスル（フスタート）とアレクサンドリアにおいて、彼らの状況がそのようになっていることを実際に経験することができた。

（二） 同年（五七八年）ズー・アル＝ヒッジャ月訳注

（1） スルタン（al-sulṭān）：ここでは、当時、エジプト・シリア・イエメンなどを支配したスンナ派イスラーム王朝、アイユーブ朝（一一六九―一二五〇）の創始者、スルタン＝サラーフ・ウッ＝ディーン（Ṣalāḥ al-Dīn）のこと。詳しくは後述注（8）を参照。

（2） 代理官たち（umanāʾ）：単数形はアミーン（amīn, umanāʾ）。一般的には〈信頼できる人、誠実な使い〉の意。アミーンは預言者ムハンマドの若い頃のあだ名としても知られる。信頼された地位にある保証人、軍曹、守備官、国家機関や職業集団の代表者、管理者、監督、職長、主事などのタイトルとして使われた。ここでは、国家の支配者であるスルタンに代わってアレクサンドリア港の管理・業務を監視する役人たちを指す（cf. *Enc. Is.* [1986] 1/437）。

（3） ザカート（zakāt）：イスラームにおける五つの信仰行為のなかの三番目の宗教的義務行為、喜捨もしくは喜捨税の意。自発的に行う喜捨は、サダカ（ṣadaqa）と呼ばれる。ザカートの対象となる財産は、農産物・金銀・商品・家畜などで、対象となる財産が所有されてから一年以上経過していることが前提となる。ここでは、巡礼者の商品や現金について、それが所有されていた期間が問われることなく、しかもメッカ巡礼を目的とした敬虔なムスリムが所持する必要最低限の食糧などに対しても課税の対象とされたことをズルム（不正行為、不当、圧制）であると認定している。『クルアーン』第四章第四四節に《まこと、アッラーは蟻一匹の重さだに誰にもズルム（不当なこと）をなさりはせぬ。善いことをすれば、必ず二倍にもして返して下さる上に、御自分の方から大きな御褒美を下さる》とある。

（4） 法官（al-qāḍī）：イスラームにおける裁判官。ここではスルタンから委譲された権限によって、アレクサンドリアの港湾関係の紛争・争議についてイスラーム法の適用を司る者。

(5) 官庁の役人たち（ahl al-dīwān）：ディーワーンの一般的な意味は官庁のこと。アフル・アッ＝ディーワーン（ディーワーンの家族・仲間）は港湾官庁における税の徴収や帳簿の管理を行う役人たち。

(6) スルタンの従者（宦官）たちの一団（jamāʻat min ḥāshiyat al-sulṭān）：ハーシーヤ（ḥāshiya, ḥawāshī）は〈随行者、侍者、補佐、側近〉のこと（Dozy, R.［1927］1/293）。〈スルタンの従者たち〉とはスルタンから直接派遣された近侍、側近のこと。

(7) 見返りの償い（al-ajr）：アジュル（ajr, ujūr）は〈賃金、報い、応報、来世での報酬〉の意。イスラームでは現世で財の一部を差し出し、罪の赦しを請うことによって宗教的な罪は浄化され、来世での報酬が増加すると捉える。

(8) サラーフ・ウッ＝ディーン（Ṣalāḥ al-Dīn）：西ヨーロッパではサラディン（Saladin）の名で知られた。アイユーブ朝の創始者、サラーフ・ウッ＝ディーン・アブー・アル＝ムザッファル・ユースフ・ブン・アイユーブ（在位一一六九—九三）のこと。イブン・ジュバイルは、本書の随所でサラーフ・ウッ＝ディーンを当時の東方イスラーム地域（マシュリク）において、最も公正で博愛精神にあふれる理想的なスルタンとして激賞している。なお、イブン・ジュバイルが第一回目のメッカ巡礼から帰国してわずか二年後の一一八七年七月、サラーフ・ウッ＝ディーンは対十字軍戦争においてシリア・パレスチナ海岸の諸都市を次々に陥落させて、同年一〇月にはついにエルサレムを奪回した。

(9) 五〇バーウ：一バーウ（bāʻ）は両腕を広げた幅、長さの単位で約三メートルに等しい。五〇バーウは約一五〇メートル。
(10) 一五〇カーマ：カーマ（qāma）は長さの単位で、成人男性の平均身長のこと。一カーマは一八二・八センチメートル、ヤードとポンド法における六フィートに等しい。したがって、一五〇カーマは二七四・二メートルとなる。
(11) イブン・バットゥータは、「［ヒジュラ暦］七五〇年（一三四九／五〇年）に、私はマグリブ地方に帰る道すがら、再びこの灯台を訪れた時、すでにその内側に入ることも、入口に登ることもできないほど、完全に崩壊していることを知った」と伝えている。彼が最初にメッカ巡礼を行ったのは一三二六年のことであり、その後、一三五〇年までの二五年間にアレクサンドリア灯台は完全に崩壊したことになる（イブン・バットゥータ、第一巻五二頁）。
(12) イスラームへの喚び掛け（daʻwat al-Islām）：ダウワは〈喚び掛け、招待、勧誘、召喚〉の意。宗教的には〈アッラーや預言者たちが人びとに真の宗教を喚び掛けること〉であり、『クルアーン』第一四章第四五—四六節に《［現世で］散々悪いことをしてきた人びとは「神様、［せめて一番］近い期限まで私どもを猶予して下さいませ。きっと［今度こそ］御喚び掛けに応じます。きっと使徒たちの言いつけどおりにいたします」と言う》とある。本文における〈イスラームへの喚び掛け〉は、イスラームをアッラーからの本当の信仰の喚び掛けであると信じること、すなわち〈真のイスラーム信仰〉」と同意（*Enc. Is.*［1991］2/168–170）。
(13) マドラサ（高等学院）：マドラサの原義は「学ぶ（darasa）場所」であるが、イスラームにおける高等教育施設のこと。
(14) 救護用の施設（al-maḥāris）：マフラス（maḥras, maḥāris）の原義は〈守られた場所、保護された場所、周壁に囲まれた安全地帯〉で、要塞、駐屯所、救護所、家畜囲いなどの意味に使われるが、ここでは〈旅人や困窮者を保護する公共施設、救護用施設〉のこと（cf. Dozy, R.［1927］1/270）。

（15）公共病院（māristān）：ペルシア語起源の言葉で、ビーマーリスターン（bīmaristān）とも呼ぶ。病人を収容し、薬を投与し、診察・治療を行う公共の病院施設。多くの場合、ワクフ（寄進財産による資金）によって運営・管理された。ワクフについては、次注（16）を見よ。

（16）複数のワクフ財（awqāf）：ワクフ（waqf, awqāf）はイスラームにおける財産寄進制度、ならびにそのために設定された財源や運営のための組織。

（17）土地っ子たち（ahl balad）：その土地（町）で生まれ育った者。その土地独特の性質や風俗・習慣を身に付けた生粋の者。ここでは、アレクサンドリアの下町で生まれた生粋の土地っ子のこと。

（18）タラーブルスに続く砂漠地帯（al-ṣaḥrā' al-muttaṣilat bi-Ṭarābulus）：タラーブルスは現リビアの北西部、地中海に臨む港市、トリポリ（Tripoli）のこと。ここでの〈砂漠地帯〉とはタラーブルスとアレクサンドリアとの間に横たわるリビア砂漠北部のタラーブルス・ガルブ（Ṭarābulus Gharb）地方を指す。

（19）サラーフ・ウッ＝ディーンは対十字軍戦闘の英雄として、すでにマグリブ・アンダルス地方の人びとの間で広く認められていた。彼がフランク十字軍の手からエルサレムを奪回したのは、イブン・ジュバイルがエジプトを訪れてから四年半ほど後のこと。前掲注（8）を参照。

（20）ムゥミニーヤ（Mu'minīya）：ベルベル王朝のムワッヒド朝（al-Muwaḥḥidūn, 一一三〇—一二六九）初代スルタン＝アブド・アル＝ムゥミン（在位一一三〇—六三）によって発行された良質の金貨。当時、エジプトの一ディーナールは二ムゥミニーヤ・ディーナールの換算率であった。

（21）　ダマンフール（Damanhūr）：現在の下エジプト・ブハイラ地方の中心都市。アレクサンドリアとタンター（タンダタ）との中間に位置する。ヤークートによると、ダマンフールはカイロとフスタートに向かう街道上、アレクサンドリアから一日行程のところにあった（Yāqūt, *Muʿjam.*, 3/601; Ibn Duqmāq, 101; *Enc. Is.*［1991］2/105-106；イブン・バットゥータ、第一巻六八頁）。

（22）　サー（Ṣā）：サー・アル＝ハジャル（Ṣā al-Ḥajar）とも呼ばれた。現在のサーの町はラシード（ロゼッタ）に向かって流れるナイル西分流（ラシード・ナイル）の東岸に位置する。しかし、イブン・ジュバイルはダマンフールを出発した後、サーと呼ばれる地点で小舟に乗り、ナイル川を渡り、その対岸のビルマ村に至ったと記している。もしもイブン・ジュバイルの記録が正しいとすれば、一二世紀頃のナイル川は現在より東寄り、サーの東側を流れていたことになる。おそらく彼の思い違いであり、ダマンフールを過ぎて、ナイル川を船で渡った後に、サーに着いたのであろう（Ramzī, M.［1994］2-2/126）。

（23）　渡し舟（markab taʿdīya）：一般にマァディーヤ（maʿdīya, maʿādin）と呼ばれた。筏《いかだ》を組み立てた船で、川を渡るための小舟。羊・山羊・馬などの家畜を乗せることもあった（al-Nakhīlī, D., 146-148）。

（24）　ナイル（al-Nīl）：ここでは、ラシードで地中海に注ぐナイル川の西分流（ラシード・ナイル）のこと。

（25）　ビルマ（Birma）：ヤークートによると、フスタートからアレクサンドリアに至る街道に沿い、デルタ・ガルビーヤ地方の都市の一つで、いくつもの市場があった（Yāqūt, *Muʿjam.*, 1/595）。現在のタンターの西側近郊にあるビルマー（Birmā）村のこと（Ramzī, M.［1994］2-2/96-97）。

（26）タンダタ（Ṭandata）：タンダター（Ṭandatā）、タンター（Ṭanṭā）とも呼ばれる。カイロの北九〇キロメートル、ナイル・デルタの中央部に位置する現在のタンター（Ṭanṭā）の町。アレクサンドリア、ダミエッタ（ディムヤート）、ラシードと結ばれた交通の要衝で、農産物の集荷市場としても有名。現在のタンターの町にはアフマド・アル＝バダウィー（一一九九／二〇〇－一二七六）に由来するジャーミウ・アル＝アフマディー（al-Jāmiʿ al-Aḥmadī）があって、カイロにあるアズハル大学に次ぐイスラーム教育の中心施設として有名。なお、アフマド・アル＝バダウィーが天啓を得てタンターに移り住み、宗教活動を開始したのはイブン・ジュバイルの訪問から約半世紀後の一二三六／三七年頃であったが、彼の記録によってそれ以前の一二世紀後半のタンダタはすでに民衆イスラーム信仰の中心地として活況を呈していたことが分かる（cf. *Enc. Is.*［2000］10/188–190）。

（27）スブク（Subk）：スブク・アッ＝ダッハーク（Subk al-Ḍaḥḥāk）の別名で呼ばれた。ナイル・デルタの南西部に位置し、マヌーフ（Manūf, Manūfīya）県にある村。とくに週市（火曜市）の開催される村として有名（Ramzī, M.［1994］2-2/217）。

（28）ミリージュ（Milīj）：またはマリージュ（Malīj）と読む。イドリースィーによれば、ミスル（フスタート）のリーフ（郊外）にあり、マハッラ（al-Maḥalla）に近い村、人口多く、いくつもの市場があって、商業が盛んに行われていた（al-Idrīsī, 334–335; Yāqūt, *Muʿjam.*, 6/639;. Ramzī, M.［1994］2-2/193–194）。

（29）カルユーブ（Qalyūb）：現在のナイル・デルタのカルユービーヤ県（Iqlīm al-Qalyūbīya）の中心都市。カイロのすぐ北に位置する（Ramzī, M.［1994］1-2/57–58）。

（30）ムンヤ（al-Munya）：ムンヤ・アッ＝シーラージュ（Munyat al-Shīrāj）のこと。ヤークートによると、ムンヤとカイロとの間は一ファルサフ（約六キロメートル）もしくはそれ以下の距離で、アレクサンドリア方面に向かう街道に沿い、一つの市場があった（Yāqūt, *Muʿjam.*, 4/675; Ramzī, M.［1994］1-2/14-15）。

（31）カイロ（al-Qāhira）：ナイル・デルタ地帯の要にあり、現エジプト・アラブ共和国の首都。その起源はファーティマ朝時代、九六九年に建設されたミスル・アル＝カーヒラ（カイロの軍営地）にあり、それ以前からあった旧カイロ（ミスル・アル＝アティーカ）、すなわちフスタートとは区別されるが、現在のフスタートは大カイロの一部に含まれる。イブン・ジュバイルは、ミスルの意味として①エジプト地方、②フスタート、③フスタートとカイロを含む大カイロ、の三つを明確に区別せずに用いているため、しばしば混乱が見られる。

（32）守護されたミスル（Miṣr al-maḥrūsa）：〈［アッラーに］守護された〉はしばしば都市名や地域名の後に付けられる形容詞。ここではカイロの南側に位置するフスタートを指す。イブン・ジュバイルは、ミスルをフスタートと、あるいはフスタートをミスルと呼ぶ。前掲注（31）を参照。

（33）ドゥジュワ（Dujwa）：ディジュワ（Dijwa）、ドゥジュワー（Dujwā）、ダジュワ（Dajwa）とも呼ばれた。ヤークートによると、ナイル川の東岸にあり、ミスル（フスタート）から六ファルサフ離れた村（Yāqūt, *Muʿjam.*, 2/555; Ramzī, M.［1994］1-2/45）。

（34）アムル・ブン・アル＝アース（ʿAmr b. al-ʿĀṣ）：アラブ・クライシュ族出身者（?—六六三）。六二九／三〇年、イスラーム教に改宗し、六三三年、アブー・バクルの命を受け、アラブ戦士の司令官としてシリアとエジプトに進出、四三年には軍営地（ミスル）としてフスタートを建設した（*Enc. Is.*［1986］1/451）。

(35) カナーディール横町（zuqāq al-Qanādīl）：カナーディールの単数形はカンディール（qandīl）、アラビア語でランプ、燭台の意。ズカーク（zuqāq, aziqqa）は大通りから入った路地、小道、横町のこと。アムル・モスクから直線的に延びた狭い道路で、ファーティマ朝やアイユーブ朝時代には毎日、人通りで賑わい、街路沿いには多数のランプが灯って夜も明るく、多くの商店が軒を連ねていた。

(36) フンドゥク・アブー・アッ＝サナーゥ（Funduq Abū al-Thanā'）：フンドゥクは隊商宿。アブー・アッ＝サナーゥなる人物については不詳。

(37) 霊廟（mashhad）：原義は、シャハーダ（信仰告白、証言、誓い、殉教）の対象となる場所。預言者ムハンマドの伝承に関わる神聖な遺跡、旧跡、至聖所や著名なウラマー、スーフィーの聖者などを埋葬した廟、墓地、聖庭（ラウダ）などが聖廟として人びとの参詣地となる。シーア派では、イマームの参詣地、殉教地や霊廟がマシュハドと呼ばれて神聖視された。イラン北東部ホラーサーン州の州都、マシュハドは九世紀に建設された、十二イマーム派の第八代イマーム＝アリー・リダー（エマーム・レザー）の聖廟を中心に発達した宗教・商業の町。

(38) アリー・ブン・アブー・ターリブの子息フサイン（al-Ḥusayn b. 'Alī b. Abū Ṭālib）：シーア派の第三代イマーム＝アブー・アブド・アッラー・アル＝フサイン・ブン・アリーのこと。預言者ムハンマドの娘ファーティマとその夫のアリーとの間に生まれた次男としてメディナで誕生。その後、フサインはウマイヤ朝に叛意したため、ウマイヤ朝軍によってイラクのカルバラーゥで包囲され、一族もろとも殺害された。その時、胴体から切り離されたフサインの頭部はウマイヤ朝の宮廷へ運ばれ、ダマスカスのウマイヤ・モスクに安置された後、アスカラーン（アスケロン）、そしてカイロのフサイン・モスク内にある霊廟へと移されたという。カイロのフサイン廟は、シーア・イスマーイール派のファーティマ朝によるエジプト統治の後、シーア派の重要な参詣地となった。

(39) ラウダ（al-rawḍa）：ラウダは〈庭園、聖庭〉の意。『クルアーン』第三〇章第一四節には《信仰して善行にいそしんで来た人たちだけは、ラウダ（緑滴る野辺、天国）に気持ちよく……》とあるので、ラウダには〈楽園の庭園〉の意味もある。ここでは、メディナの聖モスク内にあるムハンマドの墓廟の前の広場、とくに説教壇（ミンバル）との間の神聖な空間を指してラウダと呼ぶ。

(40) インド製の鏡（al-mir'āt al-Hindīya）：インドで製造された鋼製の鏡。刀剣（al-muhannad）と並んで、インド製の鋼鉄は鏡、刀、槍先などの原料として優れ、イエメンを経由、イスラーム世界の各地に輸出された（al-Idrīsī, 67–68; Goitein, S. D. [2008] 315–316, 325–326, *passim*）。

(41) カラーファ（al-Qarāfa）：カイロの東側にあるムカッタムの丘の麓からフスタートに至る地域に広がる墓地、〈死者の街〉とも呼ばれる。この部分のイブン・ジュバイルの記録は、アブダリーやイブン・バットゥータによっても引用された（al-'Abdarī, 152–153；イブン・バットゥータ、第一巻、八八―九〇頁）。

(42) 〈御家の人たち〉（Ahl al-Bayt）：アフル・アル＝バイトは預言者ムハンマドの家庭・親族およびその血縁子孫を指し、アール・アル＝バイト（Āl al-Bayt）、アール・アン＝ナビー（Āl al-Nabī）とも呼ばれる。『クルアーン』第三三章第三三節に《アッラーの望み給うはただ一つ、お前たち家庭の者よ、お前たちが穢れに染まぬようにしてやりたい、お前たちをなんとか浄らかにしてやりたい、とただこれだけ》とあり、その高貴な血筋（シャリーフ）が尊重された。なお、イブン・ジュバイルはアフル・アル＝バイトを御家の人たちのなかでも、とくにアリーとその子孫たちを指す言葉として用いている。

(43) 預言者サーリフの子息 (Ibn al-nabī Ṣāliḥ)：サーリフは古代アラビアに住んでいたと伝えられるサムード族 (Thamūd) のもとに遣わされた預言者 (al-Mas'ūdī, *Murūj.*, 2/156–160; *Enc. Is.* [1995] 8/984；前嶋信次 [1976]、一六—二五頁)。『クルアーン』には彼の名が七回登場する。サムード族については、とくに『クルアーン』第七章第七一—七七節を参照。なお、サーリフの子息の名については不詳。

(44) ルービール・ブン・ヤァクーブ・ブン・イスハーク・ブン・イブラーヒーム・アル＝ハリール・アッ＝ラフマーン (Rūbīl b. Ya'qūb b. Isḥāq b. Ibrāhīm al-Khalīl al-Raḥmān)：イブラーヒーム・アル＝ハリール・アッ＝ラフマーンはラフマーン神（慈悲神、アッラー）の親友イブラーヒーム（アブラハム）の意。ルービールは、イスラエル民族の祖、ヤァクーブ（ヤコブ）の孫（イサクの子）に当たり、一般にはルービーン (Rūbīn)、ルベン (Ruben) と呼ばれた (cf. Yāqūt, *Mu'jam.*, 4/555)。

(45) ファラオの妻のアースィヤ (Āsiya imra't Fara'ūn)：ファラオ (Fara'ūn, Pharaoh) は古代エジプト王の称号、パロのこと。アースィヤのアラビア語原義は〈割礼を施す女術師、女医〉のこと。ここではファラオの愛妻の名前として使われているが、この人物については不詳 (Steingass, F., *English.*, 44)。

(46) 以下の説明は、ヤークートによるカイロ・フスタートの霊廟の記録と一致する (Yāqūt, *Mu'jam.*, 4/554–556)。

(47) アリー・ブン・アル＝フサイン・ブン・アリー ('Alī b. al-Ḥusayn b. 'Alī)：預言者ムハンマド

の従弟、第四代正統カリフ、シーア派の初代イマームのアリー（ʿAlī b. Abū [Abī] Ṭālib）の孫、フサインの子息アリー・ザイン・アル＝アービディーン（ʿAlī Zayn al-ʿĀbidīn）のこと。シーア派の第四代イマーム（六五八／九―七一二／三）。彼はメッカの公共墓地バキーウ（al-Baqīʿ）に埋葬されたと伝えられるので、その遺体がカイロのカラーファにあるとすることには疑問が残る（*Enc. Is.* [2002] 11/481-483）。

（48）［ムハンマド・］ジャウファル・ブン・ムハンマド・アッ＝サーディクの二人の子息（ibnay [Muḥammad] Jaʿfar b. Muḥammad al-Ṣādiq）：ジャウファル・ブン・ムハンマド・アッ＝サーディクはジャウファル・ブン・アッ＝サーディク・ブン・ムハンマド・ブン・アリー・ザイン・アル＝アービディーンのことで、彼の二人の子息はムーサー・アル＝カーズィムとイスマーイールを指したと思われる。ムーサー・アル＝カーズィムはシーア派第七代イマームであり、一方、イスマーイールはジャウファル・ブン・アッ＝サーディクの死に際し、ムーサーとは別にイマーム位を主張し、イスマーイール派の初代イマームとなった。なお、ファーティマ朝を興したウバイド・アッラー・アル＝マフディーはイスマーイール派を支持して、エジプトを中心に巨大な政治勢力となった。

（49）ムハンマド・ブン・ジャウファル・アッ＝サーディク・ブン・ムハンマド・ブン・アリー・ザイン・アル＝アービディーンの子息であるカースィム（al-Qāsim b. Muḥammad b. Jaʿfar al-Ṣādiq b. Muḥammad b. ʿAlī Zayn al-ʿĀbidīn）：ジャウファル・アッ＝サーディク・ブン・ムハンマド・ブン・アリー・ザイン・アル＝アービディーンはシーア派第六代イマーム。カースィムは前注（48）のジャウファルの四番目の子息のこと。

（50）その［アリーの］二人の子息であるハサンとフサイン（ibnai-hi al-Ḥasan wa'l-Ḥusayn）：アリ

ーはアリー・ブン・アブド・アッラー・ブン・アル＝カースィム（'Alī b. 'Abd Allāh b. al-Qāsim）のこと。前掲注（47）を参照。

（51）その子息、アブド・アッラー・ブン・アル＝カースィム（ibn-hu 'Abd Allāh b. al-Qāsim）：カースィムはシーア派の第六代イマーム＝ジャウファル・アッ＝サーディクの孫、カースィム・ブン・ムハンマド・アッ＝ディーバージュ（al-Qāsim b. Muḥammad al-Dībāj）のこと。

（52）アリー・ブン・アブド・アッラー・ブン・アル＝カースィム（'Alī b. 'Abd Allāh b. al-Qāsim）：アリーは前掲注（47）の子息（Yāqūt, *Mu'jam.*, 4/554）。

（53）彼の兄弟、イーサー・ブン・アブド・アッラー（akhī-hi 'Īsā b.'Abd Allāh）：イーサーは前掲注（47）のアリーの兄弟。

（54）ヤフヤー・ブン・アル＝ハサン・ブン・ザイド・ブン・アル＝ハサン（Yaḥyā b. al-Ḥasan b. Zayd b. al-Ḥasan）：おそらくヤフヤー・ブン・アル＝フサイン・ブン・ザイド・ブン・アル＝フサイン・ブン・アリー・ブン・アブー・ターリブ（Yaḥyā b. al-Ḥusayn b. Zayd b. al-Ḥusayn b. 'Alī b. Abū [Abī] Ṭālib）のことと思われるが、確かでない（Yāqūt, *Mu'jam.*, 4/554）。

（55）ムハンマド・ブン・アブド・アッラー・ブン・ムハンマド・アル＝バーキル・ブン・アリー・ザイン・アル＝アービディーン・ブン・アル＝フサイン・ブン・アリー（Muḥammad b.'Abd Allāh b. Muḥammad al-Bāqir b. 'Alī Zayn al-'Ābidīn b. al-Ḥusayn b. 'Alī）：おそらくシーア派第六代イマーム、ジャウファル・アッ＝サーディクの孫のことで、アブド・アッラーの子ムハンマドを指したと思われる。

（56）アリー・ブン・アル＝フサインの子孫、ジャウファル・ブン・ムハンマド（Ja'far b. Muḥammad

min dhurrīya ʻAlī b. al-Ḥusayn）：ズッリーヤ（dhurrīya）は〈～の子、子孫〉の意で、アリーの血統を継ぐ直系子孫のこと。第六代イマームのジャウファル・アッ＝サーディクのこと（*Enc. Is.* [1991] 2/374-375）。

(57) マーリクの養子（rabīb Mālik）：ラビーブ（rabīb, aribbāʼ）は〈養子、まま息子、同類、縁組〉の意。マーリクはマーリク派の名祖マーリク・ブン・アナス（Mālik b. Anas）のことであるが、ここでは、ムハンマド・アル＝マフディー（Muḥammad al-Mahdī）がエジプトに派遣した子息アリー（ʻAlī b. Muḥammad al-Mahdī）のこと（al-Masʻūdī, *Murūj.*, 4/147）。

(58) アリーの女性系譜に連なる貴婦人たち（al-sharīfāt al-ʻAlawīyat）：預言者ムハンマドの従兄弟であり、預言者の娘ファーティマと結婚したアリーとその血統に連なる直系子孫とその一部の傍系親族に生まれた女性たちのこと。彼女たちはシャリーファ（sharīfa, sharīfāt）、サイイダ（sayyida, sayyidāt）、すなわち〈高貴な女性たち〉の尊称で呼ばれた。

(59) カースィム・ブン・ムハンマド・ブン・ジャウファルの娘、ウンム・クルスーム夫人（Umm Kulthūm bint al-Qāsim b. Muḥammad b. Jaʻfar）：カースィムは第六代イマーム＝ジャウファル・アッ＝サーディクの孫、カースィム・ブン・ムハンマド・アッ＝ディーバージュ（al-Qāsim b. Muḥammad al-Dībāj）のこと。ウンム・クルスームの名は預言者ムハンマドの妻と娘にも付けられた（Yāqūt, *Muʻjam.*, 4/554; *Enc. Is.* [2000] 10/855；イブン・ヒシャーム、第一巻一七九頁、二七六頁）。

(60) ヤフヤー・ブン・ザイド・ブン・アリー・ブン・アル＝フサインの娘、ザイナブ夫人（Zaynab ibnat Yaḥyā b. Zayd b. ʻAlī b. al-Ḥusayn）：シーア・ザイド派イマームのザイド・ブン・アリー・

ブン・アル＝フサインの孫娘に当たる。

（61）　ムハンマド・ブン・ジャウファル・アッ＝サーディクの娘、ウンム・クルスーム夫人（Kulthūm ibnat Muḥammad b. Ja'far al-Ṣādiq）：シーア派の第六代イマーム＝ジャウファル・アッ＝サーディクの子息ムハンマドはムハンマド・アッ＝ディーバージュのこと。

（62）　アブド・アッラー・ブン・アル＝カースィム・ブン・ムハンマドの母堂（Umm 'Abd Allāh b. al-Qāsim b. Muḥammad）：第六代イマーム＝ジャウファル・アッ＝サーディクの孫カースィムの子の母親。前掲注（51）を参照。

（63）　アリー・ブン・アブー・ターリブの娘、マルヤム（Maryam ibnat li-'Alī b. Abū Ṭālib）：アリー・ブン・アブー・ターリブはスンナ派の第四代カリフ、シーア派の初代イマームのこと。マルヤムの名前はイーサー（イエス）の母マリアのことで、『クルアーン』にも登場する女性名。イスラームにおいて、マルヤムは神に帰依する敬虔な信仰者、貞淑な女性として好んで用いられた名前。

（64）　ムアーズ・ブン・ジャバル（Mu'ādh b. Jabal）：預言者ムハンマドによってイエメンに派遣された使者、ムアーズ・ブン・ジャバル・ブン・アムル（Mu'ādh b. Jabal b. 'Amr）のこと。イブン・バットゥータによると、ムアーズの墓は現ヨルダンのガウル地方のクサイル（al-Quṣayr）にあった（イブン・ヒシャーム、第四巻四八二頁、四九五頁、第四巻一七三頁；イブン・バットゥータ、第一巻一九六頁、第三巻一二四頁）。

（65）　ウクバ・ブン・アーミル・アル＝ジュハニー（'Uqba b. 'Āmir al-Juhanī）：アラブ・ジュハイナ族の出身者。ウマイヤ朝のカリフ＝ムアーウィヤのもとでエジプトの地方総督を務めた。六七八年、フスタートで死去。『クルアーン』の朗誦にも優れていた。

(66) アッラーの使徒［ムハンマド］の外套の所有者（ṣāḥib burd-hu）：ブルド（burd, burūd, abrād）は外套、コート、服の上から羽織る細長い布地のことで、夜間は毛布として使われる。ブルダ（burda）と同意。預言者ムハンマドの外套は軍旗とともに聖なる遺物として、崇敬の対象とされた。

(67) サーリヤ・アル＝ジャバル（Sāriya al-Jabal）：〈山のサーリヤ〉の意で、サーリヤ・ブン・ズナイム・アル＝キナーニー・アル＝ダァリー（Sāriya b. Zunaym al-Kinānī al-Daʾlī）のこと（al-Ṭabarī, 4/178-179; Yāqūt, *Muʿjam.*, 4/555）。

(68) アブー・バクル・アッ＝スィッディークの子息、アフマド（Aḥmad b. Abū Bakr al-Ṣiddīq）：アブー・バクル・アッ＝スィッディークは〈真実の人アブー・バクル〉と呼ばれた、初代正統カリフ（在位六三二―三四）のこと（Yāqūt, *Muʿjam.*, 4/555）。

(69) アブー・バクル・アッ＝スィッディークの娘、アスマーゥ（Asmāʾ bint Abū {Abī} Bakr）：カリフ＝アブー・バクルの娘で、ズバイル・ブン・アル＝アウワーム（al-Zubayr. b. al-ʿAwwān）の妻（*Enc. Is.*［1986］1/713-714；イブン・ヒシャーム、第一巻二五〇頁）。

(70) イブン・アル＝アウワームの子息、イブン・アッ＝ズバイル・ブン・アル＝アウワーム（Ibn al-Zubayr b. al-ʿAwwām）：ズバイルとアスマーゥとの間に生まれた子、アブド・アッラー（ʿAbd Allāh b. Zubayr）のこと（*Enc. Is.*［1986］1/713-714）。

(71) アブド・アッラー・ブン・フザーファ・アッ＝サフミー（ʿAbd Allāh b. Ḥudhāfat al-Sahmī）：預言者ムハンマドの書簡をサーサーン朝の王（kisrā）のもとに届けたことで知られる（al-Ṭabarī, 2/644, 654；イブン・ヒシャーム、第一巻三二四頁）。

(72) イブン・ハリーマ（Ibn Ḥalīma）：ハリーマはサァド・ブン・バクル族出身、アブー・ジュアイブの娘（bint Abū Juʿayb）で、預言者ムハンマドの乳母（*Enc. Is.*［1986］3/94；イブン・ヒシャーム、第一巻一四九―一五一頁、一五三頁）。

(73) イマーム＝シャーフィイー（al-imām al-Shāfiʿī）：スンナ派に属するイスラーム四大法学派の一つ、シャーフィイー派法源学の名祖、イマーム＝アブー・アブド・アッラー・ムハンマド・ブン・イドリース・アッ＝シャーフィイー（al-imām Abū ʿAbd Allāh Muḥammad b. Idrīs al-Shāfiʿī, 七六七―八二〇）のこと（*Enc. Is.*［1997］9/181-189）。

(74) ナジュム・ウッ＝ディーン・アル＝ハブーシャーニー（Najm al-Dīn al-Khabūshānī）：アブー・アル＝バラカート・ムハンマド・アル＝ハブーシャーニー（Abū al-Barakāt Muḥammad al-Khabūshānī）のこと。シャーフィイー派法学者、アシュアリー派の神学者で建築家としても知られた。サラーフ・ウッ＝ディーンの指名によって、マドラサの建設主任として活躍。彼の由来名ハブーシャーン（Khabūshān, Khūjān）はクージャーン（Khūjān, Qūchān）とも呼ばれて、イラン・ホラーサーン地方の北部、テヘラーンとマシュハドを結ぶ街道沿いの町（Le Strange［1905/1966］393; *Enc. Is.*［1960/1986］1/197,［1986］5/311）。

(75) イマーム＝シャーフィイーの教友、ムザニー（al-Muzanī, ṣāḥib al-Imām al-Shāfiʿī）：すなわちアブー・イブラーヒーム・イスマーイール・ブン・ヤフヤー・アル＝ムザニー（Abū Ibrāhīm Ismāʿīl b. Yaḥyā al-Muzanī）のこと（七九一／九二―八七八）。イマーム＝シャーフィイーに師事したが、ムザニー学派としての独自の主張を展開し、『概論 *al-Mukhtaṣar*』を著したことで知られる（al-Masʿūdī, *Murūj.*, 5/115; *Enc. Is.*［1993］7/822）。

(76) マーリク［・ブン・アナス］の教友、アシュハブ（Ashhab, ṣāḥib Mālik）：マーリクはマーリク派法学の名祖マーリク・ブン・アナス・アル＝アスバヒー（Mālik b. Anas al-Aṣbaḥī）のこと。その弟子アシュハブはアブー・アムル・アシュハブ・アル＝カイスィー・アル＝ジャアディー（Abū ʻAmr al-Qaysī al-Jaʻdī）のこと。エジプトで活躍したマーリク派の法学者。八一九年、ミスルで死去、カラーファの墓地区に埋葬された（Yāqūt, *Muʻjam.*, 4/555; *Enc. Is.*［1991］6/279）。

(77) マーリク［・ブン・アナス］の教友、アブド・アッ＝ラフマーン・ブン・アル＝カースィム（ʻAbd al-Raḥmān b. al-Qāsim, ṣāḥib Mālik）：アブー・アブド・アッラー・アブド・アッ＝ラフマーン・ブン・アル＝カースィム・ブン・ハーリド・ブン・ジュナーダ・アル＝ウタキー（Abū ʻAbd Allāh ʻAbd al-Raḥmān b. al-Qāsim b. Khālid b. Junāda al-ʻUtaqī）のこと（七四六―八〇六）。マーリクの最も有名な弟子の一人（*Enc. Is.*［1986］3/817）。

(78) マーリク［・ブン・アナス］の教友、アスバグ（Aṣbagh ṣāḥib Mālik）：アブー・アブド・アッラー・アスバグ・ブン・アル＝ファラジュ・アン＝ナーフィー（Abū ʻAbd Allāh Aṣbagh b. al-Faraj al-Nāfiʻ）のこと。八三八年没（*Enc. Is.*［1991］6/279）。

(79) 法官アブド・アル＝ワッハーブ（al-qāḍī ʻAbd al-Wahhāb）：アブド・アル＝ワッハーブ・アブー・ムハンマド・アッ＝サアーリビー（ʻAbd al-Wahhāb Abū Muḥammad al-Thaʻālibī）のこと。著名なマーリク派法学者。一〇三〇年没（*Enc. Is.*［1991］6/279）。

(80) アブド・アッラー・ブン・［アブド・］アル＝ハカム（ʻAbd Allāh b.［ʻAbd］al-Ḥakam）とムハンマド・ブン・アブド・アッラー・ブン・アブド・アル＝ハカム（Muḥammad b. ʻAbd Allāh b. ʻAbd al-Ḥakam）：アブド・アル＝ハカム家（Banū ʻAbd al-Ḥakam）は九世紀のエジプトにマーリク派法学をもたらした富裕な家系で、アブド・アル＝ハカム（七八七／八八八没）の一人の息子と四人の孫はいずれもシャーフィイー派の名祖シャーフィイーとも深い交流関係があったことで知られる。アブド・アッラー・ブン・［アブド・］アル＝ハカムはアブド・アル＝ハカムの息子で、正式にはアブー・ムハンマド・アブド・アッラー・ブン・アブド・アル＝ハカム（Abū Muḥammad ʻAbd Allāh b. ʻAbd al-Ḥakam, Abū Muḥammad ʻAbd al-Ḥakam, 七七二—八二九）といい、マーリク・ブン・アナスと交流があり、多くの法学書を著した。ムハンマド・ブン・アブド・アッラー・ブン・アブド・アル＝ハカムはアブー・ムハンマド・アブド・アッラーの長男、一般にはアブド・アル＝ハカムの名で知られた。八五一年没（*Enc. Is.*［1986］3/674-675）。

（81）　アブー・アル＝ハサン・アッ＝ディーナワリー（Abū al-Ḥasan al-Dīnawarī）：アリー・ブン・アル＝ハサン・アッ＝ディーナワリー（ʻAlī b. al-Ḥasan al-Dīnawarī）のこと。マーリク派の法学者、禁欲主義者（zāhid）として知られた（Yāqūt, *Muʻjam.*, 4/555）。

（82）　ブナーン・アル＝アービド（Bunān al-ʻĀbid）：アービドは敬虔な修行者、清貧に甘んじて修行に励むスーフィー。おそらくブナーン・ブン・アムル・アッ＝ダーリブ（Bunān b. ʻAmr al-Ḍārib）を指すと思われる（*Enc. Is.*［2004］12/284）。

（83）　サーヒブ・アル＝イブリーク（Ṣāḥib al-Ibrīq）：イブリーク（ibrīq, abārīq, abārīqa）は広口で把手付きの水差し、ジョッキのこと。〈水差しの主人〉なる人物については不詳。

（84）　逸話（qiṣṣa）：キッサ（qiṣṣa, qiṣaṣ）は現在のアラビア語では〈小説〉のことであるが、歴史的には遊牧民、農民や町の住民が夜間、とくに祭日（イード）の夜に室内で語られた民話やおとぎ話をいう。職業的な語り手や説教師はカーッス（qāṣṣ, quṣṣāṣ）と呼ばれて、各地を放浪しながら広場や街角で語り物を吟じた（*Enc. Is.*［1986］5/185-207）。

（85）アブー・ムスリム・アル＝ハウラーニー（Abū Muslim al-Khawlānī）：アブー・ムスリム・アブド・アッラー・ブン・スワブ（Abū Muslim ʻAbd Allāh b. Thuwab）のこと。初期イスラーム時代に先駆的な役割を果たした禁欲主義者。六八二年没。ハウラーニーの由来名、ハウラーン（Khawlān）はイエメンの部族名バヌー・ハウラーン（Banū Khawlān）に由来し、その部族の一部はアラブ大征服の頃、エジプトに移住した（Yāqūt, *Muʻjam.*, 4/555; *Enc. Is.*［1990］4/1135-1136）。

（86）アイナーゥ（al-ʻAynāʼ）：アラビア語でアウヤン（aʻyan）の女性形、〈大きな目をした女性、雌の野牛〉の意（Steingass, F., *Persian*［1892/1984］877）。この人物については不詳。

（87）ルーザーバーリー（al-Rūdhābārī）：バグダード近郊のルーザーバール（Rūdhābār）出身のスーフィー、アフマド・ブン・アター・アッ＝ルーザーバーリー（Aḥmad b. ʻAṭā al-Rūdhābārī）のこと。彼の由来名のルーザーバール（Rūdhābār）はルーズバール（Rūdhbār）、ルードバール（Rūdbār）とも読み、ペルシア語で〈川の交差する地、川の横切る地、合流地〉の意。イラク、イラン、アフガニスタンや中央アジアの地方名、都市・村の名として広く用いられた（cf. Yāqūt, *Muʻjam.*, 2/830-831, 4/555）。後述するシュクラーン（Shuqrān shaykh Dhū al-Nūn al-Miṣrī）は、彼の高弟の一人。併せて、後述注（96）を参照。

（88）ムハンマド・ブン・マスウード・ブン・ムハンマド・ブン・ハールーン・アッ＝ラシード（Muḥammad b. Masʻūd b. Muḥammad b. Hārūn al-Rashīd）：ジブラルタル海峡に面した港町、現スペイン領のセウタ出身者、サブティー・ブン・ハールーン・アッ＝ラシード（al-Sabtī b. Hārūn al-Rashīd）の別名で知られた。言い伝えによれば、彼はアッバース朝のカリフ＝ハールーン・アッ＝ラシード（在位七八六―八〇九）の子息であったという（*Enc. Is.*［1986］1/1289）。

(89) ムクビル・アル＝ハバシー（Muqbil al-Ḥabashī）：この人物については不詳。ハバシーはハバシャ（al-Ḥabasha）、すなわちエチオピア地方の出身者の意。

(90) ズー・アン＝ヌーン・ブン・イブラーヒーム・アル＝ミスリー（Dhū al-Nūn b. Ibrāhīm al-Miṣrī）：アブー・アル＝ファイド・サウバーン・ブン・イブラーヒーム・アル＝ミスリー（Abū al-Fayḍ Thawbān b. Ibrāhīm al-Miṣrī）に同じ。七九六年頃、上エジプトのイフミームの町に生まれ、占星術と化学を学んだ後、禁欲主義の修行者として各地を旅した。彼の説くスーフィー道は多くの弟子に強い影響を与えて、〈スーフィーたちの長〉として知られた。八六一年、ジーザ（ギーザ）で没した後、遺体はカラーファに埋葬された。後述注（96）のシュクラーン（Shuqrān）はズー・アン＝ヌーンの師匠（シャイフ）として知られた（Yāqūt, ***Mu'jam.***, 4/555; ***Enc. Is.***［1991］2/242）。

(91) 法官アンバーリー（al-qāḍī al-Anbārī）：おそらく著名な伝承学者、言語学者のアブー・バクル・ムハンマド・ブン・アル＝カースィム・アル＝アンバーリー（Abū Bakr Muḥammad b. al-Qāsim al-Anbārī）のこと（***Enc. Is.***［1986］1/485）。

(92) 弁舌に長けた人（al-nāṭiq）：アラビア語のナーティクは〈弁舌に優れた人、雄弁家〉の意で、本名ではなくあだ名。ナーティクの反意語はサーミト（ṣāmit）、すなわち〈沈思黙考の人〉。ヤークートには、この同一人物について「弁舌に長けた人であり、同時に沈思黙考の人」（al-nāṭiq wa'l-ṣāmit）とある（Yāqūt, ***Mu'jam.***, 4/555）。ナーティクとサーミトは、とくにシーア派やスーフィー教団の一部による極端な教説を主張する宗派（ghulāt）の意味を含む。サーミトはシャリーア（イスラーム法）の新解釈を示さない、いわば内面性（バーティン）を重視した絶対的な神の使者、主唱者のことで、彼らの主張によれば、預言者ムハンマドをナーティクとすると、それに対してアリーはサーミトとして位置付けられた。スーフィー教団では、アラウィー派やベクタシー教団における聖者（ワリー、シャイフ）はサーミトと呼ばれて、その神格化、血縁性や神秘性がとくに重視された（*Enc. Is.*［1995］8/1046-1047）。

（93）アサーフィーリー（al-ʻAṣāfīrī）：アラビア語でアサーフィール（ʻaṣāfīr）はウスフール（ʻuṣfūr）の複数形、〈雀、小鳥、馬の額にある白い斑点〉の意。この人物については不詳。

（94）アブド・アル＝アズィーズ・ブン・アフマド・ブン・アリー・ブン・アル＝ハサン・アル＝フワーリズミー（ʻAbd al-ʻAzīz b. Aḥmad b. ʻAlī b. al-Ḥasan al-Khuwārizmī）：由来名のフワーリズミーは中央アジアのアム川下流域を指す地名、フワーリズム（ホラズム）のこと。この人物については不詳。

（95）法学者、説教師、アフダル・アル＝ジャウハリー（al-faqīh al-wāʻiẓ al-Afḍal al-Jawharī）：この人物については不詳。この部分は「法学者、秀逸の説教師、ジャウハリー」とも訳せる。ワーイズ（wāʻiẓ）は説教師（khaṭīb）に同じ。ハティーブは主に金曜大モスク（jāmiʻ）で金曜礼拝の際の説教（フトゥバ）を行い、時の政治や権力者との関連が深いのに対して、ワーイズは街中にある小モスク（masjid）や私的な会合などで、聴衆に分かりやすくイスラーム信仰の大切さや『クルアーン』の解釈を説く者をいう。

（96）ズー・アン＝ヌーン・アル＝ミスリー（ミスル出身者）の師匠（シャイフ）、シュクラーン（Shuqrān shaykh Dhū al-Nūn al-Miṣrī）：ズー・アン＝ヌーン・アル＝ミスリーはズー・アン＝ヌーン・ブン・イブラーヒーム・アル＝ミスリー（Dhū al-Nūn b. Ibrāhīm al-Miṣrī）のこと。併せて前掲注（90）を見よ（Yāqūt, *Muʻjam.*, 4/555）。併せて、後述一四四頁を見よ。

(97) アクタウ・アル＝マグリビー（al-Aqṭaʻ al-Maghribī）：おそらくアブー・ヤァクーブ・アル＝アクタウ（Abū Yaʻqūb al-Aqṭaʻ）のこと。彼の娘のウンム＝アル＝フサイン（Umm al-Ḥusayn）は著名な神秘家で、ハッラージュ（al-Ḥallāj, Abū al-Mughīth al-Ḥusayn b. Manṣūr b. Maḥammā al-Bayḍāwī, 八五七／五九―九二二年）の妻として有名（*Enc. Is.*［1976］3/100）。

(98) 『クルアーン』の著名な朗誦者ワルシュ（al-muqriʼ Warsh）：ムクリゥ（muqriʼ, muqriʼūn）は〈キラーア（qirāʼa）を行う人〉の意であるが、単に『クルアーン』を美声で朗誦するだけでなく、伝統と格式に則った朗誦学を極め、専門の教師としての十分な資格を持った人物であることが必須条件とされた。ワルシュはおそらくアブー・サイード・ウスマーン・ブン・サァド・アル＝ムドニー（Abū Saʻīd ʻUthmān b. Saʻd al-Mudnī）のことで、『クルアーン』の優れた朗誦者として知られた。七八三年没（Yāqūt, *Muʻjam.*, 4/555）。

(99) シャイバーン・アッ＝ラーイー（Shaybān al-Rāʻī）：ラーイン（rāʻin, ruʻāh, ruʻyān）は、〈牧夫、家畜群の所有者〉の意。この人物については不詳。

(100) サーリヤ（Sāriya）：サーリヤ・アル＝ジャバルのこと。前掲注（67）を見よ。

(101) ムゥミニーヤ・ディーナール（dīnār Muʼminīya）：前掲注（20）を参照。

(102) ハムザとアッバース（Ḥamza waʼl-ʻAbbās）：この二人はアブド・アル＝ムッタリブ（ʻAbd al-Muṭṭalib）の子息で、預言者ムハンマドの叔父に当たる。なお、アッバース朝（al-Dawlat al-ʻAbbāsīya, 七四九―一二五八）はアッバースを祖家に戴いて樹立された王朝（*Enc. Is.*［1960］1/8-9, idem［1971］3/152-154）。

(103) 言葉の端々の音節に押韻をきかせながら（yuraqqiqu al-tadhkīr）：タズキールは詩の行末の音

節を強めること、詩の終わりの音節に強勢を置くこと。

(104) アッバース家の流儀（rasm al-ʻAbbāsīya）：ラスム（rasm, rusūm）は〈仕来り、流儀、習慣〉の意。アッバースィーヤはアッバース朝のこと。黒色はアッバース朝カリフ政権の公式の色、いわばシンボルであって、旗・衣服・ターバンなどはすべて黒色に統一された。なお、中国・唐代の史料中では、アッバース朝を指して〈黒衣大食〉と呼び、ウマイヤ朝のことを〈白衣大食〉と呼んで区別した。この部分の説明は、イブン・バットゥータ、第二巻一五三―一五四頁にも同じく引用されている。

(105) 黒い絹製のショール（ṭaylasān sharb aswad）：タイラサーン（ṭaylasān）はペルシア語のターリシャーン（tālishān）に由来する言葉で、首の背後から尾のようにぶら下がったターバンの飾り帯の端、背後の垂れ布、もしくは外套のこと。シャルブ（sharb, shurūb, sharābī）は絹織物の一種、もしくは上質の亜麻製の布のこと（Dozy, R.［1927］1/740）。

(106) イフラーム（al-iḥrām）：イフラームは巡礼の際の巡礼着、もしくは浄められた聖なる状態、禁忌のことであるが、マグリブ・アンダルス地方では絹もしくは亜麻で作ったショール、薄い肩掛けを指す。

(107) 刀剣の石突（naʻl al-sayf）：ナアルはサンダル、上履きのこと。刀剣のサンダルとは刀剣の鞘尻を包んだ金具、こじり。

(108) アッバース朝のイマーム（カリフ）＝アブー・アル＝アッバース・アフマド・アン＝ナースィル・リ・ディーン・アッラー（al-imām al-ʻAbbāsī Abū al-ʻAbbās Aḥmad al-Nāṣir li-Dīn Allāh）：アッバース朝の第三四代カリフ＝ナースィル（在位一一八〇―一二二五）のこと。カリフ＝ムスタディー（al-Mustaḍī', 在位一一七〇—八〇）の子息で、その後継者（*Enc. Is.*［1993］7/996–1003）。なお、イマーム（imām, a'imma）の一般的な意味は〈宗教的指導者、モスクにおける礼拝の導師〉であるが、ここではムスリム共同体（ウンマ・ムハンマディーヤ）の政教の支導者、敬虔信徒たちの長（amīr al-mu'minīn）のことで、アッバース朝スンナ政権のカリフを指す。シーア派のイマームはムスリム共同体を指導する資質を持ったアリーとその血統を継いだ子孫のことで、精神的指導者としての性格を強く持っていた。

(109) イマーム＝アブー・アル＝ムザッファル・ユースフ・アル＝ムスタンジド・ビッラー（al-imām Abū al-Muẓaffar Yūsuf al-Mustanjid bi-'llāh）：アッバース朝の第三二代カリフ＝ムスタンジドのこと（在位一一六〇—七〇）。カリフ＝ナースィルの祖父に当たる（*Enc. Is.*［1993］7/726–727）。

(110) 〈王朝の再生者〉アブー・アル＝ムザッファル・ユースフ・ブン・アイユーブ・サラーフ・ウッ＝ディーン（muḥyī dawlat-hu Abū al-Muẓaffar Yūsuf b. Ayyūb Ṣalāḥ al-Dīn）：サラーフ・ウッ＝ディーン（サラディン）のこと。前掲注（8）を見よ。

(111) アブー・バクル・サイフ・ウッ＝ディーン（Abū Bakr Sayf al-Dīn）：アイユーブ朝のマリク・アル＝アーディル一世、アブー・バクル・ムハンマド・ブン・アイユーブ（al-Malik al-'Ādil I, Abū Bakr Muḥammad b. Ayyūb）のこと。サラーフ・ウッ＝ディーンの兄弟であり、強力な軍事および精神的な指導者であった。彼のあだ名のサイフ・ウッ＝ディーン（〈真の信仰の刀剣〉の意）は十字軍によって〈サファディン〉（Safadin）と呼ばれて、サラディン（サラーフ・ウッ＝ディーン）と並んで恐懼の対象とされた。一二〇〇—一八年にはエジプト地方全域を治めるスルタンとなった（al-Maqrīzī, *Sulūk*, 1/223–341; *Enc. Is.*［1960/1986］1/197–198）。

(112) 城塞（al-qalʿa）：一一七六年、サラーフ・ウッ＝ディーンが対十字軍の拠点としてカイロのムカッタムの丘に建設した城塞（Qalʿat Ṣalāḥ al-Dīn）。イブン・ジュバイルのカイロ訪問は一一八三年四月六日であるから、その城塞が建設されてからわずか七年後のこと。サラーフ・ウッ＝ディーン没後もその要塞の建設が進められ、マムルーク朝、オスマン朝の支配を通して一九世紀のムハンマド・アリー（Muḥammad ʿAlī）の時代までエジプト支配の上で重要な役割を果たし続けた。

(113) ルーム出身の異教の捕虜たち（al-ʿulūj al-asārā min al-Rūm）：ここでのルーム人の捕虜たちは、シリアや下エジプトの海岸地帯に侵入したフランク十字軍の兵士たちで、サラーフ・ウッ＝ディーンの軍隊との対戦で捕虜となった者たちを指す。後述するように、一一八三年初めに十字軍の一部が紅海に進出してアイザーブやジッダを侵略・放火を行うと、アイユーブ朝の海軍は必死に応戦して撃破し、多数の捕虜を得た。したがって、その際に捕虜となった多数の十字軍兵士はカイロに運ばれて、城塞建設の土木工事のために使役された。後述一四〇―一四三頁を見よ。ウルージュ（ʿulūj, ʿilj）は〈不信心者、異端者、異教徒〉の意。

(114) 公共病院（mārisitān）とその機能・役割については、前掲注（15）を見よ。

(115) アブー・アル＝アッバース・アフマド・ブン・トゥールーン（Abū al-ʿAbbās Aḥmad b. Ṭūlūn）：トルコ系軍人で、八六八年にエジプトに赴任した後、アッバース朝から独立して新王朝、トゥールーン朝（八六八―九〇五）を創設した（在位八六八―八八四）。イブン・トゥールーン・モスク（Jāmiʿ Aḥmad b. Ṭūlūn）は八七九年に完成し、ラセン階段付きのミナレットがあることで知られる。

(116) 自治管理者（al-ḥākim）：アラビア語のハーキムの一般的な意味は〈フクム（判断・意見・決断・秩序・命令）を司る人〉で、支配者、統治者、主権者のこと。なお、ハキーム（ḥakīm）は〈賢人、哲学者、医者〉の意。

(117) 堰堤（qanṭara）：アラビア語でカンタラ（qanṭara, qanāṭir）は〈アーチ付きの橋、石やレンガ製の橋、アーケード、ダム〉の意。ここではナイル川の洪水を防ぐための幅広い堰堤《えんてい》、併せて敵軍の侵入を防ぐのに築かれた長城のことで、その堰堤の上部は車馬や人の通れる広い道路になっていた。ここでいう堰堤は、一般に〈ジーザ（ギーザ）堰堤〉（qanṭarat al-Jīza）と呼ばれるもので、カイロの城塞に始まり、フスタートの外側を囲み、ナイル川を渡った対岸のジーザ、さらにアレクサンドリアの方向に続く砂漠地帯まで延々と連なっていた。一一八三年、サラーフ・ウッ＝ディーンの命令を受けた建築家、カラクーシュ（Qarāqūsh）によってその建設が着手された（*Enc. Is.* [1990] 4/555-556; Gaudefroy-Demombynes, M. [1949] 57, *note* 1)。

(118) ナイルの洪水の限界地（ḥayyiz al-Nīl）：夏季にナイル川が増水すると、耕地や砂漠地帯に河川水が自然に流れ込むのを促すため、意図的に川の土手の一部を切り崩して洪水を起こすことが行われた。それはナイル川の運ぶ沃土によって土地の生産力を維持・増進し、作物の生長を促進させることを目的としており、エジプト人の古来の特殊な知恵であった。ナイルの河川水は、しばらくの期間、田畑や砂漠に溜まるが、やがて地中に浸み込んだり、乾燥して消える。その後に、小麦、それら豆、えんどう豆、牧草などの種子が蒔かれ、それらは冬の間に成育し、春・夏までに収穫される。

(119) 予期せぬ出来事（ḥāditha）：ここでの〈予期せぬ事件〉とは十字軍によるカイロ・フスタートへの攻撃の危険であり、加えてイブン・ジュバイルは別の事件として、ムワッヒド朝の軍隊によるエジプトおよび東方イスラームの諸地域への進出を挙げている。当時のエジプトの人たちは、マグリブ・アンダルス地方に興隆したベルベル系王朝、ムワッヒド朝がイベリア半島だけでなく、北アフリカから東方イスラーム地域まで拡大・支配することを危惧していた。

(120) 古代の奇跡ともいえるピラミッド（al-Ahrām al-qādimat al-muʿjiza）：ピラミッドはエジプトを経由する巡礼者や旅行者たちにとっての最大の驚異の的であり、それに関する多くの記録が残された。ムウジザ（muʿjiza, muʿjizāt）は、古代人や預言者たちによって起こされた信じ難いような奇跡や奇行のこと。なお、神秘主義の聖者たちによる奇跡は、カラーマ（karāma, karāmāt）と呼ばれた。イブン・バットゥータの伝えるピラミッドの記録には、明らかにイブン・ジュバイルからの影響が見られる（イブン・バットゥータ、第一巻九三―九五頁）。ギーザ（ジーザ）にある三大ピラミッドはエジプト古代王国時代のクフ、カフラー、メンカウラーの各王のもので、そのうちの最大規模はクフ王の底辺二三〇メートル、高さ一三七メートル、その各稜は東西南北を正しく指している。

(121) ハトワ（khaṭwa）：長さの単位で、一歩の間隔、歩幅、約一ヤード、約九一センチメートルに相当する。

(122) アード（ʿĀd）：アードの民は古代民族の一つで、『クルアーン』（第七章第六五―七二節）によると、ヌーフ（ノア）の民の次の時代に栄えた巨大な身長の民であった。彼らはアッラーから遣わされた預言者フードの警告にもかかわらず、偶像崇拝を続けたことでアッラーの怒りを買って滅ぼされた。

(123) ビーラ（al-bīla）：古代エジプト語のペル（pr, mr）のこと。ピラミッドはペル・メ・ウシュ（pr-m-ws）、ギリシア語のペラミス（pyramis）で、方形角錐型の建造物のこと。

(124) 一ガルワ（ghalwa）：長さの一単位で、一〇〇歩の間隔（一〇〇ハトワ）、約一〇〇ヤード、約九一メートルから一〇〇メートルに相当する。

(125) アブー・アル＝アフワール（abū al-ahwāl）：アラビア語で〈恐怖の親玉〉の意。人面獅身の怪物、スフィンクスのこと。

(126) アムル・ブン・アル＝アースのものと由来付けられた金曜大モスク（Jāmi' 'Amr b. al-'Āṣ）：アムル・ブン・アル＝アースについては、前掲注（34）を見よ。

(127) ウバイド家の人たちの王朝（dawlat al-'Ubaydīyīn）：ファーティマ朝はアリーとファーティマ（預言者ムハンマドの娘）の血を引くと称するウバイド・アッラー・アル＝マフディー（'Ubayd Allāh al-Mahdī, カリフ在位九〇九—九三四）によって建設されたことから、その王朝を〈ウバイド家の人たちの王朝〉と呼んだ。

(128) 崩壊時の暴動：ファーティマ朝の末期は、宮廷内の権力闘争と軍閥間の対立、内乱や天災が続き、さらに十字軍によるシリア、パレスチナへの侵入などが原因で、王朝は急速に弱体化した。一一六八年、ファーティマ朝のもとで宰相職を務め、アイユーブ軍の支援を得て復位したシャーワル（Shāwar, Abū Shujā' 一一六九年没）は十字軍が刻々とフスタートに迫り、そこを占領されるのを恐れると、無謀にもフスタートに火を放った。そのためフスタートの市街は六四日間にわたって炎上し、灰燼に帰した。一一六九年、サラーフ・ウッ＝ディーンはファーティマ朝の宰相となって実権を握ると、アイユーブ朝を興し、それから二年後の七一年に、ファーティマ朝最後のカリフ＝アーディド（al-'Āḍid, 在位一一六〇—七一）の死によって同王朝は滅びた。

(129) ジーザ（al-Jīza）：ナイル川西岸、カイロの南西約五キロメートルに位置する古都。一般にはギーザ（Gīza）、ギゼー（Gizeh）ともいう。ジーザの西方約八キロメートルに古代エジプト王国時代のピラミッド群やスフィンクスなどの遺跡がある。

(130) ジーザとミスルとの中間にあるナイル川の中洲は現在のラウダ（ローダ）島のこと。その中洲の南端にはナイル川の水位を計るナイロ・メーターがある。詳しくは、一〇〇―一〇一頁を参照。

(131) ［ナイルの］水量計（al-miqyās）：ナイロ・メーター（miqyās al-Nīl）のこと。ナイル川の水位を計測するための目盛と階段の付いた石造りの建物で、毎年の農作物の収穫量を左右するナイル川の氾濫の程度を計測するために設置された装置。

(132) アサービウ（aṣābiʻ）：アサービウの単数形はイスバウ（iṣbaʻ）。長さの単位で指尺のこと。一イスバウは二・〇七八センチメートルに相当する。

(133) カアブ・アル＝アフバール（Kaʻb al-Aḥbār）：アブー・イスハーク・ブン・マーティウ・ブン・ハイスウ（Abū Isḥāq b. Māṭiʻ b. Haysuʻ/Haynūʻ）のこと。元来はイエメンのユダヤ教徒であったが、六三八年頃にイスラーム教に改宗。ユダヤ・イスラーム伝承についての最も古い権威者。イブン・バットゥータによると（イブン・バットゥータ、第一巻二七〇頁）、カアブ・アル＝アフバールの墓はダマスカスにあった（cf. al-Ṭabarī, 4/58-59; *Enc. Is.* [1978] 4/316-317）。

(134) マクス税（maks, mukūs）：宗教的義務行為であるザカート（喜捨税）以外の雑税一般のことで、イスラーム法では原則として不正と見なされる。とくに各種の市場税、関税、家畜税などについて呼ばれる税を指す。ここでは、ファーティマ朝時代にはメッカ巡礼者に対する通行税としてマクス税が徴収されたことを不正行為として非難し、その税を撤廃したアイユーブ朝のスルタン＝サラーフ・ウッ＝ディーンの善政を賞讃している。

(135) アイザーブ（ʻAydhāb）：紅海沿岸にある港。一一世紀から一四世紀半ばまでの約三〇〇年にわたって、エジプト・地中海世界とジッダ、イエメン、インドを結ぶ国際交易ルートの中継地として繁栄した。後述の一六三頁注(41)、一八五―一九五頁、およびイブン・バットゥータ、第一巻一一八―一一九頁と家島彦一[1989]一六七―一九七頁を参照。

(136) 固有名詞アイザーブの語根 'adhaba (ya'dhibu) は〈妨げる、邪魔する、不利な地位に立たせる〉の意。

(137) ジッダ (Judda):正しくはジュッダと発音する。紅海に沿ったサウジアラビアの港。メッカから西七二キロメートルの距離にある。ジッダは、イスラーム以前のシュアイバ (al-Shu'ayba) の港に代わってメッカの外港、とくに巡礼港として栄えた (Yāqūt, *Mu'jam.*, 2/41; *Western Arabia.* [1946] 542-544; *Enc. Is.* [1965] 2/571-572)。併せて、後述二〇九―二一三頁参照。

(138) ヒジャーズ (al-Hijāz):現サウジアラビアの紅海寄りの西部山岳部の名称。アカバ湾に面したヨルダンから、南はハリー、アスィール、西は紅海、東はナジュド高原に囲まれた地域。紅海から一〇〇〇メートル級の高山に至るまでの中間地帯。メッカ、メディナ、ジッダなどの町がある (*Enc. Is.* [1969] 3/362-364)。

(139) 食糧 (mīra, miyār):ミーラは〈用意、準備、支給量、糧食〉の意。メッカは慢性的な食糧不足に悩まされており、とくに巡礼月には多くの巡礼者が集まって物価が高騰した。したがって、エジプトやイエメンを支配した歴代のイスラーム系王朝は、メッカへ多量の食糧を無償で提供する必要があった。一方、メッカの支配者たちは、巡礼者の持っている糧食や商品に高率な税を課することで莫大な収入を得た。サラーフ・ウッ゠ディーンは、巡礼者の所持品に課せられていた不当な課税を中止させ、代わりにエジプトとイエメンから食糧を送って、敬虔な巡礼者たちの苦しみを取り除くことに努めた。

(140) 〈神聖なる御家〉(al-Bayt al-Ḥarām):メッカの聖モスク(アル＝マスジド・アル＝ハラーム)のほぼ中央に位置する、イスラームの聖殿、カアバ(Kaʻba)のこと。

(141) この部分は、『クルアーン』第三章第一六五節《あの人たちはアッラーの恩寵と御厚意をしみじみ有り難いと思い、アッラーが信者への報酬だけはどんなことがあっても決してふいになさらないことを嬉しく思っておる》に拠っている。

（三）〔五〕七九年ムハッラム月

アッラーよ、われらに同年の御恩遇と御利益を授け給え！

火曜日の夜、すなわち［異邦暦一一八三年］四月の二六日目、ちょうどわれわれがミスルに滞在していた時、その月の［初日を示す］新月が昇った。アッラーよ、われらの［これからの旅の安全への］願いを容易《たやす》いものになし給え！

同じムハッラム月の六日目、日曜日の朝に、われわれはミスルから出立し、上エジプト(1)（サイード）を目指して、クース(2)までナイル［川］を［船で］遡った。アッラーよ、お恵みとして、麗しき［日々の］習わしにより、［道中の旅を］一層容易くし、慶賀に堪えない御加護をわれらに授け給え！　至高・至大なるアッラーの御権能により、上述のわれわれの出帆の日は、［異邦暦］五月の初日に当たった。われわれの［船による］道中で、いくつもの村々が規模の大きな地域と一緒に、ナイルの両岸に沿って切れ目なく続いていた。もしもアッラーの御意思があれば、［順次、そうしたことを］以下に説明するとしよう。

図5　カイロ付近を流れるナイル川。19世紀前半に描かれたペン画による

そうした村々の一つとして、ナイルの東岸、川を上流に向かって［船で］遡る人の左舷に、〈アスカル〉[3]という名で知られる村がある。伝えられたところでは、その村には預言者にして、立派な御方、ムーサー（モーセ）――アッラーよ、われらの預言者［ムハンマド］とムーサーに祝福あらんことを！――生誕の［祝福された］場所[4]があって、ムーサーの母はその村から［産湯を使わせるために］彼を〈大海[5]〉（ヤンム）に投げ入れたという。なお、ここでの大海とは、伝承にあるように、ナイル［川］のこと。

さらにまた、われわれの［船の］進行方向の右舷、ナイルの西側において、そのすべてのことはわれわれが［ミスルを］出帆した同じ日とその二日目のことであったが、誠実なる人（スィッディーク）、ユースフ（ヨセフ）――アッラーよ、彼に祝福を授け給え！――ゆかりの古代都市を望見した[6]。そこには、かつてユースフが［閉じ込められて］いた牢獄の場所[7]があるが、破壊されて、そこの石材は、現在、カイロ［の町］を見下ろして建てられている城塞[8]に移されたが、その［牢獄のあった］場所は難攻不落の要塞として今も残されている。

上述したこの［ユースフゆかりの古代］都市には、ユースフ――アッラーよ、彼に祝福を与え給え！――が貯蔵していた〔食糧〕庫があるが、人から語られたところでは、もともとそこは地下に埋没していたという。

また、そうした［ナイル川沿いの］村々の一つに、〈ムンヤ・ブン・アル＝ハスィーブ[9]〉と伝えられる場所がある。そこは［船に乗って］上流に向かう人の右舷、ナイルの岸辺に沿った規模の大きな市街地（バラド）であって、そこには複数の市場、公衆浴場と諸都市［の生活］に必要なすべての公共施設が備わっている。同じムハッラム［月］の一三日目、日曜日の夜（一一八三年五月八日）、すなわち船でミスルを出港してから八日目、われわれはその場所の近くを通過することになっていたが、風がやんだため、途中で待機していた。［このように、］もしも、われわれがナイルの左右の両岸で出会う一つひとつの場所の描写を［順に詳しく］説明したならば、この［『備忘録』の］冊子では紙数の限りもあるので、そうしたなかのより規模が大きく、一般により広く知られたものだけを記録に留めることにしよう。

われわれの［船の進行方向］左舷、この同じ場所から近い場所で、慈悲神［アッラー］の親友（ハリール・アッ＝ラフマーン）イブラーヒーム（アブラハム）――アッラーよ、彼とわれらの預言者［ムハンマド］に祝福を授け給え！――ゆかりの祝福されたモスクと出会った。そこは、他ならぬ伝承にも留められ、御利益に満ちていることで世に広く知られ、［多くの参詣者が］賑やかに集まり来るモスクである。伝えられたところによると、そのモスクの中庭には神の親友［、イブラーヒーム］――アッラーよ、彼に祝福と平安を授け給え！――がかつて騎乗していた駄獣の足跡があるという。

さらに、［ナイル川沿いの村々の］一つとして、われわれの［船の進行方向］左舷に、〈アンスィナー〉[10]と呼ばれる場所があって、そこは面積が広く、美しい村である。その村には古い遺跡があり、昔日には由緒深い都市であった。もともと、その村には古い由緒ある周壁があったが、サラーフ・ウッ＝ディーンはそれを壊して、ナイルを下る各船に、その周壁の岩石をカイロまで運搬するよう義務付けたため、今ではそこの岩石は残らずカイロに運ばれた。

同じムハッラム［月］の一四日目、月曜日の朝、すなわちわれわれがミスルから出航して九日目に、［船は］〈ムクラ山〉[11]（ジャバル・アル＝ムクラ）として知られる山［の近く］を通過した。その山はナイルの東側の岸辺、［船で］上流に向かう人の左舷に位置する。そこは［ミスルから］クースまでのちょうど半分の地点（中間点）、すなわちミスルからそこまでは一三バリード[12]（駅逓《えきてい》）、さらにそこから［上流に］クースまでも同じ［一三バリード］である。

なお、驚嘆に値するという点では、ぜひとも記録に留めておくべきこととして、［船に乗って］上流に向かう人の左舷、ナイルの東岸にある［上］エジプトの領域内に、一つの途切れることなく続く古い壁の構築物がある。その一部はすでに壊れており、一部だけが遺跡として残されているが、その同じ岸辺に沿って、上エジプトの外れのアスワーン[13]（ウスワーン）まで切れ目なく続いている。なお、アスワーンとクースとの間は、八バリードである。その壁「が何であるか」については諸説紛々としているが、総じてそれは実に不可思議なものであって、至高・至大なるアッラーのみが、その本当の秘密についてはご存じであらせられる。それは、一般には〈老婆の壁〉[14]（ハーイト・アル＝アジューズ）として知られ、それについての「詳しい」伝説が残されているが、私の考えでは、この老婆とは他ならぬあの伝説の魔法使いを指しており、その「ことの詳しい」情報については、「地理学者バクリーが」『諸道と諸王国「の書」[15]』の中で伝えたように、彼女はそこで、ある期間にわたって、「統《す》べ治めていた」一つの国を所有していたとのことである。

○これまで見過ごしてきたことで、補足しておくべきことの説明

それは、すでに記録した「五七八年のズー・アル＝カアダ」月に、われわれが初めて「船から下りて」アレクサンドリアに上陸した時、ルーム出身の捕虜たち[16]を見物しようと多数の人たちが集まっているのを目撃したことである。その捕虜たちは、顔をラクダの尻尾の方向（前方と後方とを逆）に向けられ、しかも彼らの周囲を太鼓や笛によって「はやし立てられて」囲まれた状態でラクダに乗せられ、その市街地に連れてこられた。そこで、われわれは彼らがどのような事情「でそのようになったの」かと「事の仔細を」人に質問してみると、まことに哀れで、

悲惨のあまりに肝が張り裂けるような事実が知らされたのである。つまり、その事情とは以下のとおりである。シリア（シャーム）のキリスト教徒たち（イフランジュ、十字軍）の一団が結集して、すでに彼らの占領していた複数の場所のうち、クルズムの海[17]（アカバ湾、紅海）から最も近い距離の場所において船を建造すると、そうした船を「小さい部品に」解体し、「契約によって」合意した借料によって「雇い入れた」彼らの近隣に住んでいるアラブ遊牧民のラクダに乗せて輸送した。彼らはその海の浜辺に達すると、「解体して運ばれた」彼らの船に「再び」釘を打ち付けて、「部品を」結合し、完全な状態に組み立てると、その船に乗って海に乗り出し、航行して、「メッカ」巡礼者たち「の乗った船」を襲撃し、〈ナアムの海〉[18]（バフル・アン＝ナアム）まで進出すると、その海域で一六艘ほどの船を焼き払い、次にアイザーブまで至ると、ジッダから巡礼者たちを乗せて到着した一艘の船をそこで拿捕《だほ》した。さらに陸上においても、彼らはクースからアイザーブに到着した大規模なキャラバン隊を捕えて、一人の生存者を残すことなく全員を殺戮した。加えて、いつも決まって行われるイエメンから来航の商人たちを出迎えようとしていた二艘の船を拿捕し、またその同じ海岸においてメッカとメディナ——アッラーよ、その二つをさらに崇高なところにし給え！——の救援食糧として用意されていた多量の食糧を焼き払った。以上のように、彼らはイスラームにおいて前代未聞ともいえる忌むべき事件を起こしたのである。以前において、その場所まで到達したルーム人は誰一人としていなかったのであり、それにも増して忌まわしさと醜悪さにおいて、それを聞く人の耳をふさがせたくなるほどの大事件が起こったのである。それは、彼らが使徒［ムハンマド］――アッラーよ、彼に祝福と平安を与え給え！――の町［メディナ］に侵入して、［聖モスク内にある］聖別された墓廟から使徒［の遺体］を暴き出そうと強く望んでいたことである。[19] 彼らは、そのことを公言してはばからず、しかもその噂を世間に広く行き渡らせていた。だが、アッラーこそは神への［冒瀆ともいえる］このような彼らの大胆不敵な行為と、天命への憂え（死への恐怖）が彼らとアッラーとの間に断固として近づき得ぬ関係にあることにあえて挑戦しようとした［破廉恥な］振る舞いを厳しく咎《とが》められたのである。すでに［侵入してきた地点にいる］彼らとメディナとの間は一日行程より長かったが、アッラーは彼らの悪行に対して、ミスル（フスタート）とアレクサンドリアで建造された［アイユーブ朝の］船団をもって、撃退させ給うたのである。その船には、〈ルゥルゥ〉[20]という名の［サラーフ・ウッ＝ディーンに仕える］侍従官《ハージブ》がマグリブ出身の船乗りたちの支援を得て乗り込んでいたのであるが、［ルゥルゥの率いるムスリム軍の］彼らはすでに自ら遁走を謀ろうとしていた敵に追い付いたので、残らず捕えられた。これぞまさしく、全能の神［、アッラー］の御配慮による神兆の一つであろう。彼ら［ムスリム軍］は、一ヵ月半以上、もしくはそれと同程度にわたる長い期間、その者たちを捕えて拘束した。その者たち［の一部］は処刑され、あるいは捕虜となった。捕虜として［エジプトの］諸地方に分散させられると、彼らはそこで処刑され、さらに彼らの一部はメッカとメディナに護送された。このようにしてアッラーは、イスラーム［信仰］、ならびにムスリムたちにとっての［危機的

な］重大事件を見事に御処理なされたのである。《万物の主、アッラーに讃えあれ！[21]》

さて再び、本論に戻るとしよう。われわれがすでに述べたように、ミスル（フスタート）からクースに達する道中の半分にあると説明したムクラ山に続き、上エジプトにおいてわれわれが通過した場所の一つとして、ナイルを［船に乗って］遡って行く人の右舷、その西岸からほど近いところに、〈マンファルート[22]〉という名で知られた場所がある。そこには、いくつもの市場やその他の必要となるすべての公共施設と上エジプトでは他に類を見ないような最上質の｛……[23]｝があり、またそこの小麦は品質が上等であること、そしてその一つひとつの穀粒の重いことで、ミスルまで輸出されており、そのことはすでに彼ら［ミスルに住む人びと］の間でも広く知られている。したがって、［穀物］商人たちはマンファルート産の小麦を輸入するため、［ナイルを］船で遡ってくる。

また、［われわれの船で］上エジプトにおいて通過した場所の一つに、ウスユート[24]（アスユート）の町がある。そこは、上エジプトでは有名な町の一つで、そことナイルの西岸との間は三マイルの距離がある。そこは眺望が美しく、その周囲をナツメヤシ園が取り囲み、そこの周壁は古色蒼然としている。さらに［船で通過した場所の］一つに、〈アブー・ティージュ[25]〉の名で知られた場所があり、そこは複数の市場と都市と呼ぶにふさわしいすべての公共施設が備えられた市街地で、ナイルの西岸に位置する。

また、［船で通過した］場所の一つに、イフミーム[26]の町がある。その町もまた前述した上エジプトの有名な町の一つで［あるが、ウスユートとは違って］ナイルの東側にある。その岸辺沿いに、いくつもの古い街並と瀟洒な造りが広がる。その町にはズー・ヌーン・アル＝ミスリー[27]のモスクと、善行に勤《いそ》しんだ人たちの一人で、善行と禁欲主義によって広く知られた人たちの一人、ダーウードのモスクがある。この二つのモスクは、いずれも神の御利益が特別に秘められた由緒あるモスクで、われわれもこの二つのモスクの内部に入り、御利益を得ようと、礼拝を行った。それは、先にも記したムハッラム［月］の一九日目、土曜日（一一八三年五月一四日）のことであった。この同じ町には、いくつもの［古代］遺跡、コプト人の建造物、また現在に至るまで［実際に使われている］コプト系キリスト教徒たち、契約民《ズィンミー》たちの居住する複数の教会［など］がある。

この世において、あまりにも不可思議なために、長く語り継がれてきた［古代］神殿のうちの最も驚嘆に値するものとして、その同じ町（イフミーム）の東側、そこの周壁の［地］下に一つの巨大な神殿[28]がある。その神殿の長さは二二〇ズィラーウ、その横幅は一六〇ズィラーウで、この方面の住民によれば、〈バルバー[29]〉（古代エジプト神殿）の名で知られる。それと同じように、各々の神殿と古代構築物の一つひとつには、彼ら［住民たち］によって、それぞれ［特殊な］名称が付けられている。［とくに］この［イフミームの］巨大な神殿については、その壁の部分を除いても、四〇本の柱の上に立ち、そうした柱一本の周囲は五〇シブル（親指と小指を張った長さ）、各々の柱と柱の間隔は三〇シブルである。柱の最上部は途方もなく巨大で、しかも奇妙な彫刻が施された見事なものである。したがって、まるで［現在の］木《き》摺《ずり》職人たちがそれを施したかのごとく、見事な形状で柱を支えている。それらのすべてには多様な彩りの三弁花やその他の文様で繊細な技巧が施され、柱のすべてはその最下部から最上部までにわたって［隙間なく］彫刻で飾られている。神殿は、各柱から切石の巨大な［天井］板が置かれた支柱に至るまで、その各々の柱の頂部に沿って起立し、われわれが計測した石板のうち、最大のものは{縦の長さ} 五六シブル、横幅が一〇シブル、奥行きが八シブルであった。この神殿のすべては見事に相互につなぎ合わされ、整然と並べられた何枚もの石板の屋根で覆われている。したがって、その［天井の］石板は、まるで一枚の敷石のようで、美しい絵文様と珍しい色彩がその全面を見事なまでに調和を保っているので、その内部を見物する人にとっては、神殿の一つひとつのタイル張りの床の［部屋の］中にいると、まるでそこが彫刻された木とさまざま

図6　ダンダラのハトホル神殿の壁面に描かれたアトン神を礼拝する王の一家（エジプトの第18王朝）

な種類の絵で描かれた一枚の天井ではないかと錯覚するほどである。その絵の一つは、見事な姿の鳥がその羽を広げた状態で天井［全体］を覆っているよう［な構図］で、それを眺めている人はあたかも今にも鳥が飛び立つのではないかと錯覚さえ覚えるほどである。さらに別の絵は美しい姿の人間の絵が見事に描かれたもので、それぞれの人間の姿にはある種［の特定］の役割分担が与えられている［ようにも見える］。つまり、絵にはその手に［人の］肖像のようなものを摑み、あるいは武器とか鳥とか酒杯とか、あるいは一人の人物が別の人物を指差している等々のものがあるが、そうしたことを一つひとつ説明していると話が長くなってしまい、それでも十分に説明し尽くせないほどである。この巨大神殿の内部と外部およびその最上部と最下部のすべてにわたって、異なる形状と特徴を持った絵が描かれており、そうした中には人間の姿形とは異なる恐ろしい容姿の絵もあり、それを眺めている人は、それを見てびっくりして、［不吉な］警告と驚きで一杯になる。また、絵であるのか、彫刻なのか、あるいは訳の分からない古代ヒムヤル語(30)まがいの線刻文字など、［極小の］穴開け器や針だけでしか貫通させることのできないような［狭い穴の］中に至るまでもある。こうした見事な彫刻はこの大規模な神殿のすべてにわたって広がっており、柔らかな木だけにしか表現し得ないようなものがそこの［堅い］塊状の石の中に表現されている。したがって、眺めている人はそのあまりの凄さに圧倒されてしまい、もしも［人が］実際にそれにまだら文様の点を付けたり、飾りをちりばめ、色付けをするといった作業を試みたならば、一生の時間を費やすのではないかと思えるほどである。ああ有り難きかな、［さまざまな］驚異なるものを存在たらしめる主［アッラー］よ！アッラーの他に、神はあらせられない。この神殿の最上部には、上述したような巨大な石板で覆われた天井があり、しかもその天井は究極なまでに高く迫り上がっているので、そのことを考えてみるだけでも頭がくらくらして、その石板をどのようにして持ち上げ、またそれをどのように設置したのかを考えると、もはや思考能力を失ってしまうほどである。この神殿の内部には、複数の集会室、修道場、入口と出口、昇降通路、階段、溝渠や抜け穴［など］があって、［見学するために］集まった人たちがその内部に迷い込んでしまうと、お互いに大声で叫び合わないかぎり、正しい道を進むことができない。なお、その壁の横幅は一八シブル、すべてそれらはすでに説明したように、ぴったりとくっついた石材で造られている。

総じて、この神殿なるものは実に巨大であり、それを十分に説明し尽くすことも、それ［の謎］を完全に解き明かことも［ママ］できないほどに、この世にあるいくつもの不思議のなかの一つであって、以上［の説明］はただただ［さらに詳しい］内容に導くため、ごくその特徴的なものの一部に触れたのにすぎない。まことにアッラーこそは、そのことの知識も熟知しておられ、その本来のあるべき意味を一番よくご存じの御方であらせられる。したがって、ここに書かれた内容［の正否］を調べる読者諸氏は、［以上の］そのことの情報のなかに一部誇張があるのではないかと勘繰る［かもしれないが、］決してそのように考える］べきではない。なぜならば、そのことを報告する者［、私自身］は、たとえ［古代の雄弁家として知られた］クッスあるいはサフバーンの雄弁[31]をもってしても、［それについての満足な］説明は不可能であり、どこか不足することになるだろう。まことに、アッラーはすべてのことを熟知されている御方であり、アッラーを除いて、他に神はあらせられない。

さて、この上エジプトの町々、［たとえば］イフミーム、クースやムンヤ・ブン・アル＝ハスィーブ［など］のように、［ナイル川を船に乗ってメッカに向かう］巡礼者たちや旅人たちが途中通過するところにおいて、旅人たちの船［の通行］が妨害され、船が検問を受けて調べられ、さらには商人たちの懐の中に手を突っ込んで、腋《わき》の下や腹部に隠し持っているディルハム銀貨もしくはディーナール金貨が検査されるといった妨害を受けることがあるが、そうしたことの噂話を耳にするだけでも、不愉快極まりないことであり、それについて口に出して語ることさえ、身の毛が立つほどの恐ろしさに襲われる。そうしたすべては喜捨税《ザカート》の名目において実施されているのだが、［使用期間が］一年を経過し［て無税となっ］たものとか、ニサーブ[32]（ザカートの支払い義務が生ずる最小限の金額）に達しているか、あるいはそうでないといったことを一切考慮せずに行われているのが実情である。われわれによる同じような説明は、［今回が初めてではなく、］すでにこの記録（『備忘録』）のアレクサンドリアの説明のなかでも述べたとおりである[33]。そして、時として、彼ら［徴税検査の役人たち］は巡礼者たちと旅人たちの持っている［すべての］ものについて［申告して］誓約するよう義務付けることもあり、さらにそこ［に誓約された］以外のものを所有しているか［と疑いをかけられ］、誓約をさせるために〈偉大なるアッラーの書〉（『クルアーン』）を目の前に差し出すので、［やむなく］巡礼者たちは、こうした徴税官たちを前に屈辱と侮蔑の状態に陥れられてしまい、かつて［アレクサンドリアで］マクス税を徴収された日々のことを再度思い出させるのである。だが、このようなことはあくまでも［あの公正なるスルタン、］サラーフ・ウッ＝ディーンが知らなかったので、［偶発的に］そうした不法行為が起こったことであり、もしも、彼がそのことをお知りになっていたならば、［これまであった］酷い事件について中止を命じられたのと同じように、当然、それをやめるよう命じ、そのためには［悪徳］徴税吏に［やめさせるための厳しい］聖なる戦いを断固として挑んだことであろう。なぜならば、彼ら［徴税官たち］による暴挙、激しい抑圧や［見ず知らずの］外国人たちへの悪行については、当然のことだが、断固たる挑戦（処置）をとらなければならないからである。とくに、この［われわれのような］異邦人たちは、あくまでも至高・至大なるアッラーに一意専心する［敬虔な］仲間であり、アッラーの信頼のもとにある聖域《ハラム》（メッカとアラファートを含む聖域）を目指して移住する者（巡礼者）として旅立った人たちなのであるからである。そこで、もし、アッラーの御意思に沿うのであれば、この場合のちからは最良の仕方で［課税し］、ザカートの支払い期日として決められた年頭の［支払い］義務を遵守し、さらにザカートを支払う義務から免除された［巡礼を目的とした］異邦人たちによる拒否権を無効にすることにも特別の配慮をした上で、［公正に］ザカート税の執行を進め［正しい法に適った徴税の］やり方とは、商売を目的とした商品を所持している［富裕な］人たるべきである。そして、すでに諸国に行き渡っているこの公正なる人（アーディル）、スルタン［＝サラーフ・ウッ＝ディーン］のもとにおいて、彼の公正・正義なることは今に至るまで堅く保持されており、彼の名声は地の果てまでも及んでいる。すなわち、すでにアッラーが善行の名声を授けられた者［、このスルタン］に［他人から］悪名を着せ、ひとたびアッラーが善い報告（善行の知らせ）をなされた者［、このスルタン］に悪い評判がもたらされることは決してなかったのである。

そうしたなかで、われわれが実際に目撃した最も惨《むご》たらしいことの一つは、ザカートの徴税官のうちのごく少人数の者たちが横柄極まる態度で、返し留めの付いた長くて巨大な縫い針のような棒を手に持って現れると、船内にあるものを見つけ出そうとして、船に乗り込んできたことである。なぜならば、彼らは布袋と穀物袋を見つけると逃さず、それらに呪うべきその尖った棒で［突き通して、］穴を開けると、その穀物袋あるいは布袋の中に食糧以外の商品または金品［など］の隠されているものがあるかと疑った。これこそは、まさしく呪うべき［さまざまな］話題として選ばれた内でも、最も不快極まることであった。すでに、［『クルアーン』第四九章第一二節の中でも、《これお前たち信徒のものよ、やたらにああだろうこうだろうと勝手な憶測するものではない》とあるように、］アッラーは勝手に詮索することを禁止なされておられるが、他人には取るに足りないと思われるものでも、あるいは貴重だと思われるものは勿論のことだが、いずれの場合であれ、その義務を負った人の感情を傷つけないように［、いかに配慮を払ったと］しても、その本人が他人の目に直接晒《さら》されたくないという気持ちから、そのまま分からないようにしておきたいものを、どうして勝手に暴くことが許されようか。そもそも、アッラーこそは、この正義の人、スルタン［、サラーフ・ウッ＝ディーン］の手を借りて、アッラーの御意思どおりに、そのお許しを得た上で、こうした不正者たちを捕えることのできる［唯一の］御方であらせられる。

さて、上述したイフミームに続いて、われわれが通過した場所の一つに、ナイルの西岸に沿った〈ムンシャート・アッ＝スーダーン〉[34]という名で知られた場所がある。そこは人で賑わっている村で、伝えられるところでは、昔日には規模の大きな都会であったという。この村の前方、村とナイル川との中間には、石で造られた周壁のような高い堰堤があり、ナイル［川の流れ］がそこにぶつかるので、たとえナイル洪水の時に水かさが増しても、その堰堤［の上］を越えることはなく、そのために村はナイル［の水］が突然に襲ってきた時にも［洪水で流されることもなく］安全に守られている。

さらに［われわれが船で通過した場所の別の］一つとして、〈ブルヤナ〉[35]という名で知られた場所があるが、そこはナイルの西岸にあるナツメヤシの木の多い美しい村。その村とクースの間は、四バリード。

また別の一つとして、ナイルの東岸に、〈ダシュナ〉[36]という名で知られた場所があり、そこは周壁で囲まれた町で、諸都市の［生活に必要な］あらゆる公共施設が備わっており、そことクースとの間は二バリード。

また別の一つとして、ナイル西岸にあり、川の岸辺近くのところに〈ダンダラ〉[37]という名で知られた場所がある。そこは上エジプトの諸都市の一つに属しており、ナツメヤシの木が多く、風光名媚で良質の完熟ナツメヤシの果実［の産出］でも知られる。そことクースとの間は一バリード。われわれに語られたところでは、ダンダラには一つの巨大な古代神殿[38]があり、イフミーム［の神殿］の説明ですでにしたと同じように、この方面の住民によって〈バルバー〉の名で知られるが、ダンダラの神殿の方が［イフミームの］それよりも一層見事で、規模も一層壮大であると伝えられる。

また別の一つとして、キナー[39]の町がある。そこは上エジプトに属する諸都市の一つで、見事な建造物があり、［町の全体が］白色で、景観も素晴らしい。栄誉ある町の誇るべき行動の一つとして、その町の住民の女性たちは堅く貞節を守り、［いつも自分の］家に留まって［勝手に外出せずに］いることがある。したがって、町のどんな路地裏の小道であっても、婦人の姿を見かけることは絶対にない。［私自身の経験によっても、］そうしたことの彼女たちに関する情報は正鵠《せいこく》を得ていると思うが、その点はこの少し前に述べたダシュナの女性たちについても同じである。上述したこの町（キナー）はナイルの東岸に位置して、そことクースとの間は約一バリード。

また別の一つとして、キフト[40]がある。そこはナイル東岸の町で、川辺から三マイルの距離のところに位置し、上エジプトにある前述した町々の一つで、美しく清潔な建物と優れた立地条件にある。

その後、［われわれの乗った船の］クース到着は、同じ年のムハッラム［月］の二四日目、木曜日、すなわち［異邦暦］五月の一九日目（一一八三年五月一九日）のことであった。したがって、ナイルでわれわれが［船中］滞在していたのは一八日間であり、一九日目にクースに入ったことになる。この町は見事ないくつもの市場、多数の公共施設、巡礼者たちやイエメン人たちとインド人たちの商人仲間、そしてエチオピアの土地の商人たち［など］の出入りが多いため、人口も多いので、そこは思いがけずに人が出会うことのできる場所であり、旅人たちの集う場所、旅仲間の集合場所、マグリブ出身の巡礼者たち、ミスル（カイロ、フスタート）の人たちとアレクサンドリアの人たちおよび彼らと隣接する［地域の］人たちの出会いの場所である。そして、そこを離れると、彼らはアイザーブ砂漠[41]を横断したり、また巡礼からの彼らの帰り道、逆方向でそこに戻ってくるのである。なお、そこでのわれわれの宿泊先は、ムンヤ[42]に住むイブン・アル＝アジャミー所有の隊商宿（フンドゥク）であった。なお、ムンヤとはこの同じ隊商宿の門に沿った、［旧市街の］町の外側にある規模の大きな新市街（ラバド）のこと。

（三）｛五｝七九年ムハッラム月訳注

（1）上エジプト（al-Ṣaʻīd）：アラビア語でサイード、もしくはサイード・ミスル（Ṣaʻīd Miṣr）という。サイードはアラビア語で〈高地、山地、上手〉の意。ミスル（フスタート）より南、アスワーンまでの、主にナイル峡谷の流域、約九〇〇キロメートル、横幅五〜一〇キロメートルを指す。なおファイユームは、上エジプトの一部に含まれる。ヤークートによると、サイード・ミスルの主要都市はアスワーン、クース、キフト、イフミームとバフナサであり、アスワーン〜イフミーム、イフミーム〜バフナサ、バフナサ〜フスタートの三つの地域に分類された（Yāqūt, *Muʿjam.*, 3/392; *Enc. Is.*［1995］8/861-867）。

（2）クース（al-Qūṣ）：上エジプトの主要都市の一つ。その地理的位置が東部砂漠（アイザーブ砂漠）を越えて紅海沿岸の港アイザーブ、さらにジッダやイエメンのアデンを経て、インド海域世界に通じる国際交易ルートの中継地にあったことから、とくに一一世紀後半から一四世紀半ばまでの三〇〇年間にわたって東西文化・経済の交流センターとして繁栄した。トゥジービーやワトワートなどによると、クースはインド、イエメンとエジプトの間を結ぶ国際交易に活躍するカーリミー商人たちの重要拠点であった（al-Tujībī, 173; al-Waṭwāṭ, 96; Ibn Duqmāq, 2/28-29; al-Maqrīzī, *al-Khiṭaṭ.*, 1/236-237; Garcin, J. C.［1976］84-108; *Enc. Is.*［1986］5/514-515；イブン・バットゥータ、第一巻一一四―一一六頁）。

（3）アスカル（Askar）：ミスル（フスタート）との間が二日行程、アトフィーヒーヤ地区（Kūrat al-Aṭfīḥiya）にある村（Yāqūt, *Muʿjam.*, 1/253-254）。

（4）預言者にして、立派な御方、ムーサー生誕の［祝福された］場所（mawḍiʿ mawlid al-nabī Mūsā al-kalīm）：ムーサーはイムラーンの子息ムーサー（モーセ）、古代イスラエルの民族指導者（Mūsā b. ʿImrān）。

（5）〈大海〉(al-Yamm)：ヤンムは〈海、大海〉の意。ナイル川は大河であることから、バフル（al-Baḥr, 海）もしくはヤンムと呼ばれた（Yāqūt, *Muʿjam.*, 4/1034）。

（6）誠実なる人、ユースフ（Yūsuf al-Ṣiddīq）：ユースフはヤコブの子息、ヨセフのこと（Yāqūt, *Muʿjam.*, 3/47）。

（7）かつてユースフが［閉じ込められて］いた牢獄の場所（mawḍiʿ al-sijn alladhī kāna fī-hi）：ヤークートによると、誠実なる人、ユースフ（Yūsuf al-Ṣiddīq）の牢獄はミスルの地、ジーザ（ギーザ）行政区のブースィール（Būṣīr）にあった（Yāqūt, *Muʿjam.*, 3/47; al-Maqrīzī, *al-Khiṭaṭ.*, 1/207）。

（8）城塞（al-qalʿa）：カルアはカイロにあるサラーフ・ウッ＝ディーンの城塞（Qalʿat Ṣalāḥ al-Dīn）のこと。

（9）ムンヤ・ブン・アル＝ハスィーブ（Munyat b. al-Khaṣīb）：ムンヤ、すなわち現在のミニヤ（al-Minya）のこと。現在のベニー・スエーフ（Benī Suweyf）とアスユート（Asyūṭ, Usyūṭ' Suyūṭ）との中間、ナイル川の西岸に位置した町（Yāqūt, *Muʿjam.*, 4/675; Ibn Duqmāq, 21–22; al-Waṭwāṭ, 93; al-Maqrīzī, *al-Khiṭaṭ.*, 1/205）。イブン・アル＝ハスィーブに関する伝承はイブン・バットゥータに詳しい（同書、第一巻一〇六―一〇九頁）。

（10）アンスィナー（Anṣinā）：ナイル川東岸、古代からある村。現在のウシュムーナイン（Ushmūnayn）のほぼ対岸に位置する（al-Idrīsī, 124–125; Yāqūt, *Muʿjam.*, 1/381; Abū al-Fidāʾ, *Taqwīm.*, 114）。

（11）ムクラ山（Jabal al-Muqra）：現在のエル・クースィーヤ（El Qūṣīya）の東、ナイル川を渡った砂漠中に聳える二三一メートルの山を指したと思われる。

（12）バリード（barīd）：国家による駅逓制度。中央と地方との情報通信（急使、狼煙《のろし》、伝書鳩などによる)、人やものの運輸・交通は国家によって定められた駅逓網によって行われた。アッバース朝時代には、その広大な版図を中央集権体制のもとに統合するため、中央に駅逓庁(dīwān al-barīd)、地方の主都に駅伝局が設置されて、一定の間隔ごとに駅舎が置かれた。駅舎は、原則的にシリアやイラクでは四ファルサフ(約二四キロメートル)、イランでは二ファルサフ、エジプトやマグリブ地方では六ファルサフ(約三六キロメートル)ごとに置かれ、ラクダ、ラバや馬と連絡要員が配置された(*Enc. Is.* [1960/1986] 1/1045–1046;家島彦一[1993]二二四—二二六頁)。

(13) アスワーン(Aswān):またはウスワーン(Uswān)と呼ぶ。クースと並んで、上エジプトの中心都市。ヌビアとの境域(thaghr)の町であり、同時に東部砂漠を越えて紅海の交易港アイザーブに至るキャラバン運輸の拠点、市場として栄えた(al-Idrīsī, 39–41; Yāqūt, *Mu'jam.*, 1/269–270; al-Maqrīzī, *al-Khiṭaṭ.*, 1/197–199)。

(14) 〈老婆の壁〉(Ḥā'iṭ al-'Ajūz):上エジプトのマッラウィー(Mallawī)からアスユートにかけて連なるナイル東岸近くに建てられた障壁。古代に、ある富裕な老婆が建設したとする説やヌビア人の侵入に備えるための防壁であるとするなど、その建設の由来を巡ってさまざまな伝承が残されている。一説では〈老婆の壁〉の主はダルーカ(Dalūka)という女王であり、イフミームにある古代神殿もまた彼女によって建設されたと伝えられる(Yāqūt, *Mu'jam.*, 1/165, 2/190–191; al-Maqrīzī, *al-Khiṭaṭ.* [1854] 1/199)。

(15) 『諸道と諸王国[の書]』[*Kitāb*] *al-Masālik wa'l-Mamālik*』:この書名で知られる地理書は数多くあるが、ここでは明らかにアンダルス生まれの著名な地理学者アブー・ウバイド・アル＝バクリー(Abū 'Ubayd al-Bakrī, 一〇九四年没)による地理書『諸道と諸王国の書 *Kitāb al-Masālik*

wa'l-Mamālik』を指す（*Enc. Is.*［1960/1986］1/155-157）。現在、バクリーの地理書は散逸し、その一部しか残存していないが、匿名者の地理書『諸都市の驚異に関する観察の書 *Kitāb al-Istibṣār fī 'Ajā'ib al-Amṣār*』やウマリー（al-'Umarī）などによる地理書の中に多く引用された。イブン・バットゥータは、アレクサンドリアの説明の中で、バクリーの同書から引用している（イブン・バットゥータ、第一巻五〇頁を参照）。

（16） ルーム出身の捕虜たち（asārā min al-Rūm）：ここでのルームとはシリア・パレスチナ地方に拠点を置いた十字軍戦士たちのことで、とくにヒジュラ暦五七八年（一一八二／八三年）に起こったイフランジュ（フランク十字軍）による紅海進出事件で、ムスリム軍に捕虜となった人たちを指す。併せて、後述注（21）を参照。

（17） クルズムの海（Baḥr al-Qulzum）：紅海のことで、ここではアカバ湾から紅海の北部海域を指す。イブン・ハウカルやヤークートなどによると、クルズムの海はインドの海（Baḥr al-Hind）の一つの腕（入江）であり、バルバラ地方、ザンジュの海（Baḥr al-Zanj）のスーダーン、アデンなどを通って西に延び、その先端はミスルに近いクルズム（スエズ湾の最奥部、現在のスエズ市の一部、スエズ湾の対岸）の町に達するとある（Ibn Ḥawqal, 47-48; Yāqūt, *Mu'jam.*, 1/503-504; *Enc. Is.*［1960/1986］1/931-933；匿名者とアブー・ザイドによる『中国とインドの諸情報』第二巻八四—八五頁）。

（18） ナアムの海（Baḥr al-Na'm）：紅海の中ほど、アイザーブとその対岸のジッダ周辺の海を指したと思われる。ただし、ナースィレ・フスラウ（Abū Mu'īn Nāṣir b. Khusraw, 一〇〇四—七二／七八）によると、ニアームの海（Baḥr al-Ni'ām）はアイザーブに隣接する村の名前（Nāṣir-i Khusraw,

178)。ナアム、もしくはニアーム（Niʿām）についてはヤークートの『同名異地事典』を参照（Yāqūt, *al-Mushtarak.*, 419)。

(19) 以上の文章は、エジプト・マムルーク朝期の著名な歴史家マクリーズィー（al-Maqrīzī, Taqī al-Dīn Abū al-ʿAbbās Aḥmad b. ʿAlī）の年代記『道程 *al-Sulūk*』のヒジュラ暦五七八年の記録に引用されている（al-Maqrīzī, *Sulūk*.［1956］1/78-79)。

(20) ルゥルゥ（Luʾluʾ）：アイユーブ朝のマリク・アル＝アーディル（al-Malik al-ʿĀdil Sayf al-Dīn）のもとでハージブ（侍従官）職を務めたフサーム・ウッ＝ディーン・ルゥルゥ・アッ＝タウリーズィー（Ḥusām al-Dīn Luʾluʾ al-Tawrīzī）のこと。彼は、イフランジュ（フランク十字軍）の紅海進出を防ぐため、クルズム経由でアイラ港に向かい、敵の艦隊を撃破した司令官として知られた（*Enc. Is.*［1960］1/784, 932)。

(21) 以上の情報は、ヒジュラ暦五七八年（一一八二／八三年）のイフランジュによる紅海進出事件に関するもので、当時の人びとを震撼させた。マクリーズィーによると、カラク（al-Karak）に拠点を置いたフランク王、プランス・ルノー（al-Barans Arnāṭ, Prince Reynaud, Renaud de Châtillon）は船を建造して紅海の岸辺まで運ぶと、兵員を乗せてアイザーブ方面に向かった。彼らは紅海で約一六艘の船に火を放ち殺戮を重ね、捕虜を得た。さらにアイザーブでは巡礼者を乗せてジッダから到着した一艘の船を拿捕、クース〜アイザーブ道においてはキャラバン隊を襲撃して巡礼者たちを捕え、イエメンから来た商品を積んだ二艘の船を奪った。その後、イフランジュはヒジャーズ地方に向かい、メディナまでわずか一日行程に迫った。当時、カイロにおいてアイユーブ朝スルタンの代行（nāʾib al-sulṭān）を務めていたマリク・アル＝アーディルは急遽、ハージブのフサーム・ウッ

＝ディーン・ルゥルゥをクルズムに差し向ける一方、ミスルとアレクサンドリアではイフランジュ軍を攻撃するための船が建造された。ルゥルゥはアイラに向かうと、イフランジュ船を撃破して、火を放って焼き、兵員を捕虜とした後、アイザーブに向かい、追撃して数日間の戦闘で勝利すると、それまで捕虜となっていた商人たちを解放し、奪われた荷物を取り戻した。同年、ズー・アル＝ヒッジャ月（一一八三年三／四月）、ルゥルゥは捕虜を引き連れてカイロに戻り、その捕虜全員は斬首の刑に処された（al-Maqrīzī, *Sulūk.*, 1/78–79; *idem*, *al-Khiṭaṭ.*, 2/86）。イフランジュ軍の紅海進出事件についての同時代史料として、アブー・シャーマ（Abū Shāma, 2/35–37）、イブン・ワースィル（Ibn Wāṣil, 2/127–132）やイブン・アル＝アスィール（Ibn al-Athīr, 11/490–491）などが挙げられる。併せて、家島彦一［1980］四五頁を参照。

(22) マンファルート（Manfarūṭ）：ナイル川の西岸にある町。マンラウィー（Manlawī）やウスユート（アスユート）と並んで、小麦と砂糖の主産地として知られた（Ramzī, M.［1994］4/2, 78；イブン・バットゥータ、第一巻一〇九―一一〇頁）。

(23) ｛ ｝は写本の欠損部分。マンファルートの特産品は小麦と並んで、砂糖が有名であったことから、この部分はおそらく「最上質の｛砂糖｝があり……」と補うべきであろう。

(24) ウスユート（Usyūṭ）：アスユート（Asyūṭ）、スユート（Suyūṭ）ともいう。上エジプトのナイル川西岸にある主要都市の一つ。その町から西に向かうと、サハラ砂漠を越えてダールフール、スーダーン地方に達する〈四〇日ルート〉がある。小麦、砂糖、織物などの名産地として知られた（al-Idrīsī, 128–129; Yāqūt, *Mu'jam.*, 1/272–273; Ramzī, M.［1994］4/2, 25–26; *Enc. Is.*［1960/1986］1/728；イブン・バットゥータ、第一巻一一〇―一一一頁）。

（25）アブー・ティージュ（Abū Tīj）：ヤークートにはブーティージュ（Būtīj）とあり、コプト語でタポトゥキ（Tapotuki）と呼ばれた。ウスユートの南四〇キロメートル、ナイル川の西岸にある町（Yāqūt, *Mu'jam.*, 1/755; Ramzī, M.［1994］4/2, 14）。

（26）イフミーム（Ikhmīm）：もしくはアフミーム（Akhmīm）。上エジプトにある主要都市の一つ。カイロから約三一二キロメートル、ナイル川が東に大きく湾曲する岸辺にある。古代エジプト時代の都市パノポリス（Panopolis）の所在地としても知られる（al-Idrīsī, 126; al-Ya'qūbī, *al-Buldān.*, 332; Yāqūt, *Mu'jam.*, 1/165; *Enc. Is.*［1960/1986］1/330; Ramzī, M.［1994］4/2, 89；イブン・バットゥータ、第一巻一一一―一一二頁）。

（27）ズー・ヌーン・アル＝ミスリー（Dhū Nūn al-Miṣrī）：七九六年頃、イフミームの町に生まれた初期のスーフィー、アブー・アル＝ファイド・サウバーン・ブン・イブラーヒーム・アル＝ミスリー（Abū al-Fayḍ Thawbān b. Ibrāhīm al-Miṣrī）のことで、〈スーフィーの長〉と呼ばれた。八六一年没（Yāqūt, *Mu'jam.*, 1/165-166; *Enc. Is.*［1965/1991］1/242）。前出八七頁を見よ。

（28）前掲注（26）で述べたように、イフミームの町は古代エジプト時代の都市パノポリスであり、多くの遺跡が残されていたが、すべて破壊され、現存しない。イフミームの古代神殿の詳しい報告はイブン・ジュバイルの記録と並んで、イドリースィーやヤークートなどにもあり、いずれの報告も驚くほど一致している（al-Idrīsī, 126; Yāqūt, *Mu'jam.*, 1/165-166）。

（29）バルバー（al-barbā）：バルバー（barbā, barābī）はエジプト人たちが古代の神殿や至聖所に対して呼んだ言葉。コプト語のペルペ（p'erpé）に対応する（*Enc. Is.*［1965/1991］1/1038-1039）。

（30）古代ヒムヤル語（khaṭṭ bi-'l-musnad）：ムスナドは古代南アラビアの言語、とくにヒムヤル語を指す。ヒムヤル族は南アラビアの古代種族の一つで、イスラーム勃興以前、イエメンを中心に紅海沿岸部を広く支配した。サバ語、ミナー語を含めたヒムヤル語系統の碑文は紀元前七世紀頃から紀元後六世紀までのものが、紅海沿岸の各地に残されている。

(31) クッスあるいはサフバーンの雄弁（Quṣṣan bayānan aw Saḥbānan）：クッスはクッス・ブン・サーイダ・アル＝イヤーディー（Quṣṣ b. Sāʿida al-Iyādī）のことで、ジャーヒリーヤ時代の半伝説的な人物。彼の巧みな弁舌はすべてのアラブ部族の人たちの心を動かし、最も偉大な雄弁家として知られた（*Enc. Is.*［1986］5/528–529）。サフバーンはサフバーン・ワーイル（Saḥbān Wāʾil）のことで、ワーイル部族の雄弁家、詩人として知られた。生没年については不詳だが、ウマイヤ朝のカリフ＝ワリード一世（在位七〇五—一五）の時代には生存中であった（al-Ṭabarī［1964］6/484; *Enc. Is.*［1995］8/830; Kazimirski, A. de B.［1960］1/1057）。

(32) ニサーブ（al-niṣāb）：イスラーム法において、ザカート（宗教的喜捨税）の対象となる財産（農産物、金銀、商品や家畜など）は取得・所有されてから一年以上経過していることが基本原則であって、一年以内であれば課税の対象とされない。ニサーブは、ザカートの支払い責任を負うべき最小限の法定額、課税対象の基準のことで、一年以上所有された個人財産はニサーブの直接対象となり、それ以下であれば、非課税ということになる。なお、ディルハム・アン＝ニサーブ（dirham al-niṣāb）は〈基準となるディルハム、法定ディルハム貨〉の意（Dozy, R.［1927］2/676）。

(33) 前章六四—六六頁を参照。

(34) ムンシャート・アッ＝スーダーン（Munshāt al-Sūdān）：ムンシーヤ（al-Munshīya）、ムンシーヤ・イフミーム（Manshīyat-Ikhmīm）、ミンシャート（Minshāt）に同じで、現在のソーハーグ（Sōhāg,

Sūhāj）の南東、ナイル川の西岸に臨む町（Yāqūt, *Mu'jam.*, 4/662; Ramzī, M.［1994］4/2, 109–111）。

（35）ブルヤナ（al-Bulyana）：現在のエル・バルヤナー（El Balyanā）、ナイル川の西岸にある町（al-Idrīsī, 126; al-Maqrīzī, *al-Khiṭaṭ.*, 1/203; al-Ramzī, M.［1994］4/2, 96–97）。

（36）ダシュナ（Dashna）：現在のディシュナー（Dishnā）、ナイル川の東岸にある町。ヤークートは「ディシュナーはナイル東岸にある上エジプトの町で、果樹園や砂糖きびの圧搾所がある。ディシュナーはコプト語で、その意味は〈野菜の生産地〉のこと」とある（Yāqūt, *Mu'jam.*, 4/577; Ramzī, M.［1994］4/2, 168–169）。

（37）ダンダラ（Dandara）：現在、ナイル川西岸にあるデンデラの町。古代神殿のある町として有名（al-Idrīsī, 126; Yāqūt, *Mu'jam.*, 4/610–611; al-Maqrīzī, *al-Khiṭaṭ.*, 1/233; Ramzī, M.［1994］4/2, 176）。

（38）巨大な古代神殿（haykal 'aẓīm）：ダンダラの南にあるタンティラル（Tantyral）のハトホル神殿を中心とする古代神殿群。古代エジプト、プトレマイオス期とローマ支配時代に建造されたもので、最も保存状態がよい神殿跡として知られる。

（39）キナー（Qinā）：ナイル川が西から南に大きく蛇行する東岸角に位置する町。ヤークートには、キナーとクースとの間は一日行程とある（Yāqūt, *Mu'jam.*, 4/178; Ramzī, M.［1994］4/2, 178）。

（40）キフト（Qifṭ）：キナーとクースとのほぼ中間、ナイル川東岸に近い村、古代のコプトス（Coptos）。キフトはナイル川と紅海との間がわずか四〇キロメートルに接近する位置にあるため、エジプトと紅海・アラビア半島・イエメンを結ぶ交通の要衝として古くから栄えた。イスラーム時代になると、キフトは金・銅・石材などの集積地となったが、クースとアスワーンが紅海に通じる交易取引の中継地として発達したため、キフトの交通上の重要性は失われた（al-Idrīsī, 128; *Enc. Is.*［1986］5/99; Ramzī, M.［1994］4/2, 177）。

(41) アイザーブ砂漠（Ṣaḥrā' 'Aydhāb）：東側を紅海、西側をナイル川によって挟まれた山岳・砂漠地帯は、東部砂漠（Eastern Desert）、またはエジプト・アラビア砂漠（Egypt-Arabian Desert）と呼ばれる。アイザーブ砂漠は東部砂漠の南部地域、とくに北側をキナー～サファーガ、南側をアスワーン～サワーキンによって仕切られた地域を指している。アイザーブは、ローマ時代に紅海貿易で栄えたベルニケ（Bernice）の南、現スーダン国境に位置する中継交易港で、クース、もしくはアスワーンとの間にアイザーブ砂漠越えのキャラバン道が発達した。クース～アイザーブ道が国際交易ルートとして最も利用されたのは、ファーティマ朝時代の後半からアイユーブ朝とマムルーク朝初期までの約二五〇年間であった（al-Maqrīzī, *al-Khiṭaṭ.*, 1/202-203）。詳しくは Garcin, J.［1976］29, 45, 99, 363, 367, 374, 家島彦一［1986］一―二五頁、同［2006］一九六―二〇七頁などを参照。

(42) ムンヤ（al-Munya）：ムンヤ・クース（Munyat Qūṣ）、もしくはミーナー・マディーナ・クース（Mīnā' Madīnat Qūṣ）のことで、旧クースの町の周辺、ナイル川沿いに発達した新市街（rabaḍ）。ヤークートによると、ムンヤ・クースはクースの郊外地区で、規模広大で、商人や富裕者たちの邸宅があった（Yāqūt, *Mu'jam.*, 4/675; Ramzī, M.［1994］4/1, 446）。

（四）〔五七九年〕サファル月

アッラーよ、同月の御恩遇と御利益とをわれらに授け給え！

その新月は、水曜日の夜、すなわち［異邦暦］五月の二五日目に現れた。その時、われわれはアイザーブへ向けて出立しようと、クースに滞在していた。アッラーよ、御稜威《みいつ》と御寛大とをもって、われらの［旅の安全の］望みを容易に叶えさせ給え！　そして、同［サファル］月の一三日目、月曜日、すなわち［異邦暦一一八三年］六月の六日目に、われわれは食糧およびその他の旅に必要なすべてのものをマブラズ(1)まで運び出した。そこは［クースの旧］市街の南側に位置する場所で、その近くにナツメヤシの樹木で囲まれた広々とした区画があった。巡礼者と商人たちの荷物がその区画に集められ、［荷崩れを防ぐため］縄で固く絞められてから、彼ら［旅の者たち］は［ラクダに］乗り込み、旅立って行くのである。同時に、そこでは荷物の［重量の］計量を必要とするもの［のすべて］は、ラクダ曳きたちの面前で計られる。

さて、［月曜日の］最後の夕方の礼拝を済ませた直後、われわれはそこから〈ハージル(2)〉の名で知られる水場へ向かって旅立ち、そこで一夜を明かした後、翌火曜日の朝を迎えたが、アラブ系のラクダ曳きたち[3]の一部は自分たちの家が近くにあるという理由で、そこに立ち寄ったため、そのまま足留めを食らわされた。そして同じ月の一五日目、水曜日の夜のこと、われわれがその同じハージルに滞在していた時、夜の初めに、月が完全に欠けて、その夜の三分の一の時刻までその状態が続いた。その後、同じ水曜日の朝になってから出発し、〈キラーウ・アッ=ディヤーウ[4]〉として知られた場所で一時、午睡をとった。その後の夜の泊りは〈ラキータの宿駅[5]〉（マハット・アッ=ラキータ）として知られる場所で、そこの［周囲］すべては全く人家のない砂漠中にあった。

さらに水曜日の早朝になって、われわれ［のキャラバン隊］は〈アブダーン[6]〉という名の水場の脇で停止した。伝えられたところでは、かつて［某］二人の奴隷（アブダーン）はそこに到着する前に、渇きで死亡し、そのことが［地名の］由来となり、その場所が〈二人の奴隷〉の名称で呼ばれるようになったと伝えられており、［今もなお、］その二人の墓がそこにある。アッラーよ！　その二人に御慈悲を与え給え！　その後、われわれはその同じ水場で三日分の水を補給し、同月の一七日目、金曜日の夜明け前、水なき荒野を越えて砂漠地帯を進み、そして夜の闇がわれわれをすっぽり包むような［無人の］砂漠の場所に天幕を張った。そのように言っても、その場所にはアイザーブからのキャラバン隊とクースからのキャラバン隊[7]が出たり入ったりしており、水なき荒野は無事・安全が保たれて、人の住むことのできる状態にあった。

そして同月の二〇日目に当たる月曜日になって、われわれは〈ドゥンカーシュ[8]〉の名で知られる場所の水場の脇で停止した。そこは水の湧き出る一つの井戸で、至高・至大なるアッラーを除いて誰にも数えられないほど［多数］の駄獣と人間がその水場に到着していた。なお、［激しい］渇きに耐える［強靭な］ラクダに乗らないかぎり、誰一人としてこの砂漠地帯を旅することができないのであるが、裕福な人たちが使用する最良のもの（乗物）は、シャクダフ[9]（複数形はシャカーディーフ）である。シャクダフとは［メッカ巡礼の］御輿《みこし》[10]（マフマル）に似たものであり、その数種あるなかでも最良のものはイエメン製のものである。なぜならば、イエメン製のものは［その形状が］まるで旅行用の背もたれ付きの椅子のようで、［椅子には］革が張られて［横幅が］ゆったりとしており、それの［左右］二基が丈夫な紐で結び付けられて、壮年（九歳）ラクダの背に載せられているからである。シャクダフには、その［四］隅に縁《ふち》を付ける腕棒が設置されており、その棒の上に［日除けの］覆いを載せているので、ラクダに乗った人はその中で、もう片方の側に乗った人と一緒に真っ昼間の焼け付くような日差しを遮ることもできるのであり、その籠に乗っている人は自分の［ラクダの］歩調に合わせて、座席に背をもたせかけながら［ゆらゆらと］快適に座っていられるため、もう一つの側の相手の一人と一緒に食べ物などの必要なものを摂ることもできる。また、『クルアーン』の写本とか［別の］書籍を読みたいのであれば、読むこともできるし、チェス[11]で遊ぶことを［イスラーム法の上で］合法と考えている人たちがいて、それで遊びたい人は、相手の者と一緒に愉快にくつろいだ状態

図7　クース〜アイザーブ道のラキータ（ラケータ）にある巨大な井戸。ラキータの宿駅はクース〜アイザーブ道とクース〜クサイル道の分岐点に位置する重要な宿駅（maḥaṭṭa）

図8　ラキータからアイザーブに向かって南下するキャラバン道

図9　メッカ巡礼隊とラクダの背中に設置されたマフマル（巡礼御輿）

図10　ラクダの背中に設置されたマフマルの壁画。ドゥンカーシュの水場近くの岩石に描かれている

で遊びに興ずることもできる。このように、総じてシャクダフは旅の疲れを和らげてくれるものであるが、一方、大多数の旅行者はラクダの荷物の上に乗っているので、互いに悲痛な思いで炎熱の苦しみに耐えなければならない。

ところが、この水場において、アイザーブ道の縄張り連中であり、しかもその道路の警備役を務めるイエメン系アラブ人のラクダ曳きたちの一部――すなわち彼らはクダーアの下位集団（分派）の一つのバリー[12]［族］に属する――とグッズ族[13]の一部との間で、水場の［権利を巡る］争いがもとで暴動が起こり、大騒乱になる寸前のところであったが、［幸いなことに］その後、アッラーはそれをお防ぎ止めになられた。

ところで、クースからアイザーブへ向かうには二つの道があって、その一つは〈アブダーン道[14]〉の名で知られ、その道は他ならぬわれわれが辿った道のことで、距離において［もう一つの道］よりも一層短い。もう一つは、ナイル河岸沿いの村である[15]｛……｝を通過しない道である。この二つの道が合流する場所は、上述したドゥンカーシュの水場からほど近いところにある。また、この二つの道には、ドゥンカーシュの水場の前方、一日のところにある〈シャーギブ[16]〉という名で知られた水場に近いところにも別の合流の場所がある。

そこで、同じ日の月曜日の夕方になり、われわれは一昼夜分の水を補給して、〈シャーギブ〉の名で知られた水場に向かって出発し、同じサファル［月］の二二日目、水曜日の早朝、そこに到着することができた。このシャーギブの水場は、地面に掘られた窪地で、そのために深く

図11　クース〜アイザーブ道のほぼ中間にあるフマイスラー（ビゥル・アッ＝シャーズィリー）の水場。現在、シャーズィリー派の名祖アブー・アル＝ハサン・アッ＝シャーズィリーの聖墓を安置したモスクが建っている

掘らずに浅いところでも豊富に水が得られるが、その水は黒ずんでいる。その後、木曜日の夜明け前に、われわれはそこから旅立ったが、〈アムターン〉[17]の名で知られる場所にある水場に達するまで、［あらかじめ］三日分の水を補給しておいた。なお、われわれは［当初、予定していたその道路の］左側にある｛……｝[18]の名で知られた場所にある水場へ向かう［別の］道を辿らなかった。［なぜならば、］そことシャーギブとの間は一日の距離もないが、そこに至る道路はラクダにとって［困難な］でこぼこの道であるためである。

　同じサファル［月］の二六日目の日曜日の朝を迎えた時も、われわれは同じアムターンに滞在していた。そして、［おめでたいことに、］われわれ［全員］が至高・至大なるアッラーの書〔『クルアーン』〕の〔全巻の〕暗記を成し遂げたのは、まさしくこの同じ日であった。われらのためにそのことを容易に達成させ給うたアッラーを讃え、感謝の言葉を捧げ奉らん！　このアムターンにある水場こそは、まさにアッラーが特別に御利益をお授けになられた〔豊富に〕水の湧く井戸であり、その街道にある他のいくつもの水場のなかでも、とりわけ水質がよく、一番に旨い水であった。そのために、〔キャラバン隊で〕到着した人の革製水袋がどんなに数多くその井戸の中に投げ込まれたとしても、またその井戸のもとに停止するキャラバン隊の数がどんなに多かったとしても〔すべての革袋を十分に〕潤し、からからに喉の渇いたラクダたちの渇きを癒すこともできるほどであった。もしも、そのような〔多数の〕キャラバン隊が、他の数ある川の一つに到着したとすれば、その川〔の水〕を飲み干して、完全に涸れさせてしまったことだろう。

われわれはこの街道で往来するキャラバン隊を数えようとしたが、〔あまりにもその数が多く、〕われわれにはとても数え切れなかった。とくに、イエメン、さらにイエメンからアイザーブへと到着したインドの物資を輸送する〈アイザーブ・キャラバン隊〉(19)についてはなおさらのことであった。われわれが実際に見たそうした中でも、取り分けて数が多かったのは胡椒の積荷であり、その数〔量〕のあまりの多さに、それがまるで泥土に等しい〔廉価な〕値打ちにしか見えなかったほどである。さらに、われわれがこの砂漠地帯で目撃して驚いたことは、あなたも実際に出会うであろうが、公道で監視人もなく、胡椒、シナモンやその他の〔高価な〕積

表1：ナイル川と紅海を結ぶキャラバン・ルート

Ⅰ：『アントニン道里記』(Itineraium Proviciarum Antonini Augusti, A. D. 285-305)

宿駅順	宿駅名	ローマン・マイル	現在の地名
1	コプトン（コプトス）	0	キフト
2	フェニコン	24	ラケータ、ラゲッタ
3	ディディム、ディディモス	24	ワーディー・マニーフ入口
4	アフロディト	20	ビゥル・マニーフ
5	コムパシ	22	ビゥル・ダグバグ
6	イオヴィス	23	ビゥル・ベイザ
7	アリストニス	25	ゲリフ
8	ファラクロ	25	ジャバル・ドゥエイク
9	アポッロノス	23	ギマール
10	カバルシ	27	アブー・グスン
11	ケノン・ヒドレウマ	27	アブー・ギレイヤ
12	ベルニケン(ベルニケ)	18	ベルニケ（ハッラース）
	総マイル	258マイル	

Ⅱ：イブン・ジュバイル（1183）

宿駅順	宿駅名	現在の地名
1	クース	クース
2	マブラズ	アッバーサ村
3	ハージル	ハガーザ
4	キラーウ・アッ＝ディヤーウ	ワーディー・アリー
5	ラキータの宿駅（マハッタ・アッ＝ラキータ）	ラケータ、ラゲッタ
6	アブダーン	ビゥル・アル＝アバデイン
7	ドゥンカーシュ	ジャバル・ハガル・ドゥンカーシュ
8	シャーギブ	ワーディー・アッ＝シャガーブ
9	アムターン	ビゥル・ビーターン（ベーターン）
10	{フマイスラー}	{ビゥル・アッ＝シャーズィリー}
11	マジャージュ	ビゥル・ガフリーヤ
12	ウシャラーゥ	ハッサ、ハッサー
13	ジャニーブ	ワーディー・ディイーブ
14	ワダフ	ワダフ
15	アイザーブ	アイザーブ、スワーキン・エルカディーム

173 （四）｛五七九年｝サファル月

III　トゥジービー（1297）

宿駅順	宿駅名	現在の地名
1	クース	クース
2	アッバーサ村	アッバーサ村
3	バラダ・マスード・アン＝ナビー	マスィード村
4	ダイル	デイル・ヘガーザ
5	ワーディー・アリー	ワーディー・マトゥーフの支流
6	ワーディー・ハンマード、ラキータ	ラケータ、ラゲッタ
7	ワーディー・ダンダーン	ビゥル・ザイドゥーン
8	ファドル・アル＝ヒヤーム	ワーディー・マニーフ
9	マフダス	ワーディー・マフダーフ
10	ミーラード・ザイドゥーン	ビゥル・ザイドゥーン
11	マアーサル	ワーディー・マアサル
12	ダグバジュ	ビゥル・ダグバジュ
13	ジハンディー	ビゥル・ギンディー
14	ジャリファーゥ	ゲリフ
15	シゥターン	ワーディー・シゥアト
16	カブターン	ビゥル・アブー・ギブラーン
17	ハシャブ・アル＝ワゥル	ワーディー・ハシャブ
18	フマイスラー	ビゥル・アッ＝シャーズィリー
19	マドスース	ワーディー・マドゥース
20	スライア	メゲル・エッ＝セライア
21	ビゥル・アムターン	ビゥル・ビーターン（ベーターン）
22	ティウィーターン	ワーディー・ティータイ
23	バリーダーン	ワーディー・ウンム・ブエラ
24	アフサーゥ	ハッサー、アフサーゥ
25	シャハーブ	マルサー・シャアブ
26	ディーファーン	ビゥル・アダル・ディブ
27	ファンカラ	アンカリド
28	ジャニーブ	ワーディー・ディイーブ
29	アイザーブ	アイザーブ、 スワーキン・エルカディーム

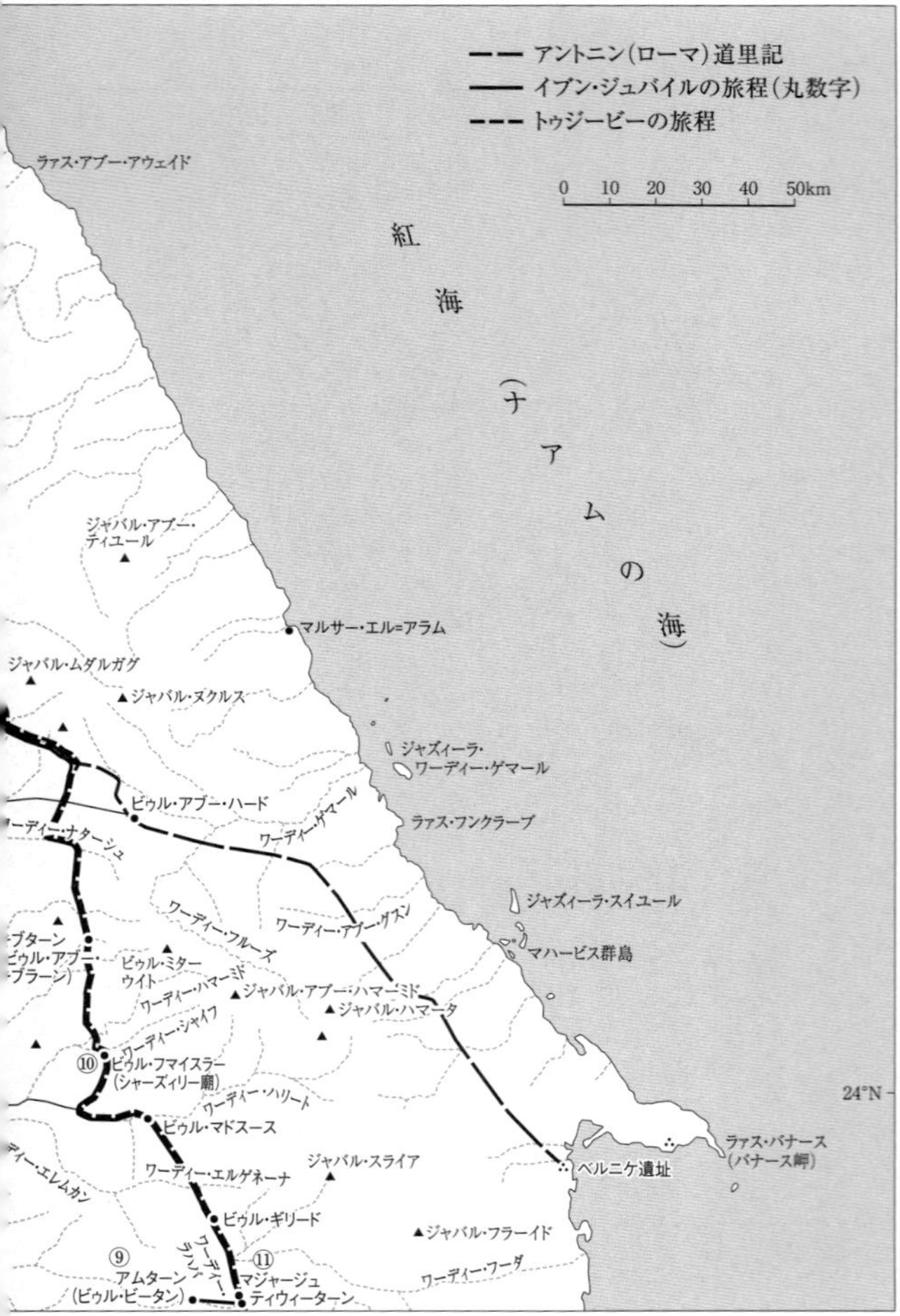
アントニン(ローマ)道里記
イブン・ジュバイルの旅程(丸数字)
トゥジービーの旅程
0 10 20 30 40 50km
紅海(ナアムの海)
ラァス・アブー・アウェイド
ジャバル・アブー・ティユール
マルサー・エル=アラム
ジャバル・ムダルガグ
ジャバル・ヌクルス
ジャズィーラ・ワーディー・ゲマール
ビゥル・アブー・ハード
ワーディー・ゲマール
ラァス・フンクラーブ
ワーディー・ナターシュ
ジャズィーラ・スイユール
ワーディー・アブー・グスン
ワーディー・フルーズ
マハービス群島
ビゥル・ミターウイト
ワーディー・ハマーミド
ジャバル・アブー・ハマーミド
ジャバル・ハマータ
ワーディー・シャイフ
⑩ ビゥル・フマイスラー(シャーズィリー廟)
ワーディー・ハリート
24°N
ビゥル・マドスース
ラァス・バナース(バナース岬)
ワーディー・エルゲネーナ
ジャバル・スライア
ベルニケ遺址
ワーディー・エレムカン
ビゥル・ギリード
ジャバル・フラーイド
⑨ アムターン(ビゥル・ビータン)
⑪ マジャージュ ティウィーターン
ワーディー・ラハバ
ワーディー・フーダ

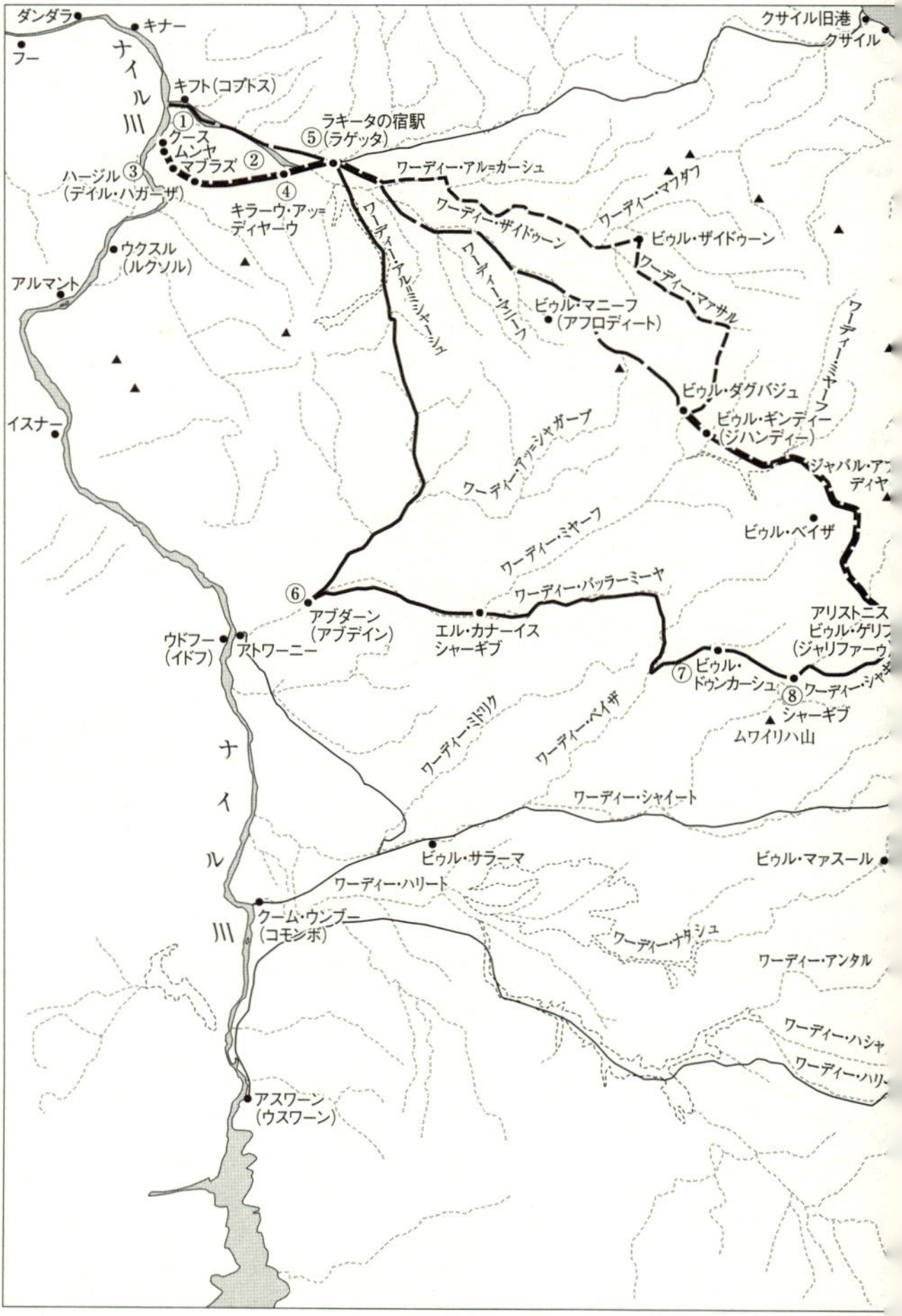

地図3：イブン・ジュバイルの旅程(3)　東部砂漠越えのキャラバン道(a)

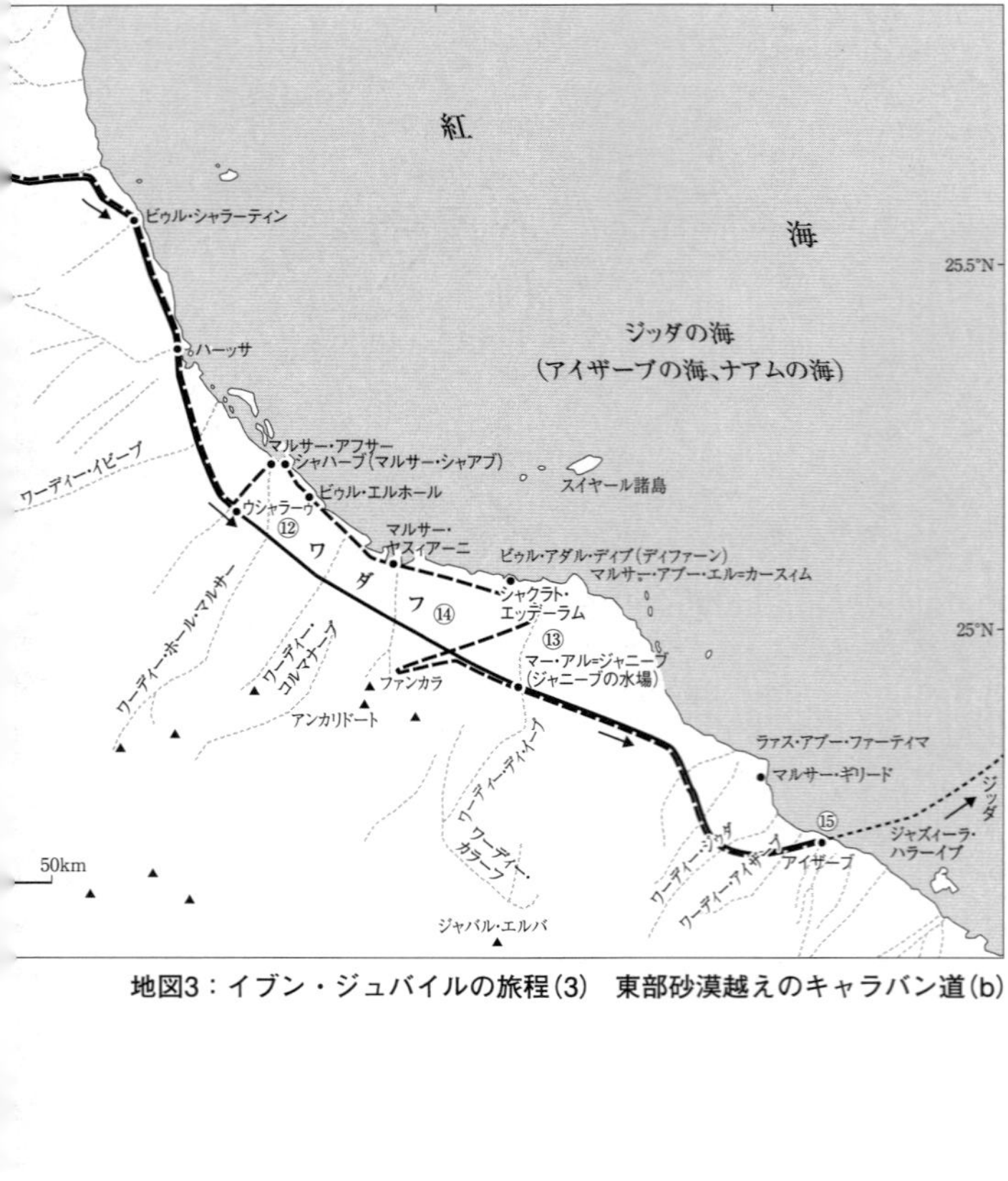
紅
海
25.5°N
25°N
ジッダの海
(アイザーブの海、ナアムの海)
ビゥル・シャラーティン
ハーッサ
マルサー・アフサー
シャハーブ(マルサー・シャアブ)
ビゥル・エルホール
ウシャラーゥ
ワーディー・イビーブ
スイヤール諸島
マルサー・
ヤスィアーニ
ビゥル・アダル・ディブ(ディファーン)
マルサー・アブー・エル=カースィム
シャクラト・
エッデーラム
ワ
ダ
フ
⑫
⑭
⑬
マー・アル=ジャニーブ
(ジャニーブの水場)
ワーディー・ホール・マルサー
ワーディー・
コルマナーブ
ファンカラ
アンカリドート
ワーディー・ディイーブ
ワーディー・
カラーフ
ラァス・アブー・ファーティマ
マルサー・ギリード
⑮
ジッダ
ジャズィーラ・
ハラーイブ
ワーディー・ジッダ
ワーディー・アイザーブ
アイザーブ
50km
ジャバル・エルバ

地図3：イブン・ジュバイルの旅程(3)　東部砂漠越えのキャラバン道(b)

177 (四) {五七九年} サファル月

荷がそのまま放置された状態にあったことである。それらはそれまで荷を積んできたラクダが弱ったとか、それ以外の実行不可能なことが理由で、この通り道に放置されているのである。しかも、その荷物の脇を、限りなく多くの人たちが次々に通過しているにもかかわらず、［盗難の］被害から守られた安全な状態であり、その荷主が［再び戻ってきて］荷物を運ぶまで、同じ場所に置かれたままになっているのである。

その後、同じ日曜日の翌月曜日の朝、われわれはそのアムターンから離れ、同じ月曜日の正午、その街道からほど近くの〈マジャージュ〉[20]の名で知られた場所にある水場の脇で停止し、アイザーブから一日行程のところにある〈ウシャラーゥ〉[21]の名で知られた場所の水場に辿り着くまで［必要な］四日分の水をその水場で補給した。このマジャージュ経由の道を通ることで、ワダフ[22]に踏み入る［道を辿る］ことになるが、ワダフとは〈ジッダの海〉[23]の岸辺に連なる軟らかな砂地［地帯］で、もしもアッラーが望み給うたならば、そこを通って［最短距離で］アイザーブに行き着くことができる。そこは、左右ともに視界の限りの広漠たる大地である。

そして、同月の二八日目、火曜日の正午、われわれはこの同じマジャージュを出て、ワダフ［の砂地］を進んで行った。

（四）〔五七九年〕サファル月訳注

（1）マブラズ（al-Mabraz）：現在のアッバーサ村（qaryat al-ʻAbbāsa）のこと。クースの南東三キロメートルに位置する。トゥジービーによると、アッバーサ村はクースから約三マイルにあり、そこでは東部砂漠に入る前に道中の必需品・食糧などが整えられ、キャラバン隊の人たちの所持する荷物の計量（測定）が行われた（al-Tujībī, 196–197）。アッバーサ村については、ウドフウィー、ヤークート（al-Udfuwī, 15; al-Yāqūt, *Muʻjam.*, 2/505; Ramzī, M.［1994］4/2, 187）などを参照。併せて、家島彦一［2006］一八二頁を見よ。

（2）ハージル（al-Ḥājir）：現在のハガーザ（Ḥagāza）村のこと。その村の西、郊外にデイル・ハガーザ（Deir Ḥagāza）、すなわちコプト・キリスト教のマリ・ブクトゥル修道院（Mari Buqtur Monastery）がある。修道院は現在のクースの町の南東約一〇キロメートル、マスィード村から約三キロメートル東に位置する（家島彦一［2006］一八二頁）。トゥジービーの一行は、この修道院を訪れて、三日間滞在し、食事のもてなしを受けた（al-Tujībī, 197–198）。

（3）アラブ系のラクダ曳きたち（al-jammalīn min al-ʻArab）：アラビア半島から移住したバリー族やジュハイナ族などのアラブ遊牧民で、当時、東部砂漠を横断するラクダ・キャラバンによる運輸を担っていた人たち。併せて、後述注（12）を見よ。

（4）キラーウ・アッ＝ディヤーウ（Qilāʻ al-Ḍiyāʻ）：アラビア語で〈私領地の要塞群〉の意。現在のクース～クサイル道（ṭarīq Qūṣ wa al-Quṣayr）に沿って東に向かい、ラキータに至る中間地点、ワーディー・マトゥーフ（Wādī Maṭūḥ）の支流の一つ、ワーディー・アリー（Wādī ʻAlī）沿いにある水場。

（5） ラキータの宿駅（Maḥaṭṭat al-Laqīṭa）：現在のラケータ（Laqēta, La Guitta）、ラゲッタ（La Guetta）のこと。ローマ時代の『アントニン道里記』にはフェニコン（Phoenicon）、またカルカシャンディーにはライタ（Layṭa）とある（al-Qalqashandī, 19/374; al-Yāqūt, *Mu‘jam.*, 4/363；家島彦一［1986］九—一〇頁；同［2006］一八三—一八四頁）。キナー～クサイル道とキフト～クサイル道の合流点にあり、現在も豊富な水量を蓄えた数基の貯水タンクがある。その宿駅の近くにはワーディー・ザイドゥーン（Wādī Zaydūn）の支流の一つ、ワーディー・ハンマーム（Wādī Ḥammmām）が流れる。

（6） アブダーン（al-‘Abdān）：アラビア語でアブド（‘abd）の双数形のアブダーン（アブダイン）、すなわち〈二人の奴隷〉の意。現在のアバデインの泉（Bi’r al-‘Abadein）村のこと。ラキータの宿駅からワーディー・アル＝ミシャーシュ（Wādī al-Mishāsh）に沿って南に進むと、アブダーンに至る（家島彦一［2006］一八四頁）。

（7） アイザーブからのキャラバン隊とクースからのキャラバン隊（al-qawāfil al-‘Aydhābīya wa’l-Qūṣīya）：アイザーブからクースに向かうキャラバン隊をカワーフィル・アル＝アイザービーヤ、逆にクースから紅海の港アイザーブへ向かうキャラバン隊をカワーフィル・アル＝クースィーヤと呼んだ。

（8） ドゥンカーシュ（Dunqāsh）：現在のジャバル・ハガル・ドゥンカーシュ（Jabal Ḥagar Dunqāsh）の麓に位置する水場（Bi’r Dunqāsh, Bi’r Dinqāsh）。後述するように、そこから東に一日行程のところにシャーギブ（Shāghib）の水場がある。シャギーブ（シャーギブ）については後述注（16）を見よ。

(9) シャクダフ (shaqdaf, shaqādif)：もしくはシュクズフ (shuqdhuf, shaqādhif) と呼ばれる。横二列、もしくは前後二列の座席を備えた箱型の女性用、あるいは旅行用の籠。とくにヒジャーズ地方で多く使用され、ハウダジュ (hawdaj, hawādij) より大型の籠 (Kazimirski, A. de B. [1960] 1/1254)。

(10) ［メッカ巡礼の］御輿 (maḥmal, maḥāmil)：マフマル（一般にはマフミルもしくはミフマルともいう）はラクダの背中に設置される輿のことで、メッカ巡礼隊のラクダに載せられる。輿の内部には『クルアーン』の写本とカアバ神殿を覆う布（キスワ）が納められ、マムルーク朝時代には毎年ラジャブ月にカイロを出発する巡礼隊（ラクブ・ラジャビー）と一緒に運ばれた。なお、マフマルは、時の政治的権力を象徴するシンボル的な意味合いを強く持っていた (*Enc. Is*. [1990] 6/44-46)。

(11) チェス (shaṭranj, shiṭranj)：シャトランジュはインド起源の四人制将棋で、西アジアではサーサーン朝ペルシアを通じて伝えられ、一一世紀以降になると、地中海世界を経て西ヨーロッパの各地にも広まった (*Enc. Is*. [1997] 9/366-368)。

(12) クダーアの下位集団（分派）の一つのバリー［族］(Balī min afkhādh Quḍā'a)：バヌー・クダーア (Banū Quḍā'a) はアラブ族の大集団（ユニット）の一つで、その起源については不詳。一説では南アラビアのヒムヤル族に遡るとも伝えられる。バリーはジュハイナ (Juhayna) と並んで、クダーア族のなかの代表的な下位集団（分派）で、七世紀から八世紀にかけて北シリアやエジプトの各地に移住した。とくにアムル・ブン・アル＝アースによるエジプト遠征軍と一緒に、多数のバリーがエジプトに入り、ファーティマ朝時代にはナイル川沿いに南下、イフミーム、ウスユート、ウシュムーナインなどを拠点として、さらに東部砂漠にも活動地域を広げた。彼らは遊牧を主な生活として、独立心が強く、傭兵・運輸・交易に従事する者も多く、生活形態を同じくするグッズ・トルコ族やベジャ（ブージャ、ブジャー）族との間で対立・緊張が生じた（*Enc. Is.*［1986］5/315-318）。

（13） グッズ族（al-Ghuzz, al-Aghzāz）：グッズ（オグズ）は六世紀頃から一〇世紀の半ばにかけて中央ユーラシア西部に居住したテュルク系の遊牧民族のこと。ここではイスラーム化したグッズ、すなわちトルクマーン（一部にクルド人との混血も含まれる）のことで、ファーティマ朝やアイユーブ朝時代には国家の傭兵としてシリア・エジプト・北アフリカの各地に生活居住圏を拡大させた。したがって、アイユーブ朝やマムルーク朝時代には、クルド系軍人を指してグッズ族と呼ぶ場合もあった（*Enc. Is.*［1965］2/1110）。イブン・バットゥータは、最初に上エジプト～アイザーブ経由、ジッダへ船で渡り、メッカに向かうことを計画していたが、〈ハドラビー〉と呼ばれるベジャ（ブージャ、ブジャー）族とマムルーク朝側のグッズ族との間で武力衝突が起こって、グッズ族が敗走したため、紅海を越えてジッダに渡ることができなくなった。そこで、彼は、アイザーブから再び同じ道を通ってカイロまで引き返すことになった（イブン・バットゥータ、第一巻一一八―一一九頁）。

（14） アブダーン道（ṭarīq al-ʻAbdayn）：クースからラキータ、アブダーン経由でドゥンカーシュに至るルート。

（15） ナイル河岸沿いの村である｛……｝：｛……｝の部分は写本の欠損部分で、修復は難しい。W・ライトの校訂本では、この部分を｛キナー｝と補っている（Wright, W.［1907］67, *note* b）。しかし、むしろ〔キフト〕が正しいと思われる。アイザーブ道には、一つはアブダーン道、もう一つはキフト（コプトス）からラキータ、ザイドゥーン（Zaydūn）、ダグバーグ（Daghbāgh）を経てジャリファーゥ（Jarīfā'）に至るザイドゥーン道の二つがあった。後者のルートはキフトとベルニケを結ぶローマ古道と一致する。トゥジービーは、イブン・ジュバイルよりも約一〇〇年後に、後者のルートを通ってアイザーブまで旅した（家島彦一［1986］一—二五頁；同［2006］一八四頁）。

（16）シャーギブ（Shāghib）：ウドフー（Udfū, Edfū）の近くでナイル川に注ぐ現在のワーディー・アッ＝シャガーブ（Wādī al-Shaghīb）のこと。シャーギブの水場は現在のワーディー・ハリート（Wādī Kharīt）とワーディー・アッ＝シャガーブとの合流点付近を指す（家島彦一［2006］一八七—一八九頁）。

（17）アムターン（Amtān）：現在のビゥル・ベーターン（Bi'r Bētān, Bi'r Bītān）のこと。そこはワーディー・ベーターンの水源に近く、ローマ時代の金鉱ウンム・エレイガ（Umm Eleiga）とも近い。トゥジービーは、「アムターンと呼ばれる井戸の水場に滞在した。ここの水は良質で淡水であり、この灼熱の砂漠中では稀に見る旨い水」と述べている（al-Tujībī, 204；家島彦一［1986］一三—一五頁）。

（18）〔……〕：〔……〕の部分は写本の欠損部分で、判読不可であるが、明らかに、〔フマイスラー（Ḥumaythrā）〕の地名を補うべきであろう。フマイスラーは、クース〜ドゥンカーシュ道、キフト〜ザイドゥーン道およびウドフー〜アイザーブ道の交差する重要な水場であった。シャーズィリー派の名祖イマーム＝アブー・アル＝ハサン・アッ＝シャーズィリーは、一二五八年、メッカ巡礼に赴く途中、フマイスラーの水場で死去し、そこに墓廟が築かれたため、その後、ビゥル・アッ＝シャーズィリー（Bi'r al-Shādhilī）、すなわち〈シャーズィリーの井戸〉と呼ばれるようになった。イブン・バットゥータは、一三二六年と三二年の二回、ここを訪れて、シャーズィリーの聖墓を参拝した（イブン・バットゥータ、第一巻一一七頁、第三巻二六三頁）。

(19) アイザーブ・キャラバン隊（qāfilat 'Aydhāb）：アイザーブからクースに向かうキャラバン隊のこと。前掲注（7）を見よ。インドやイエメンから船で運ばれた香辛料・薬物類はアイザーブで荷下ろしされ、さらにアイザーブで編成されたキャラバン隊によってクースを目指した。

(20) マジャージュ（Majāj）：おそらく正しくはマジャーフ（Majāḥ）と改めるべきで、現在のワーディー・メガーフ（Wādī Megāḥ）に沿った水場、ビゥル・ガフリーヤ（Bi'r Gahlīya）のこと。

(21) ウシャラーゥ（al-'Usharā'）：アラビア語でウシャル（'ushar）の複数形。ウシャルはアカシア灌木の一種 *Asclepias gigantea*（Ibn al-Bayṭār, 3/123; Kazimirski, A. de B.［1960］2/261）。現在のシャアブ港（Marsā Sha'b）から海岸沿いに東に進んだシャクラ・エッデラム（Shakrat ed Delam）の水場。J・ボールによると、そこはかなり遠方からも目印となるアカシア灌木の密生した場所であった（Ball, J.［1943］221）。

(22) ワダフ（Waḍaḥ）：アラビア語でワダフ（waḍaḥ, awḍāḥ）は〈樹木のない地、空き地、果てしなく続く海原、広場〉の意。現在のアフサーゥ（al-Aḥsā'）からアイザーブまで、約一二〇キロメートルにわたって続く海岸沿いの砂丘地帯（家島彦一［1986］一五頁）。

(23) ジッダの海（Baḥr Juddah）：紅海の中ほどの海域を指し、アイザーブの海（Baḥr 'Aydhāb）、ナアムの海（Baḥr al-Na'm）、ファラオの海（Baḥr Fir'awn）などの別称で呼ばれた。併せて、前出一四一頁を参照。

(五)〔五七九年〕第一ラビーウ月

アッラーよ、われらに御利益を授け給え!

その月の[始まりを示す]新月は、[異邦暦]六月の二四日目、金曜日に昇った。その時点で、われわれはワダフの端、アイザーブから約三旅程(三日間の旅、約七二キロメートル)のところにいた。そして同じ金曜日の朝方、われわれの野営したのはアイザーブから二旅程の〈ウシャラーゥ〉という名で知られた場所にある水場の側《そば》で、この場所には多くのウシャルの樹木が見られた。その樹木はシトロンの木と似ているが、棘《とげ》はない。なお、この場所の水は澄み切って旨いというほどではなく、しかも水場には[周囲を]覆う仕切りの[防砂]壁がないので、われわれが見ると、砂がすでに井戸の上に積もり、井戸水を覆っていた。そこで、ラクダ曳きたちはその井戸を掘って、その水を汲み出そうとしたが、結局、それができず、一方、キャラバン隊[の人たち]はそこの井戸の側で、水のない状態のまま留まった。われわれは、その夜、すなわち同月の二日目、土曜日の夜の旅を続けて、午前中にジャニーブの水場(1)に立ち寄った。

そこはアイザーブを肉眼で望める［近距離の］場所にあって、キャラバン隊［の人たち］とその土地の住民はその水場で水を補給することができる。この水場はまるで大きな貯水池のように規模の大きな井戸で、すべて［の人たち］にあますところなく及ぶ［ほど十分な水量がある］。

こうして土曜日の夕方になって、われわれはアイザーブに入ったのである。そこは、[2]〈ジッダの海〉の浜辺にあり、周壁のない町で、町の大部分の家屋は掘っ建て小屋であるが、現在、そこに複数の石灰［モルタル］造りの新築の建造物も見られる。他ならぬそこは、巡礼者たちの船が出入りすることに加えて、インドとイエメンの［大型］船舶が入港したり、また出帆したりするため、世界の数ある停泊港のなかで、最も賑わっている港の一つである。そこは植物が生えず、しかも町には［他から］輸入されたものを除いて、何一つとして食べるものはない砂漠中にある。しかし、そこの住民は［集まってくる］巡礼者たちのお蔭で、［アッラーからの］多くの御褒美を得ている。とくに、彼らは［メッカ］巡礼者との関わりが深く、彼らの持ち込む食糧一荷（約二四五キログラム）ごとに、わずかな数量であっても一定率の税を課し、それに加えてわれわれがすでに先に説明したサラーフ・ウッ＝ディーンによる税の撤廃以前に行われていたマクス税の義務を［引き続き］課していた。さらにまた、彼らは巡礼者に便宜を与えるという名目のもとに、ジャルバ[3]——つまり［縫合型］船のこと——による巡礼者からの賃借料を得る［特権があった］ので、巡礼者たちを［往路に］ジッダまで運び、そして彼らが巡礼の義務を果たして再び［ジッダから］戻ってくる［復路の船の］輸送の時にも莫大な金を稼

図12　アイザーブ港の遺跡

図13　アイザーブの都市遺跡。珊瑚石を積み上げ、石灰モルタルを塗った建物趾が見られる

図14　アイザーブ都市遺跡に残る貯水槽跡。水の蒸発を防ぐために、アーチ状の石灰モルタル製の覆いが見える

ぐことができた。そして、そこの住民たちのなかで、一艘もしくは二艘のジャルバを所有している者だけが資産家ではあるが、他ならぬジャルバこそ彼らにとっての莫大な「神からの」授《リ》け物《ズク》（富の源泉）となっている。ああ、もったいない、もったいない、さまざまな理由のもとに、「惜しみなく」授け物を「誰にでも等しく」分かち与えてくださる御方に！　この御方を除いて、他に神はあらせられない。

かくして、アイザーブにおけるわれわれの宿泊は、〈ムーニフ〉の所有する一軒の館(4)（ダール）であった。この「ムーニフなる」人物はアイザーブにおいて数軒の旅館と貸家、さらに複数のジャルバ「など」を所有して「莫大な」富を得ているエチオピア人たち(5)のアイザーブにいる首領たちの一人(6)であった。なお、〈アイザーブの海(7)〉ではその町から近い島々に真珠の採集地(8)があって、そこの真珠採集の時期は、この『備忘録』の筆を走らせている同じ月日、すなわち異邦暦の六月とそれに続く「七」月にあって、そこからは高価で貴重な真珠が採れる。「真珠採りの」潜水夫たちは複数のズーラク舟(9)に乗ってそれらの島々に向かい、そこに数日間滞在して、アッラーが彼らの一人ひとりに分け与える運に応じた授け物（収穫物）を得て戻ってくる。

そこの島々の近くにある「真珠採集のための」潜水地点は水面からの距離（水深）がわずかで、海の底まで浅い。彼ら「潜水夫たち」は一対の貝殻を持った貝（二枚貝）の中からその授け物（真珠の粒玉）を取り出すのであるが、その貝「の肉質部」はまるで魚の一種のようで、むしろ海亀「の肉」と似ている。その貝「を開いて肉身」が引き裂かれると、銀色の二枚の母貝と同じような［上下］二枚の［弁状の］唇がその内部から現れる。それからそれを強く引き裂いて、その内部の貝の肉身が覆われた中に真珠の粒が見つけ出されるのである。そうしたことによって、［各々の潜水夫の］運と［アッラーからの］分け前に応じて、真珠［の粒玉］が彼らによって集められる。ああもったいない、その運命をお決めになられる御方（アッラー）よ！その御方を除いて、他に神はあらせられない。しかし、彼ら（アイザーブの住民）は湿り気もなければ、乾きもない［不毛な］土地に住み、しばしば野獣のような生活を送っている。彼らは人間というよりも野獣に近いにもかかわらず、ああ、もったいないことに、そのような住民に対しても［お優しい］郷土愛を抱かれておられている御方（アッラー）よ！

　ジッダからそこ（アイザーブ）への渡航は、至高・至大なるアッラーが［航海の］無事であることを保障せられた彼らのうちの少人数の者を除いて、［他の多くの］巡礼者たちにとっては危険極まりないことである。つまり、それは以下のようなためである。［複雑な］いくつもの風は、時折、アイザーブから遠く離れた南に続く砂漠地帯にある投錨地へと［船を］漂着させてしまうが、その場合、山岳地帯に住むスーダーン人（黒人）たちの一種のブジャー[10]［族］が彼ら［漂着した人たち］のもとに下りてくる。そこで、彼らはブジャーからラクダを借りて、水なき道をブジャーたちと一緒に進むことになるが、しばしば［途中で、］彼らの大半は渇きで死んでしまい、一方、ブジャーは［そうした人の死んだ］後に残された金目のものやその他のものを奪い取ってしまう。また、巡礼者たちのなかには、そうした未知の場所を［方向も分からず］ただがむしゃらに歩き回って、結局、道に迷ってしまい、渇きで命を落とすこともある。［たとえ、奇跡的に］無事であっても、その当人はまるで［死者を包む］経帷子《きょうかたびら》から生き返った者のように、［ふらふらの状態で］アイザーブまで辿り着く。(11) われわれの［アイザーブ］滞在中、たまたまこのようにしてすっかり変わり果てた形相でやっと辿り着いた人たちの一団を目撃したことがあるが、彼らのすっかり変わった［惨めな］姿は、まさしく《物事の意味を深く捉えようと心掛けている人びとにとっては、これはたしかに有り難い神兆であろう》（『クルアーン』第一五章第七五節）とお示しになられたとおりである。

命を落としてしまう巡礼者たちの大多数は、こうした［アイザーブの海岸の南に続く砂漠地帯の］いくつもの投錨地においてであるが、［船に乗り、］風の助けによって、やっとアイザーブの投錨地に［無事］辿り着く者もいるにはいるが、［あったとしても］そうした人はごく少数にすぎない。

彼ら（アイザーブのブジャーの人たち）がこの〈ファラオの海〉(12)で一般に使用しているジラーブ（単数形はジャルバ）とは［船の板切れを］継ぎ合わせて組み立てたもので、それには全く釘が使われておらず、キンバール(13)の細紐で縫い合わせされただけのものである。キンバールとは、ココヤシの実の表皮（靭皮繊維）のことで、それが撚糸状になるまで、彼らは竿棒で［細かく］突き叩き、それを使って紐を撚り、その紐で船［板］を縫い合わせ、さらにナツメヤシの木の幹の部分で作った頭の大きな［木］釘（リベット）を船［板を細紐で縫い合わせた隙間］に差し込む。このようなやり方でジャルバの組み立てが終わると、次に彼らは動物油もしくはヒマシ油、あるいは鮫の［肝］油[14]によってそれ［の表面］を湿らせて［塗］るが、鮫の［肝］油こそがジャルバに［使用する塗装剤としては］最高に優れたものである。なお、この鮫は海で溺れた人を呑み込む［ほどの］海にいる大型魚のこと。彼らがジャルバに油を塗る理由は、この海［の航海］で障害となる［危険な］多くの暗礁に対して、［それを塗ることによって］船の側板［の表面］が柔軟になり、しかもいつも湿り気を帯びさせるためで、彼らが装釘《そうてい》型の船[15]をそこ［の海］で使用しないのは、他ならぬそのためである。このジャルバの船材はインドとイエメンから輸入[16]されたもので、上述したキンバールについても同じである。このジャルバに関することで、最も驚くべきことの一つは、その船の帆［布］がムクルの木[17]の樹葉で織られていることで、そのためにその組み立てられたものは構造上欠陥があり、脆弱である。ああ、有り難や、有り難や、そのような状態にもかかわらず、それを無理に使わせようとなされる御方（アッラー）、しかもその安全を保障なされる御方よ！　アッラーの他に、神はあらせられない。

アイザーブの住民は、まるで邪神たち[18]のごとく巡礼者たちに［酷い］取り扱いをする。つまり、彼らはジャルバにあたかもぎゅうぎゅうに詰まった鶏籠のように、巡礼者たちを交互に折り重なって座らせるほど［一杯に］積み込んで［出港し］、そして同じようにして［ジッダから再び］その船の船客（巡礼者たち）を運んで戻ってくるからである。そこの住民の貪欲さと［法外に高い］賃料への願望はますます酷くなって、ついに彼らのなかのジャルバの船主は片道一回［の賃料］で、ジャルバの［建造］費用［のすべてを］を稼いでしまうほどで、それ以後に海がジャルバを［遭難・転覆・破損させるなど、］どのような扱いをしようとも、どうでもよいことだと［考えて］全く関心を払おうとしない。そして、彼らは「わしらが船板［に命をかけるの］と同じように、巡礼者たちの方は［イスラーム信仰の］精神に［命をかける］」と［口先では］言うが、これは［本心ではなく、あくまでも］彼らがいつも口にする一つの譬え話にすぎない。したがって、［故事にも伝えられているように、罪人を罰するには、］《刀剣を牛の腱（鞭）に代える刑罰《ヒスバ》[19][20]》（アッラーの権利による正当な刑罰）に値する［地上にある］アッラーの国々のなかで最もふさわしいのは、まさしくこの町のことを指しているのであろう。そこで、選択すべき最適の方法[21]は、アイザーブ［のような酷いところ］を経験することなく、その人の通る道はシリアを経てイラクに至り、そして［安全な］バグダードの巡礼隊長に随伴して［メッカに］着くことであり、もしもそのことが最初（往路）に選ぶことができなければ、せめてもう一つ［別の方法、つまり復路］は［メッカ］巡礼の宗教義務を済ませた時、［再び］前述の巡礼隊長と一緒にバグダードまで向かい、そこからアッカ[22]まで行ったならば、さらに［その先、］もしも望むのであれば、そこからアレクサンドリアに旅し、さらに望めば、シチリア［島］あるいはその［上述した］二つ以外のところに向かえばよい。そうすれば、セウタかその他のムスリムたちの地域に向けて出帆するルームの船を見つけることも可能となろう。こうした迂回路をとることで、その人の旅程が［多少とも］長くなったとしても、アイザーブなどで出会うよ

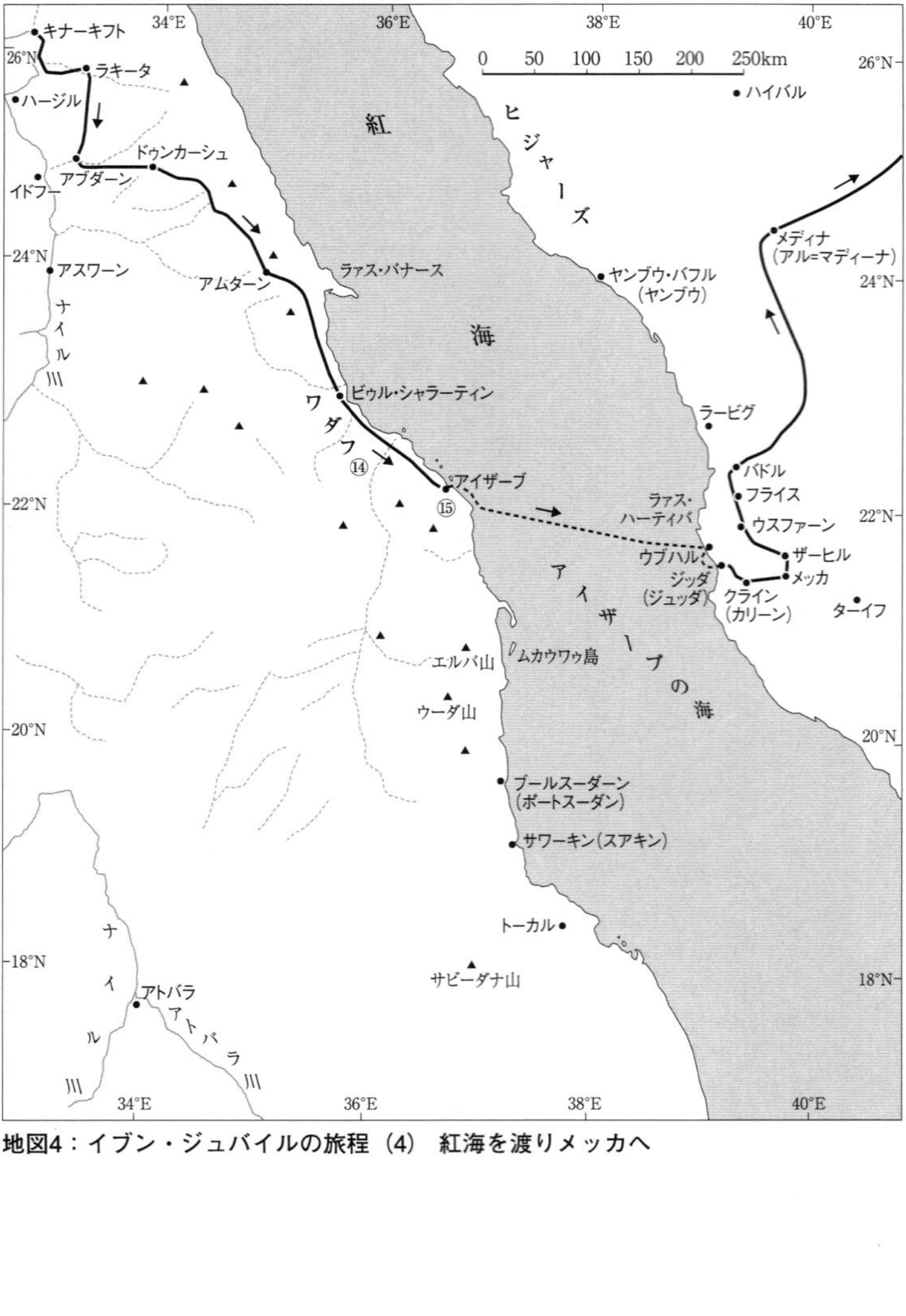

地図4：イブン・ジュバイルの旅程（4） 紅海を渡りメッカへ

うな［危険な］ことと比べれば、よほど勝っているであろう。

そこの住民は、スーダーン人たちが一般に〈ブジャー〉[23]［族］と呼んでいるスーダーン（黒人）系部族に属する居住者たちである。彼らには自分たちで決めた一人の政治権力者（スルタン）がいて、［いつも］彼はアイザーブと隣接する山岳地帯で仲間たちと一緒に住み、時折やってきて、アイザーブにいるグッズ［族］出身の代理官《ワーリー》と会い、［アイユーブ朝政権に対する］忠順の礼を示す。その支配者の役割は代理官と一緒にその市街地の［統治と徴税の］代理権を分担することであるが、そこでの収益金は一部を除いて、すべて彼のものである。

上述したスーダーン系に属するこの［ブジャーの］一分派は、［羊・山羊などの］家畜類よりも、さらに一層［荒野を］さまよい歩く連中で、理性の点でもより劣っているので、彼らにとっての［イスラーム］信仰とは単なるタウヒード[24]（神の唯一性）の言葉以外の何ものでもなく、いわばその言葉［ラー・イラーハ、イッラー・アッラー、アッラーの他に神はなし］を口にするだけの見せかけのイスラームであって、その背後（奥底）にある彼らの従うべき道（本心）は堕落した状態のままで、しかも彼らの行動様式についても［普通の正しいムスリムの誰一人として］到底納得することができず、［イスラーム法の解釈の上からも］合法的とはいえない。しかも、彼らの男も女も、恥部を覆い隠すぼろ切れを除いて裸の状態で動き回っており、彼らの大多数は［恥部さえも］隠してない。総じて、彼らこそは一片の価値もない卑しむべき民であり、たとえ彼らを謗《そし》る人に対しても、何の罪（規範に反すること）にならないのである。

そして、同じ第一ラビーウ［月］の二五日目、月曜日、つまり［異邦暦］七月の一八日目に、われわれはジッダまで渡るためにジャルバに乗り組んだが、まさしくその同じわれわれ［の出発］の日、風がやみ、［ジャルバの］船員たちの姿が見当たらなかったため、その投錨地にそのまま留まった。そして翌火曜日の朝になって、われわれは至高・至大なるアッラーの恩寵と期待に満ちた善き御支援を受けて出港したのである。だが、上述の月曜日［の一日］を除いて、二三日にわたったアイザーブにおける滞在期間は、［われわれにとって］生活の苦難、最悪の状況、適応できる食べ物が不足したことによる健康障害［など］で、まさしく至高・至大なるアッラーのもとで［、せめて将来お授けになられるであろう］御利益［の代償だけ］を期待することとなった。とにかくも飲み水に至るまで、すべてのものが［外部から］持ち込まれなければならないほどの［酷い］土地だと申し上げれば、あなたも十分に納得していただけるであろう。しかもその飲み水たるや、そのような水を飲むよりも喉の渇いたままの方がいいと思わせるほどのものであった。したがって、われわれは身体を溶かすほどの［暑い］大気と胃袋からすっかり食欲を失わせるような［まずい］飲み水の両方に挟まれて、［二三日間の苦難の生活を、］過ごしたという次第である。「どす黒く濁った水に加えて、大気がすべてを焼き尽くすほど！」との諺を挙げて、この土地のことを［嘲笑って］歌う者がいたとしても、その歌った当人は天罰を受けるだろうか。したがって、そこに滞在することは、由緒ある古き御家［、メッカのカアバ神殿］——アッラーよ、そこを一層崇高にして、高貴なところとなし給え！——

に至る［巡礼］路上に並べられた惨禍のうちでも最大のもの（苦難）であり、さらに巡礼者たちが［メッカ巡礼の義務を果たす過程で］耐え忍ばなければならない最大の代償（来世において支払われる報酬）であって、とくにその呪われた土地［アイザーブ］に関しては、まさしくその［地名の］とおりである。アイザーブの数々の過酷さについては常に人びとの間で語り草となっていることであり、ついには、ダーウード（ダヴィデ）の子息、スライマーン[25]（ソロモン）――われらの預言者［ダーウード］と彼［スライマーン］に、平安あれ！――がその町をイフリート（妖精）たち[26]の牢獄として［特別に］用意したと、彼らが主張しているほどである。アッラーよ、どうぞ神聖なる神の御家［メッカにあるカアバ神殿］を目指す［別の巡礼］道をお造りになられることで、巡礼者たちをその土地（アイザーブ）［の苦難］から解き放たれますようにと願っております。つまり、その道とはミスル（フスタート）からアカバ・アイラ[27]を経て、聖祝されたる町［メッカ］に至る道であり、それは距離が短く、道の右側には海があり、左手には崇高なるトゥールの山[28]（シナイ山）がある。だが、その道の近くにはイフランジュ（フランク十字軍）によるあの嘆き悲しむべき［カラクの］要塞[29]があって、人びとの通行を阻害している[30]。まことにアッラーこそはやがてはお恵みによって、その信仰［イスラーム］を助け、その御言葉［『クルアーン』］をさらに偉大なものとなされることであろう。

さて、その海におけるわれわれの航海は、同じ第一ラビーウ［月］の二六日目の火曜日とその翌日の水曜日、弱々しく吹く風を受けて進んだ。ところが、木曜日の夜、宵も遅くなって、その時のわれわれはたまたまヒジャーズの陸地から舞い立つ鳥の姿を見て、吉兆だと喜んでいたが、［突然に］同じその陸地の方角、つまり東の方角から稲妻が光った。続いて嵐が起こり、地平線のすべてを覆ってしまうほど空の果てが暗くなり、強風が吹き荒れ、船は後戻りしながら、その［正しい］航路から外れた。嵐のような［強］風が続き、漆黒の闇はますます深くなって、水平線の彼方までも広がったので、目指している航路がどの方向だか分からなくなった。やがて星がいくつか現れたので、それを頼りにある程度の正しい方向を知ることができた。そして、［船の］帆はダカル、つまり帆柱がその一番下まで下げられた。まさしくそのわれわれの夜を、絶望を知らせる恐怖のなかで過ごし、〈ファラオの海〉はその本来の姿である脅威の片鱗をわれわれに知らしめてくれた。やがて、夜が明けるとともに、アッラーは［苦痛から解き放って、われわれに］喜びをお与えになられ、風の端綱《はづな》(31)（牛馬のくつわに結び付けてある綱）［……］(32)、霧が散り去って、空は晴れ渡り、遠くにヒジャーズの陸地が視界に入ってきた。ジッダの東の方向にある山並の［稜線の］一部だけしか見えなかったが、その船のルッバーン(33)、つまり船長はわれわれの前に見えてきたその山々とジッダの陸地との間は二日行程であると主張した。アッラーよ、われらのためにすべての困難を和らげ、また偉大なる御稜威と御寛大さによって、われらのためにあらゆる辛苦を和らげ給え！

そこで、われわれはその日、すなわち同じ木曜日、心地良い順風を受け進むと、宵の刻、多くの珊瑚礁と出会った後、同じ陸地の近いところにある海に浮かぶ小島に投錨した。［海］水

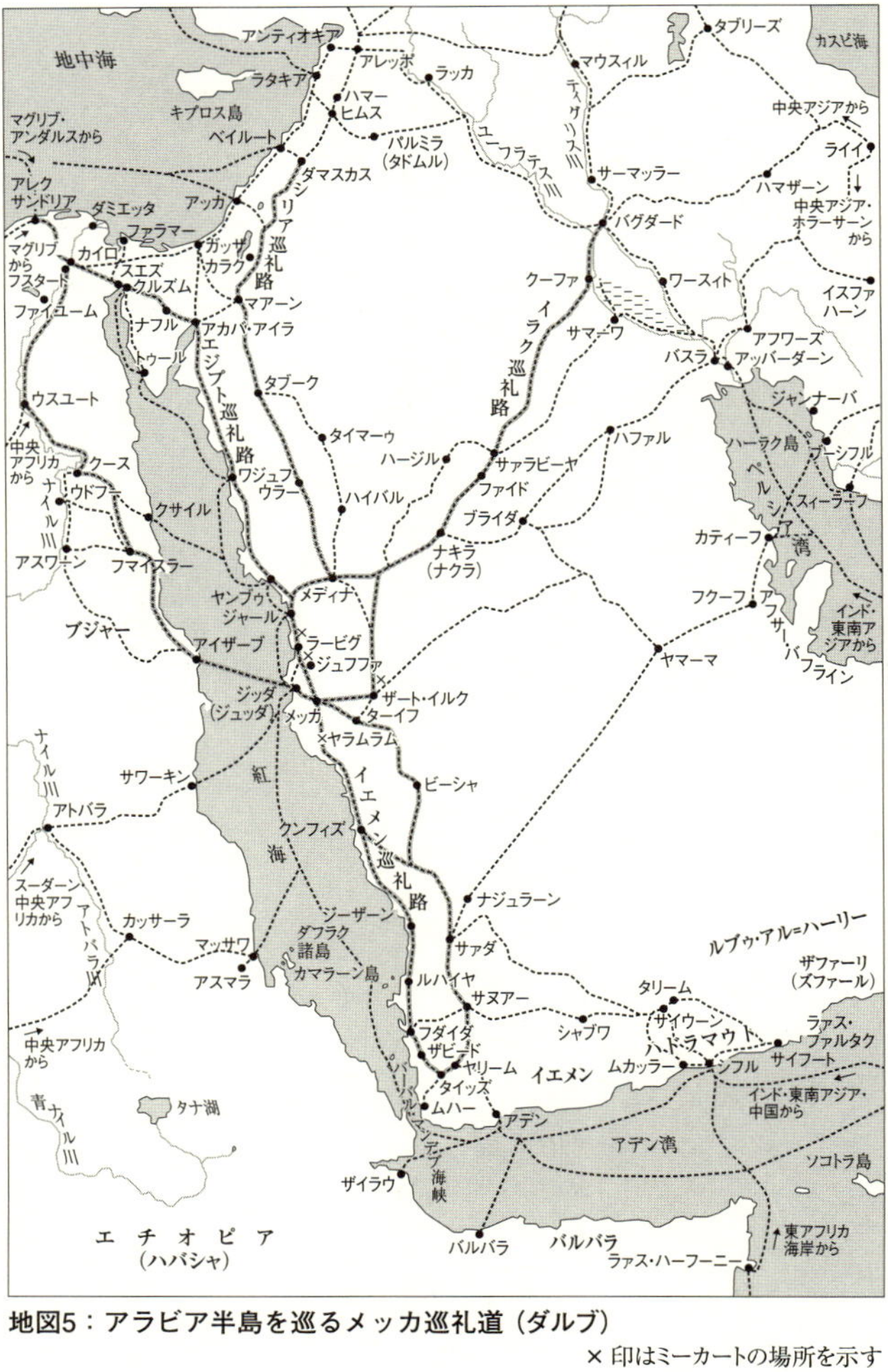

地図5：アラビア半島を巡るメッカ巡礼道（ダルブ）

×印はミーカートの場所を示す

（波）はその珊瑚礁に打ち砕け、われわれを嘲《あざけ》るようであったので、慎重に用心を重ねながら、その珊瑚礁の間を通り抜けた。ルッバーンはそこでの操船の仕方に熟練して巧みであり、われわれがその島に投錨するまで、アッラーはわれわれをそこから無事お救いくださり、そして島に下り立つと、同じ第一ラビーウ［月］の二九日目の金曜日の夜、そこで夜を過ごした。翌朝になって、大気は凪状態で、その時の風はわれわれにとって都合のよくない方向からだけしか吹かなかったので、同じ金曜日、そこに引き続き滞在していた。こうして［第一ラビーウ月の］三〇日目に当たる土曜日になって、幾分、風が吹き出したので、われわれはその同じ風を使って出帆し、のろのろと進んだ。その時の海の様子を見ている人にとって、まるで青いガラスの皿のように思えるほど、海は［透き通り］穏やかであった。至高・至大なるアッラーの優しき御業行を願いつつ、われわれはそうした状況のままに時を過ごした。なお、この島は〈船の海難の島〉[34]として知られているが、至高・至大なるアッラーはその忌まわしき名前の前兆からわれらをお守りになられた。それ故にこそ、アッラーに讃えあれ！　有り難きかな！

（五）〔五七九年〕第一ラビーウ月訳注

（1）ジャニーブの水場（Mā' al-Janīb）：W・ライトのテキストではハビーブの水場（Mā' al-Khabīb）とあるが、トゥジービーとイブン・バットゥータに依拠してジャニーブの水場（Mā' al-Janīb）もしくはジュナイブの水場（Mā' al-Junayb）と改める。またズフリーのビゥル・アル＝ジーブ（Bi'r al-

Jīb, Bi'r al-Jayb）に同じ（al-Tujībī, 204–205; al-Zuhrī, 44；イブン・バットゥータ、第三巻二六三頁）。トゥジービーは、その水場からアイザーブまでの距離を三マイル（約六キロメートル）としている。おそらく現在のワーディー・ディイーブ（Wādī Di-ib）にある水場と考えられる。

（2） 以下のアイザーブの説明は、マクリーズィーによって引用された（al-Maqrīzī, *al-Khiṭaṭ*., 1/202–203）。アイザーブ港の盛衰史については、家島彦一［1989］一六七―一九七頁に詳しい。

（3） ジャルバ（jalba, jilāb）：アデン湾や紅海で使用する縫合型帆船の一種。ジャルバ船の構造については、後述一八九―一九〇頁に詳しい。併せて、al-Nakhīlī, D.［1974］27–29；『中国とインドの諸情報』第二巻二〇一頁注（280）などを参照。

（4） 館（dār）：ここではフンドゥク（funduq）に同じで、アイザーブにある船宿、商人宿のこと。

（5） エチオピア人たち（al-Ḥabashīyūn）：歴史的に見て、アフリカ北東部はハバシャ（al-Ḥabasha）、ブジャー（ブージャ、ベジャ）、ヌーバ（ヌビア）の三つの民族地域に分類された。それらの中で、ハバシャは紅海の北側、ブジャーの南隣、現エチオピアとその主要部を占める高原地域に居住するキリスト教の王を戴く人びと・地域のこと。イブン・ジュバイルの短い記録だけでは、アイザーブで巡礼者たちの宿泊する旅館や商人宿を経営し、しかもジャルバ船を所有するエチオピア人がどのような人たちであるのか、またブジャー族との関係についても詳らかでない。併せて、次注（6）を参照。

（6） アイザーブにいる首領たちの一人（aḥad quwwād-hā）：クッワード（単数形は qā'id）は〈司令官、首領、地方統治の行政長官たち〉の意。イブン・バットゥータは「アイザーブの町の［税収の］三分の一は［エジプト・マムルーク朝スルタン＝］マリク・アン＝ナースィルに所属し、残りの三分の二は〈ハドラビー〉と呼ばれるブジャーの王のものである」（イブン・バットゥータ、第一巻一一八頁）と伝えている。なお、ハドラビー（al-Ḥaḍrabī）の複数形はハダーリバ（al-Ḥaḍāriba）で、一般にはイスラーム以前にイエメンのハドラマウト地方から移住してきたアラブ系の子孫と伝えられた。彼らはブジャー族やエチオピア人たちと混血を繰り返すことで、紅海の沿岸部からアトバラ川流域にかけて大きく勢力を拡大し、キャラバン運輸だけでなく、アイザーブとサワーキンの港に巡礼宿・商人宿を所有し、さらにはジャルバを所有することで多くの交易収入を獲得した。したがって、アイザーブにいるエチオピア人の首領たちとはハドラビー（ハダーリバ）を指したと考えられる。

（7）アイザーブの海（Baḥr ʻAydhāb）：ジッダの海（Baḥr Juddah）、ナアムの海（Baḥr al-Naʻm）、ファラオの海（Baḥr Firʼawn）、クルズムの海（Baḥr al-Qulzum）などに同じで、とくにアイザーブとジッダを結ぶ紅海の真ん中の海域を指した。併せて、後述注（12）を参照。

（8）真珠の採集地（maghāṣ ʻalā al-luʼluʼ）：海人《あま》たちは真珠採集船（ズーラク）から命綱を垂らし、素潜りによって海底から真珠貝を採集した。古くからアイザーブからサワーキンにかけての海域はペルシア湾やスリランカ北部のポーク海峡と並んで、世界的な真珠採集地として知られた。アイザーブに近い真珠採集地とはおそらくラァス・ダーラ（Raʼs Dāra）沖合のスィヤール群島（Siyāl Is.）周辺の海域のこと。真珠採集地については、al-Idrīsī, 138, 349, 390–391；『中国とインドの諸情報』第一巻二七頁、第二巻八八―九一頁などを参照。

（9）ズーラク舟（al-zūraq, al-zawāriq）：湾内や海浜の近くで使用する小舟。ここでは真珠採集用の小型船のこと（al-Nakhīlī, D.［1974］59–62）。

（10）スーダーン人（黒人）たちの一種のブジャー（al-Bujā wa-hum min al-Sūdān）：スーダーン人たちはアフリカの黒人種の人たちを指し、とくにニジェール川流域の住民、ヌビア人、エチオピア人、ブジャー人やザンジュ人（東アフリカ海岸のバントゥー系人種）などが含まれた。ブジャーはブージャ（al-Būja）、ベジャ（al-Beja）とも呼ばれて、東は紅海から東部砂漠、ダナーキル高地、西はナイル川とアトバラ川に囲まれた砂漠・山岳地帯を生活圏とする、主にラクダ飼育の遊牧民を指す。一一―一四世紀、彼らはアイザーブとサワーキンを拠点に東部砂漠横断のキャラバン交易や紅海の海上運輸に大きな勢力があった（al-Maqrīzī, *al-Khiṭaṭ.*, 1/202–203; *Enc. Is.*［1960］1/1157–1158）。

（11）イブン・バットゥータは、第一回目のメッカ巡礼を果たした後、イエメン経由でインドに船で向かうため、ジッダに至り、そこからスンブーク（サンブーク）船でアイザーブまで渡ろうと計画したが、その航海の途中、逆風に遭い、ラァス・ダワーイル（Ra's Dawā'ir）と呼ばれる停泊地まで押し流された。その後、彼の一行はブジャー族と一緒に海岸沿いに苦難の旅を続け、九日間でアイザーブに辿り着いた（イブン・バットゥータ、第三巻二六二―二六三頁）。

（12）ファラオの海（al-Baḥr al-Fir'awnī）：ファラオ（フィルアウン）は古代エジプト王の称号、パロのこと。『クルアーン』第二章第四七節に《[憶い起こせよ」我ら（アッラー）が汝ら（イスラエルの民）のために海を裂いて、汝らを救い、かつ汝らの見ている前でフィルアウンの一族を溺死《できし》させたときのことを》とある。すなわち『旧約聖書』の「出エジプト記」において、モーセに授けられた神兆により、海が裂けて、イスラエルの民がエジプトから海（紅海）を渡った時に、ファラオの一族は溺死したことから、〈ファラオ（フィルアウン）の海〉と呼ばれた。アイザーブの海、ジッダの海、クルズムの海、ナアムの海は、いずれも紅海を指す。併せて、前掲注（7）を見よ。

（13）キンバール（qinbār, qanbār）：ココヤシの実を包む靭皮繊維を細く撚《よ》ったロープ、コイル（捲線）のこと。『中国とインドの諸情報』第二巻四三頁、八七頁；ブズルク・ブン・シャフリヤール、第一巻一四四頁、第二巻二八頁、二〇一頁；イブン・バットゥータ、第六巻二〇六頁、二〇九頁；家島彦一［1977］一八一―二〇四頁などを参照。

（14）鮫の［肝］油（duhn al-qirsh）：イブン・ジュバイルの用いるアラビア語のキルシュ（鮫）は、おそらく鯨（hūt）を指したと思われる。鯨油はワダク（wadak）と呼ばれて、船の側板の隙間や縫合部分に塗り、水漏れや木質の劣化を防ぐ。また防虫のための最良の材料としても使われた。さらに、魚油（鯨油・鮫油・鰯油など）とタール油、石灰やその他の混合剤を一緒に練って、三ヵ月ごとに縫合船の側板や船底部に塗られた。詳しくは、『中国とインドの諸情報』第二巻八七―八八頁、二〇六頁の注（297）を参照。

（15）装釘型の船（al-markab al-mismār）：装釘型フレーム・タイプ（肋骨組み型）の船のこと。船を建造する時、最初に外枠となる肋骨材を組み立ててから側板を張り、そこに釘を打ち付けて止める。一方、縫合型船の船体構造はシェル・タイプ（貝殻型）と呼ばれて、最初に側板を張り、その後に枠組みとしての肋骨材を差し込み、側板と肋骨財をキンバールの細紐で縫うように止める。一〇世紀前半のアブー・ザイド・アル＝ハサンによると、ペルシア湾の国際港スィーラーフで建造された船はすべて縫合型船であり、インド洋海域で広く使用された。これに対して、装釘型船は地中海に特徴的な船であった（『中国とインドの諸情報』第二巻四一―四四頁）。

（16）インドから輸入された最良の船材はチーク材（*Tectona grandis*）であった。チークはインド亜大陸、東南アジアが原産地で、硬く、歪みや狂いが小さいため、家具材や船材として重用された（*Enc. Is.*［1955］8/732）。

（17） ムクルの木（al-muql）：ゴムの木の一種、テーベヤシのこと。その樹葉から船の帆が作られる。al-Idrīsī, 72, 84-85, 141, 206; al-Dīnawarī, 4/162；Agius, D. A.［2008］209；家島彦一［1993］四〇五頁などを参照。

（18） 邪神たち（al-ṭawāghīt）：ターグート（ṭāghūt, ṭawāghīt）はイスラーム以前のアラビアで信仰された神、邪神の類。『クルアーン』第二章第二五九節に《だが信仰なき者どもは、ターグートたちがその保護者、その手引きで光明から連れ出され、暗闇の中に落ちて行く。やがて地獄の劫火の住民となり、永遠にそこに住み着くことだろうぞ》とある。

（19）《刀剣を牛の腱（鞭）に代える刑罰》（yakūnu al-sayf dirrat-hā）：ディッラ（dirra）は〈牛の腱、筋、棍棒、鞭〉の意で、犯罪者を処罰する道具（Kazimirski, A. de B.［1960］1/682）。この部分は、第二代正統カリフのウマルは犯罪者を罰する際に、刀剣（死刑）ではなく牛（もしくはラクダ）の腱で作った鞭を使用して懲らしめたとの故事にちなんだ言葉。その意味は、地上において真っ先に処罰の対象とすべきほどの最悪の場所こそ、他ならぬアイザーブであるとのこと。

（20） 刑罰（hisba）：アラビア語でヒスバの一般的な意味は〈計算、予想の結果、精算、報い、罰〉であるが、神学においては神の真理（ḥaqq Allāh）のこと。イスラーム法ではアッラーの下す権利、すなわち刑罰およびその執行を意味する。地上においてアッラーの権利（ハック）を代行し、人の不正（ズルム）を監督して、矯正する社会的役割を担うのがムフタスィブ（muḥtasib）であり、とくに市場における公正な取引・治安やその他の都市生活を維持するために必要な諸問題に対処する人物は市場監督官と訳される。

(21) イブン・ジュバイルは、地上における最悪の地、アイザーブを通過せずにメッカへ赴く巡礼ルートとして、往路はバグダードを出発する巡礼キャラバン隊(al-rakb al-'Irāqī)と一緒にメッカに至り、復路も往路と同じくバグダードに戻り、そこからティグリス川に沿って北上、レバノン山脈を越えてシリア海岸の港アッカ、もしくはエジプトのアレクサンドリアに行き、そこから船でシチリア島経由、セウタに戻るルートを選択すべきであると提案している。

(22) アッカ('Akka):もしくはアッカー('Akkā)、アッコ(Acco)、アクル(Acre)とも呼ばれた地中海東岸の港。イブン・バットゥータは、一三二六年にアッカに着いた時、「町は廃墟になっていた。しかし、かつてのアッカはシリアにおけるイフランジュ(十字軍)国の首府であり、彼らの船の停泊港としても、あの大都市コンスタンチノープルと比較されるほど[の規模]であった」と述べている(イブン・バットゥータ、第一巻一九六頁)。一二九一年、十字軍の最後の砦のアッカはマムルーク朝の手に落ち、地中海東岸の十字軍国家の拠点は滅亡した(Yāqūt, *Mu'jam.*, 3/707–709; Le Strange [1890/1965] 328-334; *Enc. Is.* [1960] 1/341)。

(23) ブジャー(al-Bujāh):ブージャ(al-Būjat)、ベジャ(Beja)とも呼ばれる。北側はエジプト東部砂漠、東は紅海の沿岸部、西はナイル川とアトバラ川、さらに南はエチオピア高原にまたがる砂漠・山岳地帯で、とくにラクダとともに遊牧生活を送る民族集団。いくつかの集団に分かれるが、東部砂漠では主にアバーブダがクース〜アイザーブ道で運輸・交易に活躍した。彼らは、ほぼ同じ地域を生活圏としたクダーア・アラブ(Banū Quḍā'a)系のバリー(Balī)、ジュハイナ(al-Juhayna)と交易ルートを巡って対立関係にあった。併せて、前掲注(6)、(10)を見よ。

(24) タウヒード（tawḥīd）：原義は〈一つにすること、一つであること〉で、イスラームの教義の根幹をなすアッラーの唯一性を信じること。信仰告白（シャハーダ）では、最初に《アッラーの他に神はない》の言葉を表明する。

(25) ダーウード（ダヴィデ）の子息、スライマーン（Sulaymān b. Dāʾūd）：ダーウード（ダヴィデ）はエルサレムを都としたイスラエルの王。諸国を併合して、その領土は北はダマスカスから南はナイル川東岸までまたがっていた（在位前九九七頃—前九六六頃）。スライマーン（ソロモン）はその子で、王位を継いだ（在位前九六七頃—前九二二頃）。スライマーンがイフリート（妖怪）を閉じ込めるための牢獄をアイザーブに設けたとの伝承は史実であるか確かではないが、アイザーブの生活環境が特別に厳しいことの譬えとして説明された。

(26) イフリートたち（ʿAfārīt）：イフリート（ʿIfrīt）はジン（精霊団）に属する妖精（妖怪）の一種で、シャイターン（Shayṭān）やイブリース（Iblīs）と同一視される。『クルアーン』第二七章第三九節に《すると精霊《ジン》団に属する一妖精（イフリート）、「貴方が御座から立ち上られる前に、私が取って参りましょう。それしきのこと私にはいとたやすいご用でございます」と申し出た》とある。

(27) アカバ・アイラ（ʿAqabat Ayla）：アカバは〈地峡、峡谷、山越えの道、峠〉の意。現在のエイラト港の北端に位置するジャバル・ウンム・ヌサイラ（Jabal Umm Nuṣayra）の峡谷を指す。現ヨルダンのアカバ港の名前はこれに由来する。この峡谷を越えると、エジプト巡礼道は紅海沿いに一路南下し、マアーン、ヤンブウ、ラービグを通過し、ラービグの境で巡礼のための浄めの儀式を行って、イフラーム（清浄）の状態になり、メッカを目指した。

(28) トゥールの山（Jabal al-Ṭūr）：シナイ半島中央部にあるムーサー山（二二八五メートル）のこ

と。シナイ山ともいう。

(29) あの嘆き悲しむべき［カラクの］要塞（ḥiṣn mandab）：死海の東側に位置する要塞、カラクのこと。十字軍はここにクラク要塞（Crac des Chevaliers, Ḥiṣn al-Akrād）を建設して、エジプト～シリア～メッカの間の交通を遮断した。そのため、エジプトやマグリブ地方から来たメッカ巡礼者たちはナイル川を遡り、クース～アイザーブ道を通り、紅海を横断、ジッダ経由でメッカを訪れた。併せて、五七九年ムハッラム月の注（21）を参照。

(30) エジプトのカイロ・フスタートを起点として、メディナとメッカに達する巡礼道は、大きく分けると三つのルート、すなわち①イブン・ジュバイルの通過したクース～アイザーブ道を通り、アイザーブから船で紅海を渡り、ジッダで上陸後、メッカに至る、②フスタートを出て、カリフの運河（Khalīj Amīr al-Mu'minīn）に沿ってビルバイス、クルズム（スワイス）、アカバ・アイラを経て、アラビア半島西岸沿いに南下し、メディナとメッカに至る、③フスタートを出て、カリフの運河に沿ってビルバイス経由、クルズム（スワイス）に出て、そこから海路、シナイ半島の東岸沿いに船で南下、ジャールもしくはジッダ、あるいはヤンブウで上陸、メディナ、メッカに至る道があった。イブン・ジュバイルの時代には、十字軍の勢力がアカバ・アイラからシナイ半島にまで拡大していたので、②と③の二つのルートの通行には危険が伴った（家島彦一［2013］四二―四六頁）。

(31) 風の端綱（qayyād al-rīḥ）：ここでは風が緩むことは、すなわち馬の手綱を緩めることと同意に譬える。

(32) 〔……〕の部分は写本の欠損部分で、判読不可。おそらく〔が正しく導かれると〕（yahdī）の一語が入るものと思われる。

（33） その船のルッバーン（rubbān al-markab）：語源はペルシア語のラーフ（rāh）とバーン（bān）の合成語で、原義は道の支配者、船の水先案内人、航海に長けた人、船長、船団長のこと。とくに紅海の水先案内人を指す言葉。『中国とインドの諸情報』第二巻二四頁；ブズルク・ブン・シャフリヤール、第二巻三四八頁を参照。

（34） 船の海難の島（jazīrat ʻā'iqat al-sufun）：ウブハル（Ubuḥar）の北に位置するラァス・ハーティバ（Ra's Ḥāṭiba）沖の珊瑚礁の一つを指す。

（六）｛五七九年｝第二ラビーウ月

アッラーよ、われらに御利益を授け給え！

第二ラビーウ月の［初日を示す］新月は、土曜日の夜に昇った。ちょうどその時、われわれはその同じ島に滞在していたが、同夜は嵐のため、新月は実際には見られなかったが、続く翌日の夜に大きく高く昇っている月が望まれた。そこで、われわれは同月の新月が前述の土曜日の夜、すなわち［異邦暦］七月の二三日目であることを確認した。そして、その翌日曜日の夕方に、われわれ［の船］は〈ウブハル〉[1]という投錨地に停泊した。そこはジッダ[2]から一日足らずのところにあり、［船の］停泊する条件としては最高に素晴らしい投錨地の一つであった。つまり、海からの湾処《わんど》が陸地に向かって［深く］入り込み、陸はその両端を海によって囲まれているところにあるので、複数のジャルバはその入江を通って、［外洋の荒波から］守られた波静かな湾内に錨を下ろすことができる。その翌日、月曜日の夜明けになると、早速、われわれは、いと高きアッラーの御加護により、弱い風に乗って、そこから出帆した。まことに、アッラーは[万事を]容易になし給う御方であり、アッラー以外に主はあらせられない。そして、夕闇迫る頃、われわれはジッダから近いところに投錨し、その時、ジッダはまさにわれわれから目で見渡せる範囲内にあった。ところが、その翌日の火曜日の朝、われわれ[が海上で停泊している地点]とジッダの投錨地の入口とを結ぶ[追い]風が[逆風に]変わり、しかも[周囲の海域には]数多くの珊瑚礁がびっしりと絡《から》まった状態にあったため、[一刻も早く][ジッダの]投錨地に入りたいという[われわれの切なる]望み[を遂げること]は難しかった。[そうした条件のなかでも、]珊瑚礁を通過する間に、ジャルバを操っている当の船頭たちや水夫たちの仕事がいかに苛酷なものであるかをわれわれは目の当たりにしたが、彼らは[珊瑚礁の]狭くなったところに沿ってジャルバを進め、まるで騎手が駿馬を巧みな手綱《たづな》捌《さば》きで操るかのように、珊瑚礁の隙間[の狭い通路]に導き入れていたが、そうした点では筆舌に尽くし難いほど絶妙な操り方であった。

こうして同じ第二ラビーゥ月の四日目、火曜日の正午、すなわち[異邦暦]七月の二六日目に、われわれのジッダ上陸は、まことに至高・至大なるアッラーを讃えるべきことであり、われわれが[アイザーブを出港してから]海上に滞在していたこの八日間を通じて体験した恐怖から[やっと解放されて]安全・無事であったことを心から感謝した。その間、さまざまな恐怖[の連続する日々]であったが、まことにアッラーは[われらへの]御慈愛と寛大なる御処置によって、いつもそうした恐怖からわれわれをお救いになられたのである。それら[海上での］恐怖の一つとしては、海［の厳しい条件］に起因して突如として発生したこと、［例えば、］海風の［複雑な］変化とその海で［船の］行く手を遮る数多くの珊瑚礁によるものであった。また別の恐怖として、［ジャルバ］船の装備自体に欠陥があることに起因するものや、帆を上げたり、下ろしたり、また複数の錨のうちの一つを引き上げる際［など］、次から次に生じる船の欠陥や破損［など］によるものであった。ジャルバがそれらの珊瑚礁を通過する間に、その船底が暗礁の一部に［接触したため］故障が生じて、もはや絶望かと思わせるような［ガリガリと］壊れる音を耳にした時、われわれはジャルバの中で何度も死ぬかと思い、また時には生還したと思ったことか。だが、［アッラーは危険な状態の時、いつも］救いの手を差し延べられたこと、そして［危険を避けるための］防御と保護をいつも保障してくださったことに対しても、ご満足いただけるかぎり［繰り返して］、アッラーを讃え奉り申し上げます。さらには、［今後の旅においても同じように、］御威光と御稜威によって、アッラーがより一層の御助力をお授けになられますように切にお願い申し上げます。アッラーを除いて、他にいかなる神もあらせられない。

　そして、ジッダにおけるわれわれの宿泊先は、軍司令官《カーイド》のアリー、つまり先にも述べたあのメッカのアミール［＝ムクスィル・ブン・イーサー］から差し向けられたジッダの支配者[3]の［所有する］館の一つであり、そこの［屋上の］ナツメヤシ造りの堂々としたその建物の一棟[4]であった。一般に、彼ら［ジッダ住民］はそうした［ナツメヤシ造りの］建物を自分たちの館の最上階に建て、［夜間に］人たちは館の中から屋上に出て、そこで寝るのを習わしとしていた。われわれは、このジッダに到着した時、今までこうして無事・安全をお授けになられた至高・至大なるアッラーに対する御恩を心に深く留めなければならないと思いつつも、われわれ［の通った往路］とそれ以外の道路が全くないという止むに止まれぬ事情がないかぎり、［二度と］この呪われた海を経由することだけは絶対に避けたいものだと切望した。まことにアッラーこそは、その御稜威によって、正しいことであると判断を下され、また望みを容易に叶えさせるべきとお約束になられたすべてのことについて、最も優れた保護者《ワリー》であらせられる。

このジッダは、上述した海［、アイザーブの海］の岸辺に臨む一つの村で、そこの家屋の大部分はナツメヤシの樹葉［で作られたもの］である。その村には、石と粘土で造られた数軒の宿泊施設（フンドゥク）があって、その宿泊施設の屋上にはまるで東屋《あずまや》のようなナツメヤシの樹葉の粗末な小屋が設置され、そこに屋根が葺かれているので、［人は］夜間に［蒸し］暑さを避けてそこで休むことができる。この村には、かつての古代都市であったと思われる古い遺跡群⑸があり、村を取り囲む［旧都市の］市壁の旧跡は現在もなお残されている。そこには、一つの由緒ある堂々とした高さを誇る円蓋堂が置かれた場所があって、伝えられるところでは、人類の母、ハウワー（イヴ）――アッラーよ、彼女に祝福を授け給え！――がメッカに向かった際に宿泊した場所⑹（休み所）であったとのことである。その建物はアッラーの御利益と恩寵［がよく叶えられること］で［人びとの間で］広く知られており、そこの［場所の］脇に建てられているが、そのことが真実であるかはアッラーのみご存じであらせられる。

　ジッダには［第二代正統カリフ、］ウマル・ブン・アル＝ハッターブ――アッラーよ、彼に祝福を与え給え！――ゆかりの祝福されたモスクと彼のもう一つ別のモスクがある。後者のモスクもまた、彼(7)（ウマル）――アッラーよ、彼に祝福を与え給え！――ゆかりのもので、そこには黒檀の木材で造られた二本の柱がある。なお、彼ら［ジッダ住民］の一部の者は、そのモスクは［アッバース朝のカリフ＝］ハールーン・アッ＝ラシード――アッラーよ、彼に御慈悲を与え給え！――に由来するものであると伝えている。

　この［ジッダの旧］市街とそれに隣接する砂漠や山岳地帯に住む人たちの大部分は、アリー家の人たち、ハサン家の人たち、フサイン家の人たちとジャウファル家の人たち――アッラーよ、これらの神聖なる先祖を持った人たちに祝福を与え給え！――といった、高貴なる血統の人（シャリーフ）たち(8)［の子孫］である。しかし、現実の彼らは、哀れなことに［岩石や氷塊のごとき］硬質な物質でさえ打ち砕くほどの［厳しい］条件のもとで、苦難の生活を送っており、［彼らのうちで］ラクダを所有していれば、そのラクダを賃貸し［して稼ぎとし］たり、あるいはミルク、飲料水やそれ以外にも、地面から拾い集めたナツメヤシの果実を売り、あるいはまた薪を集めて売るなど、彼ら自身がありとあらゆる職業に携わることで、生きるための［最低限の］生活を送っている。また時に、彼らの高貴なる血統を引く女たちでさえも、自らがそうしたことに従事することもあった。有り難や、何事をお望みになられるも、意のままになし給う御方を！　まごうことなく、彼らこそ、アッラーが彼らのための来世を嘉慶するであろうが、反面、彼らのために現世での満足［な生活］をお与えにならなかった、他ならぬ〈御家の家族〉（預言者の一族）である。アッラーよ、彼らから汚れを取り去り、そして彼らを浄化し給うた〈御家の家族〉を敬愛して止まぬ人たちの一人に、われらも一緒に加えられるよう願っております。

さて、この市街の外側には、まさしくその遺構の古さを物語っていると思われる年久しいいくつもの建造物がある。伝えられるところによると、そうした建造物はかつてのペルシア人の諸都市のうちの一つであり、そこには堅い石を穿《うが》った貯水槽があって、しかもその貯水槽の一つひとつは［地下で］数え切れぬほど多くが互いに連結している。[9] 他ならぬそうした貯水槽は市街の内側と外側のいずれにもあって、彼ら［住民］が主張するところによれば、その市街地の外側には三六〇ヵ所の貯水槽があり、市内にもそれとほぼ同数のものがあるという。［それ以外にも、］われわれは実際に数えられないほど多く集まったものを目撃したが、とにもかくにも、［世に］不可思議な所与の事柄は数多く存在するものであるが、ああ有り難や、それらについて［すべてを］お知りになる御方（アッラー）に讃えあれ！

一方、このヒジャーズ方面とそれ以外の住民の大部分は、真の信仰［イスラーム］に属さない複数の分派と党派《シーア》の人たちであり、さらにさまざまな法学派《マズハブ》に分かれている。彼らこそは、［キリスト教徒やユダヤ教徒などの］啓典の民（庇護民）［の扱い］に対しては必ずしも誤解といえないが、「選りに選ってムスリムたちのなかの敬虔なメッカ」巡礼者については誤った考えを抱いている。すでにこれまでに、彼らは巡礼者から集められる限り多くの穀物を没収したり、略奪の限りを尽くしたり、さらには巡礼者たちが自らの身に付けて外部から持ち込んだもの（金銭や宝石類）についても強引に奪い取っていた。したがって、アッラーが巡礼者を無事に故郷へお戻しになられるまで、巡礼者は彼らと関わるなかでいつも損害と災難を負わされ通しであった。そして、もしもアッラーが「スルタン＝」サラーフ・ウッ＝ディーンの助けを借りて、この方面にいる「不当な」ムスリムたちを正しく導くことをなされなかったならば、巡礼者たちにとって、それらのことが原因で一体全体どのような結果が生じていたかは分からず、その厳しい状況はいっこうに和らげられずに事態をさらに不正・不当なものとしていたであろう。それであるからこそ、サラーフ・ウッ＝ディーンは巡礼者からの「徴収される」マクス税（雑税、市場税）を撤廃し、それに代わって金銭と食べ物を与えようとして、メッカのアミール＝ムクスィル(10)のもとにその二つのこと（マクス税の撤廃と金銭および食糧の提供）を実践するよう命令を下したという訳である。ところが、巡礼者たちのために約束で決められたその義捐金が「メッカの」人たちのもとに到着するのが遅延した時、このアミールは、再びマクス税の名目で巡礼者たちに多大な恐怖を与え、槍を突き出して脅迫「して税を徴収」するほどに酷くなった。われわれがジッダに到着したのは、「運悪く」たまたまそのことが起こった時と重なった。したがって、例のメッカのアミール＝ムクスィルと「ジッダの軍司令官《カーイド》、アリーとで」手紙のやり取りがなされている間、われわれはそこ［ジッダ］で足留めを食らってしまったのである。その結果として、「［身の安全について、］巡礼者は互いに自己責任の上で、アッラーの聖域《ハラム》［メッカ］に入るべし」との［メッカのアミール＝］ムクスィルの指令が届いた。サラーフ・ウッ＝ディーンからメッカのアミール＝ムクスィルに宛てた金銭と食糧が［遅れず］無事に届けば、それで万事解決するのだが、それが届かなかった場合には、「彼（サラーフ・ウッ＝ディーン）からの［支払われるべき］金銭の代わりに、巡礼者から取ったにすぎないのだ」と、アミールは言い逃れしたであろう。このことはアッラーの聖域がまるでアミール個人の相続［した所有物］であるかのごとく考えている彼の巧妙な手口であり、巡礼者から［一時的に］それ（金銭）を借用したのだから、アミールにとっては［イスラーム法の上でも］合法的に許されるべきとの解釈に基づいている。ああ有り難きかな！　そうした［悪しき］旧習を変えさせ給うた御方［、アッラー］、それに代わるものをもたらし給う御方［、アッラー］を誉め讃えん！　ところで、サラーフ・ウッ＝ディーンが巡礼者の［支払う］マクス税の代わりに、アミールのために負担したものは金貨二〇〇〇枚と小麦二〇〇〇イルダッブ[11]――それはわれわれによる［度量衡の基準である］セビリア方式の計量桝《ます》[12]では約八〇〇カフィーズ[13]に相当する――であり、その他にもいくつかのイクター所有地［からの収益金］が当てられた。つまり、スルタンはこの［代償］規定に基づいて巡礼者たちのために、上エジプト（エジプトのサイード地方）とイエメン方面にイクター所有地を指定した[14]のである。

もしも、この公正なるスルタン、サラーフ・ウッ＝ディーンが、ちょうどその当時、シリア方面に滞在して、そこでのイフランジュ（フランク十字軍）との戦闘中のため［忙しく、カイロに］不在であったならば、巡礼者に向けて発布されたものは決してこの上述のメッカのアミール［＝ムクスィル］から出されることはなかったであろう。アッラーの国々（地上にあるイスラーム諸地域）で、刀剣（力の行使）によって浄め、アッラーの道（イスラーム信仰）のために流されるべき［殉教者の］血によって不浄・不潔なものを洗い落とされるべきことで、［アッラーの権利の］最も合致した［神聖な］ところは、他ならぬこのヒジャーズ地方である。ところが一体全体、なにゆえに、彼ら［メッカの人たち］がイスラームの絆《きずな》を解き、彼らの血（武力や暴力）をもって巡礼者の金銭を不法に巻き上げることが正当なこととして許されるべきであろうか！　アンダルス出身の法学者たちのなかには、［巡礼者への］このような［不当な］義務は当然取り消すべきであると主張する者がいるが、そうした人の考え方は、この理由からも正当であるといえよう。すなわち、巡礼者に関わることで引き起こされた［不当な］ことのすべてについて、至高・至大なるアッラーは、決してご満足なされていないからである。この［アッラーの正しい］道（巡礼路であり、同時に信仰の道）を辿って行く者（巡礼者、敬虔な信者）は、［時には］危険に遭遇することもあり、また危険（損害）を被る人たちでもあるが、まことにアッラーはいつも博愛の精神をもって、その旅の途中でこのような状況に陥らないように、いつも強くお望みになっておられるのである。だが、現実にはどうだろうか！　今や、〈アッラーの御家》(メッカにあるカアバ神殿)は「そこに集まる巡礼者たちに対して」不法行為を食い物にした「不届きな」輩《やから》たちが権勢をほしいままにするところとなってしまい、彼らは決して法的には許されない金銭を収奪し、しかもその金銭を自分たちのものであると権利を主張し、巡礼者たちから金銭を没収する対象物としてそれ(アッラーの御家)を勝手に利用しているような有様であるから、巡礼者たちはいつも服従を強いられ、惨めな状態にさせられているのが現状である。アッラーよ、どうかすぐにでもそうしたことを汚れなきものに改め、ムワッヒド家の人たち、すなわち真の「イスラーム」信仰の勝利者たちであり、同時にアッラーの同盟者たちである剣によって、ムスリムたちからこうした不正な異端行為を除かれるよう、切に望んでおります。そもそも、彼ら「ムワッヒド家の人たち」こそは真理と正義の所有者、至高・至大なるアッラーの聖域の保護者、不信心な者を除去する[役割を担った]人たちであり、さらにはアッラーの御信言を高々と掲げて、アッラーへの祈念を宣言し、アッラーの信仰箇条に支援を送り続けている人たちである。《まことに、アッラーこそは御心のままに、すべてを可能にする御方におわします》(『クルアーン』第二章第一九節、第一〇〇節)。そして、《まことに、こんな有り難い守護者はない。こんな有り難い助け手はない》(『クルアーン』第八章第四一節)[16]。

そもそもマグリブ地方にしか「本来の正しい」イスラームが存在しないということは、以下のような理由によって明々白々たる正当なことであろう。なぜならば、かの「マグリブ」地域の人たちこそは「マシュリク(東方イスラーム地域)の人たちと違って、信仰の」分枝(支脈)

ではなく、明白なる幹[17]（本道）に従っているからである。今や、そのようなことはマグリブを除いて、このマシュリクの方面では全く見られない。マシュリクに住む人たちのうちでも、例外として至高・至大なるアッラーに保護された［正しい信仰に生きる聖者や修行者のような］人たちもいるが、その他のすべてのマシュリクの人たちは利己心やビドア（イスラーム的に正しい道から逸脱した考え方、行為や物品など）に溺れており、正道を踏み誤った分派や党派に従っており、加えてそこには公正さもなければ真理もなく、勝手気ままに真正な［イスラーム］信仰ではないものに従っているといった［惨澹たる］状況なのである。一方、ムワッヒド朝の人たち――アッラーよ、彼らに一層の栄光を与え給え！――のもとでは、唯一例外であり、彼らこそ当代における最後の公正なる指導者（イマーム）たちであり、他方、彼らを除く今日における［マシュリクの］諸王のすべてについては、いずれも正しい方法・手段によらずに、まるで［キリスト教徒やユダヤ教徒たちのような］啓典の民を扱うのと同じように、ムスリム商人たちから十分の一税を徴収し、しかもありとあらゆる奸策や手段を弄して、ムスリム商人たちの金銭を奪い取り、前代未聞ともいえるいくつものの不正（ズルム）手段を使っている状況である。しかしながら、この公正の人、スルタン、サラーフ・ウッ＝ディーンに限っては別格扱いであろう。サラーフ・ウッ＝ディーンの［輝かしき］行動と功績についてはすでに説明したとおりであるが、もしも、実際に今、私が望んでいる｛……[18]｝支援が彼によってなされたならばそれで十分であるが、何にせよ、至高・至大なるアッラーがその素晴らしき神慮と心優しき御業行とによって、ムスリムたちを正しい道にお導きになられることを切にお願い申し上げたいものである。

ムワッヒド朝の敬虔なる祈願[19]のこと、その祈願の言葉［の具体的な内容］がこの地方に広がり、［それによって］住民がその［ムワッヒド朝の］支配・統治に理解を示している事実について、われわれが実際に経験した驚嘆すべき、次のようなことがあった。そこの住民の大部分、否、彼らの全員は［、最初、］そのことをひそひそ話で語っていたが、やがてそのことは彼らの間で公然と語られ、さらには彼らの一部の者の間では、ある何かの事実を警告するいくつかの具体的な事件の予兆ではないかと、それを関連付けるようになった。その結果、彼ら［のある者］はその予兆が真実であると確信した。なぜならば、その人たちによると、そのことで告げられた前兆の一つとして、次のことがあったという。［ミスルにある］イブン・トゥールーンの金曜大モスク[20]とカイロとの中間の位置に、古ぼけた造りの互いに隣接して建つ二つの塔があるが、その一方の塔の上にはマグリブの方角を見ている一つの人物像があり、もう一方［の塔］にはマシュリクの方角を見ている別の人物像があった。そこで、彼らは、もしもその二つ［の人物］のうちの一方の像が［塔の］上から落下したならば、その像が見ていた方向の人たちによって、エジプト地方およびその他が征服されると警告した。すると、驚くべき一致であるが、マシュリクを向いていた人物像が実際に倒れて、［マシュリクから来たアイユーブ朝の率いる］グッズ族［の軍隊］がウバイド家の王朝（ファーティマ朝）を征服し[21]、彼ら［グッズ族］

によるエジプト地方とその他の地方を支配する事態と相成ったという訳である。そして、今や、彼らは西の方［を見ているもう一つの］の人物像が落下し、アッラーの御意思に従って、次には［ムワッヒド朝の］人たちによってそこの住民が支配される［政権の］転覆を待望しており、ただただ［未来に］幸運をもたらすためにはこの地方へのムワッヒドの人たちの支配だけしか残されていないと考えているのである。したがって、彼らは［未来に］そのことによって清涼の朝が訪れることを待ち望み、そのことは本当に起こるのだと確信しており、その約束事が現実のものとなるということに何の疑念を差し挟むこともない［確かな］時が来ることを待ち望んでいる。われわれはそれに関連することで、実際に経験したことであるが、アレクサンドリアとミスル（フスタート）およびその二つ以外のところでも、実に不思議なことだと言って、［人が］噂したり、実際にしゃべっているのを小耳に挟んだりした。以上、この［アッラーの］限りなき御権能の事柄は、アッラーが正当な権利として命ぜられたことであり、またアッラーの正真正銘の主張であることを証拠立てている。われわれに語られたところによると、上述したこの地方の法学者たちの一人であり、そこの指導者たちの中のある人物は、われらの主、敬虔なる信徒たちの長（ムワッヒド朝のカリフ、アブド・アル＝ムゥミン）――アッラーよ、彼の権勢を一層高からしめ給え！――の面前での定立の儀（キヤーム）のために用意した説教において、雅美なる言葉でそのことをすでに明確に宣誓したとのことである。その際に、彼はその日を〈歓喜の日〉（復活の日）であると期待し、まさしくそのことこそが［アッラーへの］服従《イバーダ》であると辛抱強く喜びを期待していた。至高・至大なるアッラーよ、それ（ムワッヒド朝の権威）の言葉を広げ、それを宣誓として高らかに掲げられますように、切に望んでおります。《まことに、彼はお望みになられたすべてのことをなし給う御方》。

　われわれのジッダからの出立は、他ならぬ同月の一一日目、火曜日の夕刻、つまり［異邦暦］八月の二日目であった。出立に先立って、その指令（メッカに向かうことの許可証）がアリーの政治権力者であるメッカの支配者、つまり上述のムクスィル・ブン・イーサーから届いたことにより、巡礼者たちは互いに安全を保障し合い、彼らの名前がジッダの軍司令官、アリー・ブン・ムワッファクの手元の帳簿にきちんと記録されていることを確認した。この男、ムクスィルはハサン・ブン・アリー――アッラーよ、この二人に祝福を与え給え！――の後継子孫であるが、篤信者にあらざることをする人物であり、したがって、彼の高貴な祖先の人たち――アッラーよ、彼らに祝福を与え給え！――に名を連ねるに値しなかった。

　さて、われわれはその夜、旅を続けて、日の出と同時にクライン[22]に着いた。この場所は、他ならぬ巡礼者の宿営地の一つ、彼らの鞍袋を降ろす場所である。そして、その地点からイフラーム（巡礼用の白衣）をまとい、彼らが朝を迎える、まさにその同じ日にそこで休息をとり、そして、宵の祈りの時間になった時、起き上がり、夜の旅を続け、朝になって高貴なるハラム（メッカとカアバ神殿）――アッラーよ、そこに一層高貴さと偉大さを加え給え！――に着くという手順になっている。一方、巡礼［の義務を果たした後、ハラム］から戻ってくる人たちもまた、クラインで宿営し、そしてそこからジッダへと夜の旅をする。この同じ場所には真水が湧き出る一つの井戸があり、そのために巡礼者たちはハラムまで達する夜の旅の一晩［分の量］を除き、それ以上の飲料水を補給する必要はない。

そこで、われわれは同じ水曜日の真っ昼間をクラインで休息しながら時を過ごし、宵の礼拝の時刻になって、そこからウムラ（小巡礼）によるイフラームの白衣をまとった状態[23]で出発し、その夜の旅を続けた。その結果、夜明けとともにハラムの近くまで至ったので、われわれは暁光が空に広がるのを期待しながら、停止した。

かくして、われわれは同じ［第二］ラビーウ［月］の一三日目、木曜日、すなわち［異邦暦］八月の四日目、第一の刻にウムラ門[24]を通ってメッカ――アッラーよ、そこを守護され給え！――に入った。まさに満月が荒野にその光を降り注ぎ、夜はすでにその［闇の］面紗をわれわれから剝ぎ取ったなかを、夜の旅を続けた。その時、あちこちから「ラッバイカ、ラッバイカ[25]」と繰り返し唱える声が耳を打ち、［人びとの］アッラーに功徳の施しを願う祈りの声が騒がしいほど響いていた。時に、その祈りの声はラッバイカの言葉で［波のように］強くなり、また時として、アッラーへの祈願［の声］を激しく響かせていた。おお、何という夜よ！　その素晴らしきこと、まるで雌鳥の卵のごとき［満月の］夜よ！　なぜならばそれはまるで結婚初夜の花嫁であり、世の乙女たちのなかの選り抜きの処女のごとき夜であったからである。やがて、われわれは、同日の同じ時刻に、偉大なるアッラーのハラム[26]、神の親友（ハリール）イブラーヒ

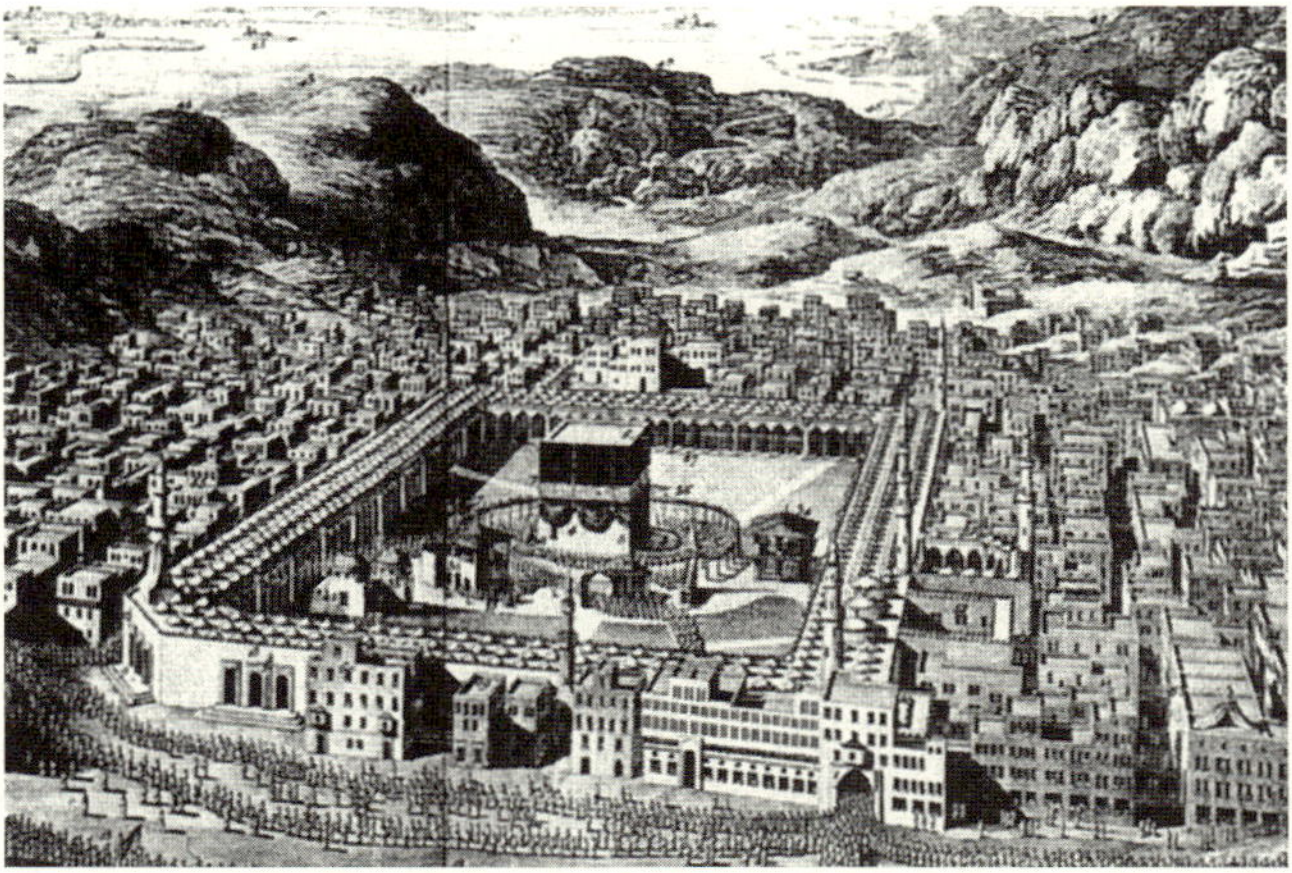

図15　聖モスク（al-Masjid al-Ḥarām）およびカアバ神殿を中心としたメッカ市街図。1790年に描かれたペン画。一部は想像によって描き加えられている

ームの住み処[27]に到着した。その時、われわれの見た聖なる御家、カアバ［の御姿］は、まるで嘉賞《リドワーン》の園《ジャンナ》（花婿の家）へと導かれて行く、面紗を脱ぎ去った花嫁のようであり、ラフマーン神[28]のもとに到着の人たち（メッカ巡礼団）に取り囲まれていた。そこで、早速、われわれは［無事の］到着［を感謝するため］のタワーフ[29]を行い、次に聖なる［イブラーヒームの］御立処《マカーム》[30]で祈り、ムルタザム[31]のもとでカアバの垂れ幕《キスワ》にすがりついた。なお、ムルタザムとは黒石と［カアバ神殿の］入口との中間に位置して、まさにそこはダウワ（アッラーへの祈願）が聞き届けられる場所のことである。そして、われわれはザムザムの円蓋堂[32]に入り、そこの水を飲んだ。そもそも、それ（ザムザ

ムの水）は彼［、預言者ムハンマド］――アッラーよ、彼に祝福と平安を与え給え！――が［伝承のなかで］申されたように、［飢えや渇きの時も、治癒のためにも］いかなる状況にもよく効く［万能薬である］[33]。その後、われわれはサファー［の丘］とマルワ［の丘］との間の早足の行[34]（サアイ）を済ませ、次に髪を剃り、巡礼の衣を脱いだ。ああ有り難や、アッラーに！　アッラーの御元にわれわれを無事到着させてくださり、イブラーヒームの喚び掛け[35]（ダウワ・イブラーヒーミーヤ）がアッラーまで到達できる仲間の一人となされたことに！《アッラーさえあれば、それで十分。アッラーこそは、まことの保護者であらせられる》（『クルワーン』第三章第一六七節）。

そして、われわれのそこでの滞在は、ハラム（カアバ神殿）から近く、しかもハラム（聖モスク）の諸門の一つのスッダ門[36]からも近い、〈ハラール[37]〉と名づけられた館（ダール）でであった。その館の多くの部屋には、日々の生活に必要な設備が備わっており、ハラム（メッカ市街）を見下ろし、同時に聖別されたカアバ［神殿］を見下ろす位置にあった。

（六）〔五七九年〕第二ラビーウ月訳注

（1）ウブハル（Ubhar）：ジッダから北に二五キロメートル、シャルム・ウブハル（Sharm Ubhar）の深い入江の中ほどにある海浜の村。ジッダに向かう船の一時寄港地（*Western Arabia.* ［1946］130–131）。現在のウブハルは、ジッダ市街の一部に含まれる。

（2）ジッダ（Judda）：慣用ではジッダであるが、正しくはジュッダ（Juddah）。紅海に沿った現サウジアラビアの港で、メッカから西七二キロメートルの距離にある。かつてはラグーン（礁湖）の中の小島であったが、のちに陸続きとなった。アイユーブ朝やマムルーク朝の時代には巡礼港として、またエジプト、イエメンや東北アフリカの諸港とも結ばれた国際交易港として栄えた（Yāqūt, *Muʻjam.*, 2/41; *Enc. Is.*［1965/1991］2/571–572；イブン・バットゥータ、第三巻一一四―一一五頁）。

（3）先にも述べたあのメッカのアミール［＝ムクスィル・ブン・イーサー］から差し向けられたジッダの支配者（ṣāḥib Juddat min qibal amīr Makka al-madhkūr［Mukthir b. ʻĪsā］）：すでに校訂者が指摘しているように、これまでの記述にメッカのアミールのことは一度も言及されていないので、「先にも述べた（madhkūr）あのメッカのアミール……」の表現は該当しない（Wright, W.［1907］75, *note* d）。テキストの madhkūr の部分は、明らかに「メッカのアミール、ムクスィル（Mukthir）」と正すべきであろう。後述するように、当時、メッカを治めていたアミール（アイユーブ朝のサラーフ・ウッ＝ディーンによって任命されたヒジャーズ地方の総督）はムクスィル・ブン・イーサー・ブン・フライス（Mukthir b. ʻĪsā b. Fulayth）であり、ジッダの軍司令官アリーは彼からの指令に従って巡礼者たちから通行税を徴収した。ムクスィルについては、併せて後述注（10）を見よ。

（4）ナツメヤシ造りの堂々とした建物の一棟（ṣarḥ min tilka al-ṣurūḥ al-khūṣīya）：サルフ（ṣarḥ, ṣurūḥ）は〈宮殿のように聳え立つ立派な建物〉の意。フース（khūṣ）は〈ナツメヤシの樹葉〉、フーサ（khūṣa）はナツメヤシの葉を乾燥させて縄で茣蓙《ござ》状に編んだもので、帽子、部屋の仕切りや屋根を葺《ふ》くために用いられる素材。紅海沿岸の地域では、夏季には高温多湿なため、人びとは夜間に建物の屋上に設置されたナツメヤシの葉で組み立てた仮小屋で寝るのを習わしとした。

（5）古い遺跡群（āthār qadīma）：イブン・アル＝ムジャーウィルが伝える伝承によると、ペルシア湾の国際交易港スィーラーフ（Sīrāf）の出身者はジッダに移住し、石灰モルタルの市壁を巡らした町を建設した。スィーラーフ出身のペルシア系商人たちは、おそらく八世紀半ば頃、ジッダに商業居留地を築いたと思われる。一〇世紀初頭のアブー・ザイドの記録によると、スィーラーフの船はジッダに入港し、彼らの運んできた積荷はそこからクルズム船（紅海で用いられる平底の縫合船、ジャルバ）に積み換えられて、エジプト方面に運ばれた（『中国とインドの諸情報』第二巻八四頁）。

（6）人類の母、ハウワー（イヴ）がメッカに向かった際に宿泊した場所（manzil Ḥawwāʾ umm al-bashar）：ハウワーは『旧約聖書』ではアダムの妻であり、人類最初の女性、イヴ（エヴァ）のこと。命あるすべてのものの母に与えられた名前。ジッダにあるハウワーのモスクについては、家島彦一［2006］六三四―六三六頁を参照。

（7）黒檀の木材で造られたモスクは、一般には〈黒檀の大モスク〉（jāmiʿ al-abnūs）と呼ばれた。イブン・バットゥータによると、そこは霊験あらたかなことで知られ、祈禱によって願いがよく叶えられたという（イブン・バットゥータ、第三巻一一五頁）。このモスクについては、一六世紀の説教師、アブド・アル＝カーディルの記録に詳しい（ʿAbd al-Qādir, 65-66；家島彦一［2006］六三四―六三六頁）。

（8）高貴なる血統の人（シャリーフ）たち（ashrāf）：シャリーフ（sharīf, ashrāf）は聖なる家族、高貴な人たちのことで、預言者ムハンマドの一族とされる人びとが帯びる栄誉ある称号の一つ。ムハンマドの直系子孫およびその一部の傍系親族が含まれる。〈御家の人たち〉（アフル・アル＝バイト）と同意。彼らは預言者の美徳を受け継ぐ人たちであって、その血統はとりわけシーア派やスーフィーたちの間で重要な意味を持った。アリーの直系子孫の人たちは〈アリー家の人たち〉（ʻAlawīyūn）、アリーの二人の子息であるハサンとフサインの直系子孫の人たちはそれぞれ〈ハサン家の人たち〉（Ḥasanīyūn）、〈フサイン家の人たち〉（Ḥusaynīyūn）と呼ばれた。

（9）ジッダの市街にある古い遺跡と同様に、その外側にある建造物と貯水槽もまた、スィーラーフからの移住者たちによって建設されたと考えられる。前掲注（5）を見よ。この部分は、イブン・バットゥータによって引用されている（イブン・バットゥータ、第三巻一一四頁）。

（10）メッカのアミール＝ムクスィル（Mukthir amīr Makka）：ムクスィル・ブン・イーサー・ブン・フライス・ブン・カースィム・ブン・ムハンマド・ブン・ジャアファル・ブン・アブー・ハーシム・アル＝ハサニー（Mukthir b. ʻĪsā b. Fulayth b. Qāsim b. Muḥammad b. Jaʻfar b. Abū Hāshim al-Ḥasanī, アミール在位一一七六―一二〇三）のこと。

（11）イルダッブ（irdabb）：もしくはアルダッブ（ardabb, arādib）。穀粒などの乾量の一単位。一イルダッブ＝〇・三五カフィーズ＝九〇リットル。一五世紀のエジプトでは一イルダッブ＝六ワイバ＝九〇リットル。一イルダッブを小麦の重量に換算すると七〇キログラム、大麦では五六キログラム、米では約一俵（六〇キログラム）に相当する。

（12）セビリア方式の計量桝（al-kayl al-Ishbīlī）：セビリアは現スペイン南西部のグァダルキビル川下流に位置する都市。カイルもしくはカイラ（kayla, kīlah）は乾量（穀物・果物などの計量単位）の一単位で、一桝の容量のこと。エジプトでは一桝＝一六・七二リットル。ここではセビリア方式による一カフィーズ＝一七〇キログラム、もしくは二二〇リットルになる。

（13）カフィーズ（qafīz）：乾量の一単位。一〇世紀のイラクでは一カフィーズ＝一二サーア＝八マックーク＝六〇リットル。

(14) スルタンはこの［代償］規定に基づいて……上エジプト（エジプトのサイード地方）とイエメン方面にイクター所有地を指定した（iqṭāʿāt aqṭaʿa-hā bi-Ṣaʿīd Miṣr wa bi-jihāt al-Yaman）：イクター所有地は国家・支配者から授与された分与地のこと。サラーフ・ウッ＝ディーンはエジプトに政権の中心を置いた後、一一七三年には兄のトゥーラーン・シャー（al-Malik al-Muʿaẓẓam Shams al-Dīn Tūrān-Shāh）をイエメンに派遣して東西貿易の独占を試みた。イエメンのイクター所有地はその時に指定されたもので、そこで収穫された小麦の一部は上エジプトの小麦とともに、メッカに供給された。

(15) 不法行為（ḥarām）：ハラームの意味は〈イスラーム的な禁止行為、不法行為〉のことで、ここではハラームの反対語のハラール（ḥalāl）、すなわち〈法的に許されること〉と対比されている。

(16) ここでは、堕落した東方イスラーム地域を救済するのはムワッヒド家の人びと、すなわちムワッヒド朝の勢力を除いて他にないことを主張する。続く文章でも、イブン・ジュバイルは今や本来の正しいイスラームはマグリブ地方にしか存在しないことを説明して、ムワッヒド朝の軍隊による東方遠征とその支配を正当化している。

(17) ［信仰の］分枝（支脈）ではなく、明白なる幹（jāddat wāḍiḥat lā bunayyāt la-hā）：ブナイヤート（bunayyāt）はブナイヤート・アッ＝タリーク（bunayyāt al-ṭarīq）のことで、分岐道、支脈、亜流の意。これに対してジャーッダはジャーッダト・アッ＝タリーク（jāddat al-ṭarīq）で、本筋、幹道、本道の意。すなわち、イスラーム的に逸脱した考え方や行為（ビドア）ではなく、正統なイスラームに則った信仰のこと。

(18) ｛……｝は写本の欠損部分で、判読不可。おそらくdhālika azyad「｛そのことについて｝私が望んでいる｛以上に｝」と｛ ｝の二語を補うべきであろう。

(19) ムワッヒド朝の敬虔なる祈願のこと（amr al-daʿwat al-muʾminīyat al-Muwaḥḥidīya）：すなわちムワッヒド朝軍隊による東方イスラーム諸国への進出と支配を待望すること。ここでは、ムワッヒド朝の創設者、アブド・アル＝ムゥミン（〈敬虔なる人の僕《しもべ》〉の意）を強く意識して使われている言葉。

(20) イブン・トゥールーンの金曜大モスク（Jāmiʿ Ibn Ṭūlūn）：イブン・トゥールーンは、エジプトおよびシリアを支配したトゥールーン王朝（八六八―九〇五）の創設者、アフマド・ブン・トゥールーン（Aḥmad b. Ṭūlūn, 在位八六八―八八四）のこと。金曜大モスクは、アッバース朝から独立したイブン・トゥールーンによって、八七六―七九年、カイロに建設された。モスクの中央部には、イラクのサーマッラーの大モスク（ムタワッキル・モスク）にある特徴的なラセン階段付きのミナレット（ジグラット）が見られる。

(21) ［マシュリクから来たアイユーブ朝の率いる］グッズ族［の軍隊］がウバイド家の王朝（ファーティマ朝）を征服（istīlāʾ al-Ghuzz ʿalā al-dawlat al-ʿUbaydīya）：マシュリク（東方イスラーム地域）から来たグッズ族とは、アイユーブ朝のクルド族の軍隊と一緒にエジプトを征服したグッズ・トルコ族のこと。一方、ウバイド家の王朝は北アフリカのベルベル系の人びとの支援によって成立したイスマーイール派の王朝、ファーティマ朝を指す。一二世紀後半に、シリアのヌール・ウッ＝ディーンによって派遣されたサラーフ・ウッ＝ディーンが宰相となって実権を握り、一一七一年、ファーティマ朝はその最後のカリフ＝アーディド（在位一一六〇―七一）の死によって滅びた。

（22）クライン（al-Qurayin）：W・ライトの校訂本ではカリーン（al-Qarīn）とあるが、正しくはクラインと読むべきであろう（Wright, W.,［1907］80）。メッカとジッダを結ぶジッダ道（ṭarīq Juddah）の中間に位置する町。クラインについてはイブン・アル＝ムジャーウィルに詳しい（Ibn al-Mujāwir, 40–42）。彼によると、そこはワーディー・アッ＝サフラーゥ（Wādī al-Ṣafrā'）から一ファルサフ（約六キロメートル）の位置にあり、アミール＝ハーシム（amīr Hāshim）が、街道を行くキャラバン隊を守備する騎馬隊の駐屯地としてその場所に町を築いた（*ibid.*, 41）。一方、イブン・バットゥータはジッダとメッカの中間にある水場として、クラインの代わりにハッダ（Ḥadda）を挙げている（イブン・バットゥータ、第三巻、一一四頁）。

（23）イフラームの白衣をまとった状態（yuḥrimūna）：イフラームは巡礼の際の禁忌の状態、もしくは上下二枚の白い巡礼着のこと。メッカに入場する際、人は巡礼《ハッジ》またはウムラ（小巡礼）を行う前に禁忌（イフラーム）の状態にならなければならない。イフラームの状態になるためには、メッカに入場する前の所定の場所・時間（ミーカート）でグスル（大汚を落とすための浄めの儀式）を行い、白い巡礼着をまとう。ミーカートは巡礼境界地点として、預言者ムハンマドが定めたもので、メッカに向かう巡礼路によってその位置と時間は異なるが、イブン・ジュバイルの場合、クラインでグスル（全身の浄め）を行って、禁忌の状態になった。

（24）ウムラ門（Bāb al-'Umra）：ザーヒル門（Bāb al-Ẓāhir）ともいう。メッカにある門の一つで、ジッダ方面から来た旅行者・巡礼者たちはウムラ門を通過して、メッカに入った。イブン・バットゥータ、第三巻九五、一一〇頁を参照。

（25）ラッバイカ（al-tarbiya）：タリビヤは〈神よ、御前に！〉〈今ここに、神はあらせられる！

(labbay-ka)〉の掛け声、ラッバイカ、ラッバイカを繰り返し唱えること。なお、ムラッビー（al-murabbī）は〈すべてのことに「はい」と言って付き従う人〉の意。この掛け声は巡礼において不可欠の儀式の一つであって、その起源はイスラーム以前に遡るといわれる。カアバ神殿の周りでのタワーフ（巡回の儀）の時や、巡礼月の第九日目にメッカ郊外のアラファート（アラファ）にあるラフマ山に集まってウクーフの儀礼（佇立の儀）が行われる時にも、ラッバイカに始まる掛け声を唱える。

（26） 偉大なるアッラーのハラム（ḥaram Allāh al-ʿaẓīm）：ハラムの一般的な意味は〈禁止行為〉であるが、ここではハラム〈聖域〉、すなわちメッカ、もしくは聖モスク（バイト・アル＝ハラム）のこと。併せて、前掲注（15）および次章訳注（1）を参照。

（27） 神の親友（ハリール）イブラーヒームの住み処（mubawwaʾ al-khalīl Ibrāhīm）：ムバウワゥ（mubawwaʾ, mabāʾa）は〈住み処、居所、宿所〉の意。『クルアーン』第二章第一一八—一二一節によると、イブラーヒーム（アブラハム）とその子イスマーイール（イシュマエル）は、ノア（ヌーフ）の時代の大洪水で流れたメッカのカアバ神殿の礎石を打ち立て、再建したと伝えられた。

（28） ラフマーン神のもとに到着の人たち（wufūd al-Raḥmān）：ラフマーン神はアッラーの別名。アッラーと並べられる特別の美称で、神の美徳の一つである〈慈愛〉のこと。『クルアーン』第一章「開扉」の最初に「慈悲ふかく慈愛あまねきアッラーの御名において（bism Allāh al-raḥmān al-raḥīm）」とある。「到着の人たち」（wufūd）は、巡礼のために≪お情ぶかい御神《ラフマーン》のもとに隊伍ととのえ召し集≫まる人たち、すなわちメッカ巡礼者のこと（『クルアーン』第一九章第八八節）。

（29） 到着［を感謝するため］のタワーフ（ṭawāf al-qudūm）：メッカ市内にウムラ門を通って入場し

た巡礼者は、神のもとに無事到着したことを感謝し祝福するためのタワーフを行う。タワーフはカアバ神殿を黒石の地点から左方向へ七回回る行であり、巡礼および小巡礼における重要な儀式。

(30) 聖なる［イブラーヒームの］御立処（al-maqām al-karīm）：マカームの原義は〈立場、地位〉、スーフィーでは修行中のいくつかの神秘体験における〈階梯〉のこと。ここではメッカのカアバ神殿の側《そば》にあるイブラーヒームの御立処を指し、彼が立った聖石。『クルアーン』第二章第一一九節に《また我ら（アッラー）が聖殿を万人の還り来る場所と定め、安全地域に定めた時のこと。「汝ら、イブラーヒームの御立処を祈禱の場所とせよ」と［我らに命じた］》とある。

(31) ムルタザム（al-Multazam）：カアバ神殿の入口（扉）と黒石との中間の約一八三センチメートルの壁面のことで、そこでの神への祈願は確実に叶えられる清浄な場所（イブン・バットゥータ、第二巻九〇頁、九八頁；E・フォン・グルーネバウム［2002］三三頁、四一頁）。

(32) ザムザムの円蓋堂（qubbat Zamzam）：ザムザムの聖泉を覆う円蓋堂のこと。カアバ神殿の黒石の向かい側にあり、井戸と黒石との間の距離は二四歩の歩幅（ハトワ）。イブン・バットゥータによると、その円蓋堂の内部は白亜の大理石によって敷き詰められていた（イブン・バットゥータ、第二巻一〇六頁）。イブラーヒームの聖なる御立処は、ザムザムの円蓋堂の右側に位置する。

(33) いかなる状況にもよく効く［万能薬である］（li-mā shuriba la-hu）：字義どおりに訳せば、「そのために飲まれるべきもののため」となるが、「ザムザムの井戸の水はそれが飲まれるさまざまな状態・症状に応じたものであって、もしもあなたが病を治すためにそれを飲むのであれば、薬としてその効き目はあり、もしも胃に水分を補給するためであれば、それを飲むことで十分に満足するし、また酷い渇きを癒すためであれば、その渇きを消すこともできる」を意味する（cf. Broadhurst,

R. J. C.［1952］*note* 50)。

(34) サファー［の丘］とマルワ［の丘］との間の早足の行（saʿy bayna al-Ṣafā wa'l-Marwa）：早足の行（儀式）のことをサアイという。サアイの通廊（マスアー）は、メッカの聖モスクに隣接した南側にあるサファーの丘と、北側にあるマルワの丘との間を結ぶ全長約四〇〇メートルの通廊のことで、サアイはその二つの丘の間を早足で七回行き来する（E・フォン・グルーネバウム［2002］三一頁、四三―四四頁）。

(35) イブラーヒームの喚び掛け（al-daʿwat al-Ibrāhīmīya）：ダウワの原義は〈喚び掛け〉で、具体的にはイスラームへの喚び掛け、祈念のこと。イブラーヒーム（アブラハム）は『クルアーン』に登場する預言者・使徒の一人で、〈神の友〉（Khalīl Allāh）と呼ばれて、純粋一神教の宗教、イスラームに従う使徒。

(36) スッダ門（Bāb al-Sudda）：一般には旧門（Bāb al-ʿAtīq）と呼ばれ、聖モスクの北東端、ミナレットの側にある。後述二八四頁参照。イブン・バットゥータには〈スィドラ門〉（Bāb al-Sidra）とあるが、明らかにスッダ門の誤り（イブン・バットゥータ、第二巻一一〇頁）。

(37) ハラール（Ḥalāl）：ここではダール（館、宿泊所）の固有名であるが、ハラールの本来の意味は〈許容されたもの〉であり、その反対語はハラーム、すなわち〈禁止行為、許容されないもの〉。ハラールとハラームはしばしば対になって用いられるが、ここではハラム（聖モスク）とハラールとが音韻を合わせるように使われている。

（七）〔五七九年〕第一ジュマーダー月

アッラーよ、御利益をわれらに授けたまえ！

その月の新月は［異邦暦］八月の二三日目、月曜日の夜に昇り、その時、われわれはメッカ――いと高きアッラーよ、そこをより一層崇高なところになし給え！――において、すでに一八日間が経過していたが、格別にこの月の新月はこれまでのわれわれが経験した人生のなかで、［何度も］眺めてきた［闇の覆いを取って］新月を迎えたなかでも、最も幸多き新月であった。その新月は、われわれのもとに突如として現れたが、まさにその時点において、われわれは神聖なる壁の置かれたところ（ムルタザム）、偉大なるアッラーのハラム[1]（聖モスク）、イブラーヒームの御立処[2]を納めた〔円蓋屋根の場所〕、［アッラーの］使徒［ムハンマド］が遣わされたところ（メッカ）、そして信頼の置ける［天使］ジブリール（ガブリエル）が霊感と啓示を持って［天国より］降り立った神霊の地（メッカ）に身を落ち着けていたのである。それ故にこそ、アッラーよ、どうかこのような幸せをしみじみ有り難く思う気持ちを［引き続き］われらに分か

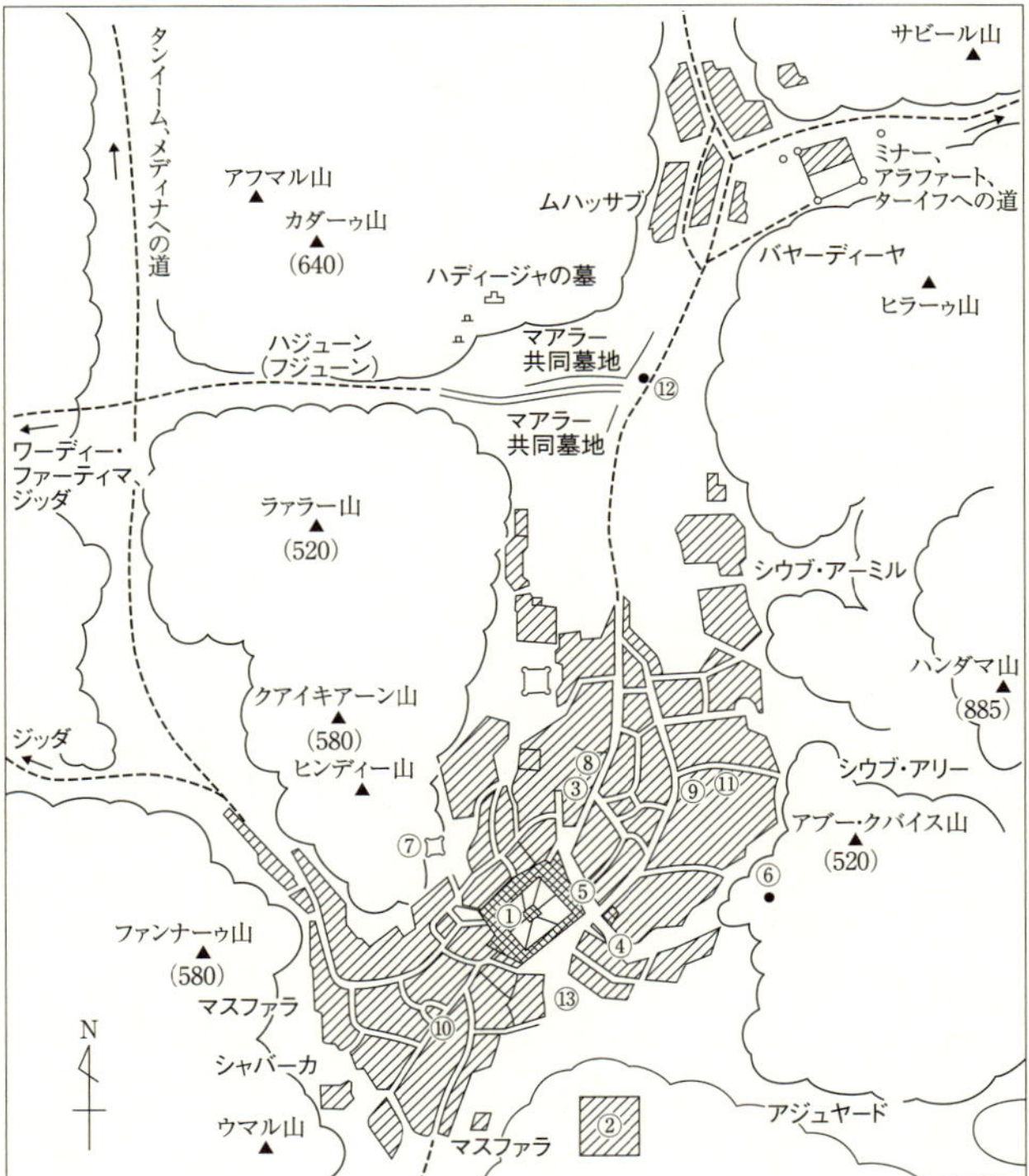

地図6：聖都メッカの市街図

①ハラム（聖モスク、カアバ神殿） ②アジュヤードの要塞 ③マルワの丘 ④サファーの丘 ⑤マスアー（早足の行の道） ⑥ビラールのモスク ⑦ヒンディー山の要塞 ⑧フィルフルの要塞 ⑨スーク・アッ＝ライル（ライル市場） ⑩スーク・アッ＝サギール（小市場） ⑪ムハンマド生誕の家 ⑫ファーティマ生誕の家 ⑬ハミーディーヤ

ち与え給え！ そしてできる限りの御恩恵をわれらに特別に知らしめ、［最後の審判において］われらを［天国に］御喜納され給え！ 加えて、アッラーよ、御稜威《みいつ》と御権能とをもって、いつもの御寛大さどおりの見事な御業行、そして［今後のわれらの旅で］御心優しいお取り計らいと御支援が授けられますように、われらをよろしくお導き給え！ アッラーを除いて、他に神はあらせられない。

○神聖なるモスクと由緒ある古き御家（カアバ神殿）――アッラーよ、そこに恩恵を授け、一層高貴なところとなし給え！

神聖なる〈御家〉（カアバ神殿）は、それ［の形］がほぼ四角形に近いので、四つの角《かど》(3)（ルクン）がある。御家の番人(4)としての職務を与えられているシャイバの人たちのザイーム(5)（指導者）、すなわちウスマーン・ブン・タルハ・ブン・シャイバ・ブン・タルハ・ブン・アブド・アッ＝ダール(6)の子孫であるムハンマド・ブン・イスマーイール・ブン・アブド・アッ＝ラフマーン・ブン・……(7)が私に、以下のように語った。なお、その人の先祖のアブド・アッ＝ダールは、神の使徒［ムハンマド］――アッラーよ、彼に祝福と平安を与え給え！――の教友（サーヒブ）で、〈御家〉の門の番人職の長（サーヒブ・ヒジャーバ・アル＝バイト）を務めた人物であった。そのムハンマド・ブン・イスマーイールの話によると、〈御家〉の空に向かったその高さはサファー門(8)（バーブ・アッ＝サファー）と向かい合った壁面、すなわち黒石からイエメンの［角］

までは二九ズィラーウであるが、それ以外の［三面の］側は、［神殿の］屋根が雨樋《ミーザーブ》(9)に向かって傾斜しているため、［一ズィラーウ少ない］二八ズィラーウである。

〈御家〉の［四つの］角のうちの第一［の角］こそは、黒石のある角である。そして、タワーフの起点はその角から始まり、タワーフを行う人は神聖なる〈御家〉を自分の左側に向けた状態で、自分の身体のすべてがその周囲を回るため、［黒石のところで始め、］再び同じ元の場所に戻ってくる。そして、その［タワーフをする］人がその次に出会う最初のものはイラクの角であって、その時、その人は他ならぬ北の方向を見ていることになる。次はシリアの角であり、その時、その人は西の方向を見ている。次はイエメンの角であり、その時、その人は南の方向を見ている。その次に、そ

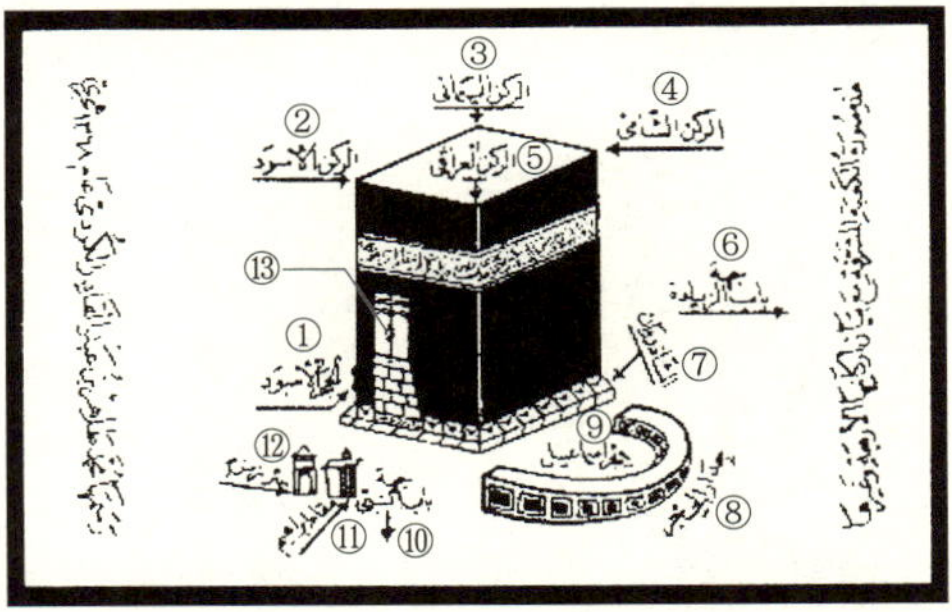

図16　ヒジュラ暦1268年（1851/52）、ムハンマド・ターヒル・ブン・アブド・アル＝カーディル・アル＝クルディーによって描かれたカアバ神殿と至聖所の図

①黒石
②黒石の角《かど》（ルクン）
③イエメンの角
④シリアの角
⑤イラクの角
⑥ジヤーダ門に至る
⑦シャーザルワーン
⑧ヒジュルの壁（半円形の石壁）
⑨ヒジュル・イスマーイール（イスマーイール囲い処）
⑩預言者の門へ至る
⑪イブラーヒームの御立処（マカーム・イブラーヒーム）
⑫ザムザムの井戸（聖泉）
⑬カアバ神殿の扉（入口）

の人は［〈御家〉を一周して再び同じ］黒石のところに戻ってくるが、その時、その人は東の方向を見ており、その時点で、一回のタワーフ(10)を終了したことになる。

聖なる〈御家〉の入口［の扉］は、イラクの角と黒石の角との中間の壁面にあって、その［黒］石から一〇シブル［の距離］より少なく近いところにある。すなわち〈御家〉の側面のうちでも、他ならぬその［イラクの角と黒石の角の］二つの間にある場所は〈ムルタザム〉(11)と呼ばれて、［アッラーへの］祈願が成就される［祝福された］場所である。聖なる［〈御家〉の］入口（扉）は地表面から上に一一・五シブルのところにあり、そこには銀製で黄金が張ってあり、見事な細工が施され、高潔な特質を備え、その華麗さとアッラーがその〈御家〉に付与さ(12)れ給うた崇高な深い畏敬の念から、視線をじっと注ぎ続けたい気持ちにさせるほどである。しかも、その入口にある二本の支柱についても、入口の高い敷居《アタバ》(13)についても同様である。また、その入口の敷居の先端部には、その幅二シブルの混じり気のない純金の一枚の板が置かれている。入口には二個の銀製の大型の［門戸を差し固めるための］閂《かんぬき》(14)があり、そこに扉の繋桿《けいかん》（ボルト）が掛けられている。そこは東に面しており、その横幅は八シブル、縦幅は一三シブルで、扉が折り込まれている壁の厚みは五シブルある。聖なる〈御家〉の内部［の床面］は、まだら文様の大理石で敷き詰められ、その［周囲の］壁もすべてまだら文様の大理石である。

〈御家〉はチーク材(15)の極端に長い三本の柱で支えられており、一本一本の支柱の間隔は四ハトワ(16)（歩幅）、それらは〈御家〉の縦の長さに沿って等間隔に置かれているので、そのなかの一本、つまり最初の支柱は［内側と外側の］二つのイエメンの角が縁取られている壁面の半分と向かい合っており、そこと壁面との間は三ハトワ［の距離］である。三本目の支柱、つまり最後の支柱はイラクの角とシリアの角が縁取られている壁面に向かい合って［立って］いる。

〈御家〉の［内側の］周囲すべては、その［壁面の］上部の半分を分厚い黄金を張った銀で飾られており、これを見る者には、それがあまりにも厚いため、まるで一枚の黄金の板ではないかと見まごうほどで、しかもそれが［御家の内側の］四面の壁を覆い、壁の上部半分まで及んでいる。

〈御家〉の天井は彩色された絹の布で包まれており、一方、カアバ［神殿］の外側の［外壁］すべてはその四面を緑色の絹の覆布[17]で覆われ、その織り糸（縦糸）は木綿、その最上部には赤い絹［糸］による文様があって、そこに［『クルアーン』第三章第九〇節の］一節《そもそも、人びとのために建てられた最初の〈御家〉はバッカにある、あれだ》と、イマーム（スンナ派のイスラーム共同体の指導者、アッバース朝のカリフ＝）ナースィル・リ・ディーン・アッラー[18]の名前［の文字］が横幅三ズィラーウにわたって書かれ、それが［〈御家〉の］外側のすべてを取り囲んでいる。この覆布には見事な技法で、しかもいくつもの清楚なミフラーブの形を｛……｝[19]たものと、いと高きアッラーのズィクル（念誦）、そしてその覆布を［〈御家〉に］飾ることを命ぜられた当人である上述のアッバース朝の［カリフ＝］ナースィルへの祈願を刻んだ文字が織り込まれ、そのすべてについて覆布の［生地の緑］色と違和感を覚えることはない。

［〈御家〉の］四面［の外壁］にある覆布の数は［全部で］三四枚、その中の大きい方の二つの壁面には一八枚、小さい方の二つの壁面には一六枚がある。

〈御家〉［の内陣］には五ヵ所の採光窓があり、その採光窓に見事な細工を施したイラク製［ステンド］グラスが付き、その窓の一枚は天井の真ん中に位置する。さらに［内陣の四隅の］角ごとに一ヵ所の採光窓があり、そのうちの一つは後述するアーチ状の天井[20]の真下にあるために外部からは直接見えない。［〈御家〉の内陣を支えている］いくつもの柱の間には銀製の複数の照明用ランプが備えられ、その数は一三個、そのうち一つは黄金製である。

［御家の］入口から内陣に入った人が自分の左側に、一番初めに出会うのは、ちょうどその外側に黒石が［嵌め込まれた部分に］ある角である。そこには二つの箱が置かれて、その箱の中に『クルアーン』の複数の写本が納められている。そして［〈御家〉の内陣に入る］銀製の二つの小さな入口は、まるで［御家の］隅の端にぴったりと取り付けたアーチのように、角にあるその二つの箱の上に位置している。その二つの入口と地表面との間は人の身長以上の高さがある。それに続く角、つまりイエメン［の角］についても同じであり、その二つ［の入口］は［現在では］取り除かれているが、もともとそれが取り付けられていた柱の部分［だけ］が残されている。さらにシリアの角にも同じように、その二つの［柱の］跡が残っており、イラクの角についても同じである。

［内陣に入った］人の右側にイラクの角があり、そこに〈バーブ・アッ＝ラフマーナ[21]〉（慈悲

神の門〉と呼ばれる入口があって、人はそこを通って神聖なる〈御家〉の屋上に登れるようになっている。そこにはもともとアーチ状の天井になっていたが、そこは他ならぬ〈御家〉の屋上の一番高いところとつながったところで、その内部に［そこへ登るための］数段の階段がある。そこの入口（扉）の最初のところに、聖なる［イブラーヒームの］御立処［の一部］に含まれる一つの部屋があるので、あなたはこのアーチ状の天井があるため、由緒ある古き〈御家〉には五つの角があるかのように思えることであろう。アーチ天井の二つの側面の幅は人の背丈の二倍であり、それは他ならぬイラクの角に沿って、その両側面の等しく半分を占めている。そして、このアーチ天井の棒状の部材の三分の二に相当する部分は色とりどりの細い絹布で覆われて、まるでそれがすでに［天井の上部に］巻き付けられていたのが、その後になって置かれたかのように見える。

このアーチ天井の内側にある聖なる御立処は、他ならぬイブラーヒーム——アッラーよ、われらの預言者［ムハンマド］と彼［イブラーヒーム］に平安を与え給え！——の御立処（マカーム・イブラーヒーム）である。それは銀で覆われた一つの石で、その立ち上がり幅は三シブル、その横幅は二シブルで、その最上部はその最底部よりも幅が広い。したがって、そこにはまるで本来的に神格性を備え、最高の存在物（アッラー）としての姿が備わった大型の陶器のようであり、その石の中央部分はその底部と頂部より凹んで低くなっている。われわれは、それを間近に見て、それにじかに触れたり口づけしたりすることで［神の］御利益を授かった。さらに、ザムザムの水がわれわれのために祝福された「イブラーヒームの」二つの足跡に注がれたので、その水を飲んだ。アッラーよ、それによってわれらに祝福を授け給え！「その時に見たイブラーヒームの」二つの足跡「の輪郭」は、祝福された神聖なる指の跡とともに、くっきりと残っていた。ああ何と有り難や、柔らかな砂地の中に足跡を残すのではなく、その「ような堅い」石に跡が残るほどに踏み付けた者「、イブラーヒーム」のことをご配慮されて、その石を柔らかなものとなされた御方よ！　ああ、何と有り難や、それを明白なる徴《しるし》の一つとなされた御方よ！(22)

その「イブラーヒームの」御立処を実際に目で見たり、聖なる〈御家〉を目前にした人は心がまるで麻痺したように感じる畏怖心を与えられて、感情と理性を混乱させるほどである。したがって、それらをじっと見つめる「人の」心はそこに謙虚なる視線を注ぎ、涙を流してむせび泣き、ただただ至高・至大なるアッラーへの祈願によって赦しを請い求める言葉が口を衝いて出てくるばかりである。

聖なる「カアバ神殿の」入口（扉）とイラクの角の間には一つの水盤《ハウド》(23)があって、その長さは一二シブル、その横幅は五・五シブル、その高さは約一シブルであり、先に述べた「イラクの」角の方に向かった側の扉の柱の正面と接している。それは、他ならぬイブラーヒーム――アッラーよ、彼に平安を与え給え！――の在世時、実際にそこに立っておられた場所の「明白な」徴であり、預言者「ムハンマド」――アッラーよ、彼に祝福と平安を与え給え！――が、現在もそこを礼拝の場所としている場所にお移しになられるまで、そのままの状態に置かれていた。この水盤は〈御家〉［の床面］が［水で］洗われる時、その洗った水の排出口として残されている。そこは他ならぬ天国にあるラウダ（楽園）の一つであるとの言い伝えがある祝福された場所であって、［多くの］人びとがそこで［競って］礼拝をするために大混雑する。なお、その水盤の一番下の部分は、白く柔らかな砂で敷き詰められている。聖なる御立処は、その背後にある聖なる［御家の］入口とイラクの角の間にあるところの正面に位置して、そこは［御家の］入口の方に寄っている。御立処の上を覆って、人の身長かそれ以上の高さの木製の円蓋［屋根］があり、その円蓋には突き出した角《かど》が付けられて、華麗な装飾が施されている。その円蓋の部分の一つの角から次の角までの長さは、四シブルである。その円蓋は、もともと御立処のあった場所の上に取り付けられていたもので、その場所の周りには石の突起物が設けられている。その石［の突起物］はまるで細長い水盤のように縁に沿って設けられ、その立ち上がりが一シブル、縦幅が五ハトワ、横幅が三ハトワの間隔で置かれている。そして御立処はその保存のことを考えて、［今では］われわれが上述した聖なる〈御家〉の内部にある場所に納められている。もともと御立処のあった場所とそれと向かい合った〈御家〉の側との間隔——なお、ここでの一ハトワは三シブルと換算する——は、一七ハトワである。

御立処の場所には、さらに［別の］一つの鉄製の円蓋［屋根］があって、それはザムザムの円蓋堂の脇に置かれている。したがって、巡礼の最盛期になり、人びとの数が増えて、イラク人たちやホラーサーン人たちが到着するようになると、［殺到する］人込みに耐え得るように、木製の円蓋は取り除かれ、［丈夫な］鉄製の円蓋に置き換えられる。

黒石がある角からイラクの角まで［の距離］は、五四シブルぴったりである。そして、黒石から地表面までは六シブルで、そのために背の高い人はそれに向かって背を屈め、背の低い人はそれに向かって背伸びする［ことで黒石に口づけする］。イラクの角からシリアの角までは四八シブルぴったりであるが、それはヒジュル（〈囲い処〉）の内側についてであり、一方、外側について言えば、一つの角（イラクの角）から一つの角（シリアの角）までは四〇ハトワ、すなわち一二〇シブルである。そして、タワーフは、他ならぬその外側［の外壁］から［開始するの］である。

さて、シリアの角からイエメンの角まで［の距離］は、黒石の［ある］角からイラク［の角］まで［と同じ］である。なぜならば、それは互いに並行する［長方形の］壁面であるからである。そしてヒジュルの内側において、イエメン［の角］から黒石まで［の距離］はイラク［の角］からシリア［の角］のそれと同じであるが、それは互いに並行する壁面であるためである。(24)

タワーフの場所は、まるで華美な大理石のように、平らな石が敷き詰められており、その一部の石は黒、茶と白であり、一方の石と他方の石とが互いにぴったりと張り合わされている。その敷石は［イブラーヒームの］御立処と向かい合った側を除いて、〈御家〉のところから九ハトワ離れて敷かれている。なぜならば、その側では御立処を取り囲むところまで［タワーフの場所が］広がっているからである。ハラム（聖モスク）は柱廊部分を含めて、そのすべてに白い砂石が敷き詰められている。なお、女性のタワーフは、敷き詰められた石の端で行われる。

　イラクの角とヒジュル［・イスマーイール］の最初の壁面との間にはヒジュルに通じる入口があって、その横幅は四ハトワであり、われわれが手で実測したところ、ちょうど六ズィラーウであった。ヒジュルに囲まれていないこの部分は、他ならぬ［イスラーム以前に］クライシュ［族］が〈御家〉の一部に含めなかったところ[25]で、真正の伝承が伝えるところによっても、六ズィラーウであった。シリアの角のもとに、その場所と向かい合って、同じ横幅の［ヒジュルに通じる］別の入口がある。雨樋の下にある〈御家〉の壁面と、それに向かい合ったヒジュルの壁との間には、先にも述べた広場の中央を通過して、直線距離にして四〇シブルである。その入口から［別の］入口までは一六ハトワ、つまり四八シブルである。それは壁面の周囲［全体］を意味しており、そこの大理石のすべては美しいまだら文様で、隙間なく張られている。そこには黄金を張った真鍮の棒｛……｝[26]、その［ヒジュルの］壁面に将棋の［枡目の］ような形で互いに組み合わされ、［全体が］ミフラーブのような形に配置されている。したがって、もしも太陽［の光］がそれに当たると、まるで真珠のような光沢がその光によって燦然《さんぜん》と輝き、それを見る者にとって、その［反射した］光線が目に飛び込んで、まるで黄金ではないかと錯覚させるほどである。

　このヒジュルの大理石の壁の高さについていえば、それは五・五シブル、その横幅は四・五シブルで、その内側は広い石畳になっており、まるで三分の二の円形のように曲がっている。そこには手の平程度から、ディーナール金貨一枚の幅、またはそれ以上の大きさに切られた濃淡の入りまじる文様の大理石が敷かれている。さらに、その大理石は華麗なほど整然と、しかも卓越した技術、奇跡とも思えるような驚異的な技法、精緻な嵌め込みと継ぎ合わせ、絶妙の組み合わせと配置を持った文様で張り詰められているため、それを見る人は、ジグザグ文様、鋭角的多面体文様、丸い文様（円形文様）、碁盤目文様などのさまざまな色や形で作られた文様のあまりの佳麗さに目が釘付けされて、自分がまるで敷き詰められたさまざまな色彩の花々の中を通過しているうち、やがて複数のミフラーブ［の形状の窪み］があるところに達してしまう。つまり、そこの大理石は弓形に曲がり、その内側には現に話をしているものとまさに同じ文様で、しかも同じ細工が見られる。さらに、その反対側の雨樋と向かい合って、ヒジュルの壁面と接する二枚の大理石がある。その二枚の大理石に［巧みな技能の］職工が繊細な樹葉文様のようなものと木の幹と枝のようなものを刻んでいるが、それらは二本の手を使って、しかも二本の鋏《はさみ》で［同時に］紙を切っても難しいと思えるほどの［ぴったりと重なる完璧な］出来栄えであって、その二つの大理石は驚嘆するほどである。マシュリク地方（東方イスラーム地域）の［スンナ派］最高指導者（イマーム）、アッバース家のアブー・アル＝アッバース・アフマド・アン＝ナースィルは、今ここに述べたその二つのものを製作するよう命ぜられた。ちなみに、アブー・アル＝アッバース・アフマド・アン＝ナースィルは、アッバース家のムスタンジト・ビッラー・アブー・アル＝ムザッファル・ユースフの息子のムスタディー・ビッラー・アブー・ムハンマド・アル＝ハサンの息子に当たる人物である。アッラーよ、彼に平安を与え給え！

雨樋と向かい合った側のヒジュルの中央、その大理石製の周壁の中ほどには、見事に彫刻された一枚の大理石板があり、その板の縁には「アッラーの僕《しもべ》、その後継者《ハリーファ》たる敬虔信徒たちの長、アブー・アル＝アッバース・アフマド・アン＝ナースィル・リ・ディーン・アッラーがその製作を命じた。それは［ヒジュラ暦］五七六年(27)のこと」との銘文が［黒く］コフルで色付けされた彫刻で、驚くほど見事に彫り込まれている。ところで、その雨樋は先に述べたヒジュルに面した［聖なる〈御家〉の］側壁の最上部にあって、それは金箔を施した真鍮製で、ヒジュルの側に四ズィラーウの縦幅、その横幅は一シブルにわたって前方に突き出ている。また、この場所の雨樋の真下もまた、いと高きアッラーの恩寵によって、［人びとの］祈願が叶えられると期待されている［祝福された］場所であり、これについてはイエメンの角についても同様であり、したがって、そこに隣接したところを人びとは〈ムスタジャール(29)（避難所）〉と呼ぶ。なお、その［イエメンの］角につながるこの側壁は、シリアの方から続く角に向いている。

ヒジュルの広場にある雨樋の真下、聖なる〈御家〉の壁から近いところに、イスマーイール――アッラーよ、彼に祝福を与え給え！――の墓がある。その墓の目印となるのは、やや長方形に近い緑色の大理石の板であって、それはミフラーブの形をしており、丸い緑色の大理石の板がそこに付いている。その二つの大理石の板はいずれも不可思議な姿形をしており、そこにはいくつもの斑点があり、その色は多少黄色みを帯びて、まるで黒と白の［モザイク］文様のようである。その斑点は、金が溶解した時に坩堝《るつぼ》(30)［の底］に残る［金のきらきらした］結晶のようなものと非常によく似ている。イラクの角の方に向かって続くイスマーイールの墓の傍らには、イスマーイールの母親、ハージャル(31)——アッラーよ、彼女に祝福を与え給え！——の墓があって、その墓の目印となるのは横幅一・五シブルの緑色の大理石の板である。人びとは、ヒジュルにあるこの［イスマーイールとハージャルの］二つの場所において、礼拝をして［アッラーの］御利益を求め、それによって必ずや御利益があることは真実であると信じている。なぜならば、この二つの場所は由緒深い〈御家〉の一部にあり、もともと聖祝された尊い二体の遺体［そのもの］であると見なされているからである。アッラーよ、二人［の遺体］を［輝かしきアッラーの放つ］光明で照らし、二人に向かって礼拝を捧げるすべての人たちに、二人の御利益を授け給え！　なお、この聖祝された二つの墓の間隔は七シブルである。

ザムザムの井戸の円蓋堂(32)は［カアバ神殿の］黒石の角と向かい合っており、ザムザムの円蓋堂のところから黒石の角まで［の距離］は、二四ハトワである。先にも述べた［イブラーヒームの］御立処は他ならぬその円蓋堂の右側にあり、その後方において、人びとは礼拝をする。なお、その円蓋堂の角から御立処まで［の距離］は、一〇ハトワである。その円蓋堂の内側は、きらめくような純白の大理石で覆われている。その聖なる円蓋堂の中央に位置する祝福された

［ザムザムの］井戸の穴［の位置］は、その井戸の真ん中よりも聖なる〈御家〉と向かい合った壁側に寄っている。その井戸の深さは、われわれが測ったところでは一一カーマ[33]であり、その水［面下］の深さについては、語られたところによれば、七カーマという。また、［ザムザムの井戸のある］円蓋堂の入口は東を向いており、一方、アッバースの円蓋堂[34]（クッバ・アル＝アッバースィーヤ）とユダヤの円蓋堂[35]（クッバ・アル＝ヤフーディーヤ）にある二つの入口（扉）は、いずれも北を向いている。ユダヤ教徒のものと由来付けられたこの円蓋堂から由緒ある〈御家〉の方を向いた場合、側壁の角はアッバースの円蓋堂の方から東を向いた最後の側壁の左側の角と接している。なぜならば、その［アッバースの円蓋堂とユダヤの円蓋堂の］二つの円蓋堂の間には、これと同程度の傾きがあるためである。ザムザムの井戸の円蓋堂に隣接して、その背後には水飲み場《サーキヤ》の円蓋堂［すなわちアッバースの円蓋堂］がある。それは他ならぬ［アッバース家の盟主］アッバース［・ブン・アブド・アル＝ムッタリブ］──アッラーよ、彼に祝福を与え給え！──に由来するものである。さらにこのアッバースの円蓋堂に接して、その斜め横にユダヤ教徒に由来付けられた［ユダヤの］円蓋堂がある。この二つの円蓋堂こそは、聖なる〈御家〉のワクフ財である『クルアーン』の諸写本、書籍類や燭台などが納められた場所である。アッバースの円蓋堂は、別名を〈水飲み場〉と呼ばれるにふさわしい場所にあり、その理由はそこが以前には巡礼者たちの水飲み場で、今日に至るまで、そこにおいてザムザムの水が冷やされ、夜間に、人びとが〈ダワーリク[36]〉（単数形はダウラク）と呼んでいる土製の水

差しにその水を容れて巡礼者に提供するため、外に運び出されるからである。なお、いずれのダウラクにも、一個の把手《とって》が付いている［のが特徴である］。ザムザムの井筒《タンヌール》は大理石製で、その大理石は歳月を経ても決して［位置が］移動しないように互いにぴったりとくっつけられており、しかもその大理石の隙間には［ザムザムの井戸にある］井筒の部分と同じように鉛が流し込まれている。井筒に接着された鉛の柱（棒）と井筒とを囲んで、しっかりと相互に強く結合させ、周囲を巡らして、三二本の柱がそこに並んで置かれ、それらの柱の［地上に出た］頭［の部分］が井戸の縁に沿って井筒の全体をぐるりと囲んで出ている。井戸枠の周囲は四〇シブル、その立ち上がりの高さは四・五シブル、その厚さは一・五シブルである。その円蓋堂の内部において、水飲み場は輪形になっており、その横幅は一シブル、その深さは約二シブル、地面からの立ち上がりの高さは五シブルで、そこに沐浴《ウドウーウ》のための水が満たされている。その水飲み場の周囲には円形の台があり、人びとはそこに上がって沐浴する。

　さて、祝福された黒石は東の方を向いた角に嵌め込まれているが、角の内側にどの程度［深く］食い込んでいるかは誰にも知られていない。伝えられるところでは、それは壁の内側に二ズィラーウの長さにわたり入り込んでいるという。なお黒石の横幅は三分の二シブル、その長さは一シブルと数インチである。そして黒石には、四ヵ所の接合された切断面があるが、言い伝えでは、あのカルマト派の人[37]――アッラーよ、彼を呪い給え！――が黒石を壊した張本人であるとのことである。［現在、］すでに黒石の縁は銀の枠でしっかりと留められており、その銀の白い輝き、黒石の輝きとそのつるつるした光沢とが相互対照的にきらめいている。したがって、それを見ている人は視線が釘付けになり、思わずその見事な眺めに見惚れてしまうほどで、その石に口づけすると、柔らかさと湿り気を感じ、それによって口づけした人は自分の口をその石から引っ込めたくないと思うほど、口がうっとりとして、まさしくそれこそは、神的な御配慮による［黒石に備わった］特殊性の一つであろう。それについては、預言者［ムハンマド］――アッラーよ、彼に祝福と平安を与え給え！――が《そもそも、それこそは地上におけるアッラーの右の手なり》（『クルアーン』第三九章第六七節）と申されたことだけでも、それ以上の多弁を要しないであろう。アッラーよ、われらがそれに平安の挨拶を捧げて、［直接、肌で］触れることにより、われらに恩恵を授け給え！ そして、アッラーの御稜威によって、そのもとに到達したいと熱烈に望んでいるすべての人を、［無事・安全に］黒石のもとに導き給え！身体を黒石に屈め［て口づけをし］ようとする人がその石の正面に立った時、その右手近くの石の真正なる一部に、小さな白く輝くような一つの点があって、その祝福された表面はまるで［人の顔にある］ほくろのように、きらきら光っているが、この白い斑点については、「それをじっと見つめると、視力が一層よくなる」との言い伝えがあるので、［黒石に］口づけする人には、できるだけこの［白く輝く］斑点のある部分を目指して口づけをする必要がある。(38)

さて、聖モスクについていえば、それは大理石の三本の柱に支えられた三つの回廊がまるで一つの回廊であるかのように整然と取り囲み、その縦の長さについては四〇〇ズィラーウ、横幅については三〇〇ズィラーウ(39)であり、したがって聖モスク全体の広さは、ちょうど四八マルジャウ(40)となる。また、回廊に囲まれた［真ん中の］部分は大きな空間になっており、アッラーの使徒［ムハンマド］――アッラーよ、彼に祝福と平安を与え給え！――の時代には［現在のそれよりも］小さく、しかもザムザムの円蓋堂は聖モスクの外側にあった［という］。［カアバの外壁の］シリアの角の向かい側には、地面にしっかりと固定された一本の柱の頭があって、もともとは聖域《ハラム》の境界(41)［を示す標識］の一つであった(42)。なお、その柱の頭とそのシリアの角との間の距離は、二二ハトワである。カアバ［の建物の位置］は、ハラムのモスクの真ん中、東・南・北・西の四つのいずれの方向からも等しい［距離にある］。私が実際に数えてみたところ、聖モスクの大理石の柱の数は、〈ダール・アン＝ナドワ(43)〉に含まれる漆喰《しっくい》を塗ったもの（柱）を除くと、四七一本である。ダール・アン＝ナドワとは、他ならぬハラム（聖モスク）に［後で］付け加えられた部分であり、そこは西から北の方向にかけて通じる回廊の内側にあり、また［イブラーヒームの］御立処はイラクの角とともに、その回廊の正面に位置する。ダール・アン＝ナドワの敷地は広く、回廊からもそこに入ることができる。この回廊の壁のすべてにわたり、曲線状の迫持《せりもち》の下に複数のマスタバ(44)（座台）があって、『クルアーン』の筆写者たちや朗誦者たち、さらには一部の［熟練の］針仕事をする人たち(45)［など］がそこに座る。ハラム（聖モスク）［の内陣］は、常に［マドラサの］教師たちとイスラームの基礎学を学ぶ人たちによるいくつもの集団《ハルカ》(46)によって囲まれている。それと向かい合った回廊の壁にも、それと同じような［形状の曲線状の］迫持の下に複数のマスタバ（台座、石製の長椅子）がある。そこにある回廊は南から東にかけて続く回廊であるが、それ以外の回廊の壁の下の迫持のないところにもいくつものマスタバがある。現在、そこにある建造物はこの上なく完璧なものである。イブラーヒーム門のもとには、西から南の方向に通じる回廊の別の入口（扉）があって、そこにも漆喰を塗った複数の柱がある。私は、法学者、伝承学者のアブー・ジャウファル・イブン・アリー・アル＝ファナキー・アル＝クルトゥビー[47]が「そこの柱の数は四八〇本である」と書いているのを見たことがあるが、一方、私自身［が先の記述で四七一本としたの］はサファー門の外にあるものについては数に含めなかったからである。

アッバース朝の［第二代カリフ＝］アブー・ジャウファル・アル＝マンスールの子息、マフディー・ムハンマド[48]（ムハンマド・アル＝マフディー）によって、聖モスクの拡張が行われたが、その建設の際に細心の注意が払われたことは、［ムハンマド・アル＝マフディーの］立派な功績であろう。私は、西から北に向かう側、回廊壁面の最上部のところに「アッラーの僕、敬虔信者たちの長（カリフ）、ムハンマド・アル＝マフディー——アッラーよ、彼に善き運を授け給え！——が［ヒジュラ暦］一六七年[49]に、アッラーの〈御家〉の巡礼者とウムラ（小巡礼）を行う者たちのために、聖モスクの拡張を命じた」と刻まれているのを実際に見［て確認し］た。

ハラム（聖モスク）には七つのミナレットがあり、四つは［聖モスクの］四方の角に、一つはダール・アン＝ナドワに、別の一つはサファー門の上にある。このサファー門にあるミナレットは最も規模の小さなもので、サファー門の［位置を示す］目印ではあるが、それが［あまりにも］狭いため、人はそこを登ることができない。後述するイブラーヒーム門のところでも再び言及されると思うが、イブラーヒーム門のところに、［七番目の］ミナレットがある。なお、サファー門は［カアバ神殿の］黒石の角と向かい合い、南から東に通じる回廊にある。その門の真向かいの回廊の中央には上述の［黒石の］角と向かい合った二本の柱がある。その二本の柱には、「アッラーの僕、敬虔信徒たちの長（カリフ）、ムハンマド・アル＝マフディー――アッラーよ、彼に善き運を授け給え！――は、アッラーの使徒［ムハンマド］――アッラーよ、彼に祝福と平安を与え給え！――がサファー［の丘］へ至った［同じ］道の目印として、アッラーの〈御家〉の巡礼者とウムラを行う者たちがそれを手本として正しい道を辿れるようにとの配慮から、この二つの柱を立てることを、[50]［ヒジュラ暦］一六七年、ヤクティーン・ブン・ムーサーとイブラーヒーム・ブン・サーリフの手に委ねた」との銘文がある。

聖別されたカアバの扉には、完璧な筆跡とたっぷりとした書体で［刻まれた］金［文字］の刻文があって、その魅力と優雅さにじっと目を凝らして見つめたくなるほどで、そこには「アッラーの僕にして、その後継者（カリフ）、［スンナ派の］最高指導者（イマーム）、敬虔信徒たちの長、アブー・アブド・アッラー・ムハンマド・アル＝ムクタフィー・リ・アムル・アッラー[51]――アッラーよ、彼と彼の清純なる人たち、父祖の最高指導者（イマーム）たちを祝賀し、彼のもとにある預言者［ムハンマドの後継者］としての資質の遺産を永遠なものにして、その遺産を復活の日《ヤウム・アッ＝ディーン》まで、彼の子孫に残る言葉とされるよう願わん！――が、［ヒジュラ暦］五五〇年[52]にそれを作るよう命じた」と書かれており、これと同じように二つの扉の表面にも［刻まれているのが］見られる。

その神聖なる二つの扉には、刻文が、見事に金箔を施した銀製の重厚な支柱を取り巻いており、それ［の文字］は神聖な［カアバの入口の］敷居のところまで登り、敷居の上を通って、さらに二つの扉の両側を巡り、その二つの扉が閉められた時も、金箔を施した銀製の大きな支柱のようなものがその二つの扉の間から見える。それ［の支柱］は他ならぬ二つの扉の［上から下までの］縦の部分であり、人がその〈御家〉の内部に入った時、まさにその左手にある二つのうちの一方の扉とぴったり接着している。

聖別されたカアバ［神殿］のキスワ[53]（覆いの布）は、われわれがすでに述べたように、緑色の絹で作られている。それは三四枚の布切れで、イエメンの角とシリアの角との間の壁面に九枚、それと向かい合った黒石の角とイラク［の角］との間の壁面にも同じく九枚、イラク［の角］とシリア［の角］の間の壁面に八枚、イエメン［の角］と黒石［角］との間の壁面にも同じく八枚あって、それらのすべて［三四枚の布］は一つにつながっているので、まるで一枚の幕が四つの側を覆っているかのように見える。漆喰による縁取りがカアバの最下部［の周囲］を巡っており、その縁取りの立ち上がり［の高さ］に関しては一シブルより高く、またその横幅については二シブルもしくはそれより少し高い。その縁取りの内側に木材があるが、外側からは見えない。鉄製の留め釘がその縁取りの中に打ち込まれて、釘の頭にある鉄の輪［に当たる部分］が外からも見えており、その輪に麻繊維を撚《よ》った太いもの（紐）が通され、幕の［折り返して織った］縁の部分にズボンの腰帯のように置かれた後、［カアバの］四つの側を取り囲んでいる。なお、その麻繊維を撚った太いもの（紐）は幕の中に［穴を開けて］通され、堅く撚った綿［糸］でそれに縫い付けられている。

［キスワの］幕が［カアバ神殿の］四つの角と合わさったところは、人の背丈より高いところまで縫い合わされ、そこから鉄製の把手に達する幕の一番上のところまで、相互に重なって［縫合されて］いる。さらに、カアバの最上部でも、上の平面の［四つの］側面に沿って二重の縁取りが取り囲み、上述した同じ方法のように鉄製の輪を通して、幕の一番上の部分に取り付けられている。したがって、神聖なるキスワは、その最上部と最下部のところでボタンでしっかりと固定されて、一年ごとに新しいものに交換される時を除いて、決して取り外されることはない。ああ有り難や、復活の日までキスワの高貴さを永遠に保たれる御方よ！　その御方を除いて、他に、神はあらせられない。

神聖なるカアバ［神殿］の入口（扉）は、［各月の］毎月曜日と金曜日に開かれるが、ラジャブ［月］に限っては毎日、開かれる。その扉が開かれるのは、太陽が昇り始める最初の時であり、〈御家〉の警備人であるシャイバ家の人たちが近づいて、彼らの数人が、細長い形の九つの階段の付いた幅広いミンバルのような形の大きな椅子を急ぎ運んでくる。なお、その椅子には木製の脚が地面と擦れる下の部分に備えられて、地面と触れるための鉄で覆われた四つの大きな滑車（車輪）が付いている。その椅子は滑車を組み合わせて動き、やがて聖なる〈御家〉のもとに至ると、その椅子の一番上の段が［〈御家〉の］扉にある祝福された敷居とぴったり付くように設置される。そしてシャイバ家の人たちのなかの家長が〈御家〉に登る。その時の家長は、優雅な風貌と動作をした年配の人物で、彼の手は祝福された錠前の鍵を持ち、［扉の］警備人たちの一人を伴っている。その警備人は、上述のシャイバ家の家長が扉を開けている間、家長が両手を使って扉を開くため、扉の前で片手で［カアバの］黒い幕を摑んで［開いて］いる役割を担う。次に、家長は［カアバの扉に取り付けてある］錠前を開くと、敷居に口づけして、一人だけで〈御家〉の中に入り、背後で扉が閉められる。彼は二度のラクア（跪拝）をする程度の間、そのまま内部に留まる。その後、シャイバの人たちは、内部に入り、再び扉を閉め、ラクアをする。それからまた扉が開かれ、一般の人たちは急いで内部に入るのであるが、その祝福された扉が開くのを今か今かと待ち望んでいる間、人びとは正面にある扉を伏し目がちに見て、アッラーへの恭順を示し、手を広げて待っている。そして、扉が開かれると、人びとは「アッラーは偉大なり！」のタクビール（大きな掛け声）を唱え、一層大声で叫ぶ。彼らは「アッラーよ、汝の慈悲と汝の寛容の扉をわれらのために開き給え！　おお、慈悲神のなかの最も慈悲なる御方よ！」と朗誦の言葉を叫び、それから《さあ、心やすらかに、安心してお入り》（『クルアーン』第一五章第四六節）という段階に至るのである。

〈御家〉の内部に入る人の正面の壁面、つまりイエメンの角からシリアの角に至るところには、まるで扉のように［上下］縦に立て掛けられた五枚の大理石があり、床面から［上に］五シブルまで達しており、大理石の一つひとつの［長さ］は人の身の丈ほどである。その大理石の中の三枚は赤色、二枚は緑色であり、その各々にはその中に点々がちらばっているかのように、白色のまだら文様が付いており、人はそれほどの美しいものを他に見たことがないほど見事なものである。大理石のうちの［三枚の］赤色のものはイエメンの角とぴったり付き、五シブル離れたところで緑色のものと並ぶ。この緑色の大理石から三ズィラーウ後方に下がり、その正面に位置する場所は他ならぬ預言者［ムハンマド］――アッラーよ、彼に祝福と平安を与え給え！――がかつて礼拝をなされていたところである。したがって、人びとはその同じ位置で礼拝し、預言者による祝福を得ようとして、大混雑する。その大理石の配置は、ここに述べたような順序であるが、その各々の一つと他のものとの間は、以上のような［均等の］間隔である。そして、［他の］色の混じりのない、純粋に透き通った白さの、文字どおり純白の大理石が一つの大理石と他の大理石との隙間をぴったりとつないでいる。至高・至大なるアッラーは、その大理石をもともとお創りになられた時に、青みがかった樹木や枝のような形をした見事な文様を帯びるようになされた。それに続く大理石にも、それと同じような文様があるので、あたかもその文様は［左右対称の］二つに分けられたもののようである。したがって、もしも二枚［の大理石］が重ねられたならば、一つの文様は他の文様と互いにぴったり触れ合うので、それぞれが紛れもなく別のものの半分であり、鋸で切断された際にも、そうした［同じ］文様に切られるので、［同じ石を二つに切ってできた］一つひとつのものは、もう片方のものとぴったり向かい合わせになる。大理石のうちの各々の緑色のものと赤色のものとの間の仕切りは二枚の大理石である。その二枚の［仕切りの］大理石の横幅は上述したのと同じシブル換算で五シブルであり、そこの［仕切りの大理石に見られる］文様はその形状を異にしているが、同じ石を切った片割れの方の一つひとつのものとぴったり合う。これらの大理石の縁はその厚さが二イスバウ、緑色と赤色のまだら文様のものと痣《あざ》のある白色の斑点の付いた大理石の縁取りできちっと留められており、それはまるで轆轤《ろくろ》を回転させて造った円筒ではないかと勘違いさせるほどのものであるので、上述のこの壁面にある面において、白色の大理石との隙間は六つの隙間があることになる。すなわち、［扉から］入った人の左手にある壁面、つまり黒石の角からイエメン［の角］までには緑色の二枚と赤色の二枚の合計四枚の大理石があり、その［一つひとつの大理石の］間には白色の大理石による五つの隙間があって、そのすべては今、述べたようになっている。さらに、［扉から］入った人の右手にある壁面、つまり黒石の角からイラク［の角］までの壁面には赤色の二枚と緑色の一枚の計三枚があり、白い大理石三ヵ所の隙間がその間をつないでいる。この壁面こそは、「慈悲神の扉(54)（バーブ・アッ＝ラフマ、ラフマーナ神の扉）」のある角と連続しているもので、その入口の横幅は三シブル、立ち上がりの高さは七シブルである。あなたがその正面を向いた場合、ちょうどあなたの右手にあるその支柱は、横幅三分の一シブルの緑色の大理石である。

続いて、シリア［の角］からイラク［の角］までの壁面には三枚［の大理石板］があり、［そのうちの］二枚は赤色、一枚は緑色で、白い大理石の三つの隙間がそれらによって上述のように接着されて、さらに二つの縁飾り――その各々の横幅は二シブルで、群青色のなかに金文字の見事な書体で記された文字が見られる――が上述したこの大理石の上を覆っている。その二つの縁飾りは、金が塗り付けられた部分で壁面の上半分とつながっている。また、入口から入った人の右手にある側［の壁］に、一つの縁飾りがある。なお、［上述の］二つの縁飾りについては、一部［の文字］に摩滅した部分が見られる。

［カアバ神殿の］四隅の角の各々の地面に近い部分には二枚の小さな緑色の大理石があって、［一つひとつの］角の部分を囲み、同時に各角にある銀の二つの扉を囲んでいるため、その二枚の大理石はまるで、両者の［隙間の］穴ほどの小さな緑色の大理石の二本の円柱のようである。上述した壁面の各々の面の最初の部分は赤い色の大理石で、その最後の部分も同じように［赤い色の大理石で］造られている。そして、その二つの赤い大理石板の間にある緑［色の大理石］は今述べたような配置になっているが、入った人の左側に当たる壁面については例外である。なぜならば、黒石の角と接する最初の大理石は、緑色の大理石、次に赤い色［の大理石］と順に続き、あなたが見て分かるように、完全にそのとおりの配列になっているからである。

神聖なる［イブラーヒームの］御立処の真向かいに、説教師の［ための］ミンバルがあって、それもまた、われわれがすでに［カアバ神殿の台座について］説明したものと似た［台車付きの］四つの滑車の上に置かれている。金曜日になり、礼拝の時間が近づくと、このミンバルは［イブラーヒームの］御立処の正面にあるカアバの壁——それは黒石の角とイラク［の角］との中間にある——にぴったりと寄せられて、そこにもたせ掛けられる。(55)

さて、次に説教師は預言者［ムハンマド］——アッラーよ、彼に祝福と平安を与え給え！——の門(56)（バーブ・アン＝ナビー）——それは［聖モスクの］東から北へと続く回廊のところにあって、御立処の真向かいに位置する——に入り始めるが、その時の説教師［の装い］は金縁の黒い衣服を着て、同じような［金の］縁取りの黒いターバンを巻き、さらにその上にごく薄い亜麻布のタイラサーン（頭と肩にかぶるショール）を羽織っている。こうした［衣装の］すべては、他ならぬ［アッバース朝の］カリフが自らの諸領の説教師たちに送付したものである。(57)その説教師は粛々として威厳たっぷりに、タイラサーンの裾を引きずりながら、ムアッズィンたちの監督官を務める二人の男が握る二本の黒い旗の間をゆっくりと前進する。その時、そのムアッズィンの監督官の一人は円錐状の一本の赤い棒を手に持って、説教師の手前を歩いて行くが、その棒の先端には撚った細長い革製の綱状の紐が結び付けられ、さらにその紐の片方の先端部には手で空中に振るための小さな［細い］鞭《アザバ》［の先端の柔軟な部分］が付いている。その時、まるで説教師の到着を告げるかのように、そのムアッズィンはハラム（聖モスク）の内部と外部に聞こえるほどの高い声をあげて、［革製の紐の先端にある］鞭を振り続けると、やがて説教師はミンバルに近づく。なお、彼ら［メッカの人たち］は、その［革製の紐の先端にある］鞭のことを〈ファルカア〉[58]と呼んでいる。

こうして、ミンバルに近づいた説教師は黒石の方に身体の向きを変え、それに口づけをしてから、その側の近くで祈願《ドゥアー》を捧げる。次に、彼がミンバルへ向かうと、高貴なるハラムのムアッズィンたちの長、すなわち〈ザムザムのムアッズィン〉[59]（ムアッズィン・ザムザミー）は［説教師と］同じ黒い衣服を着て、説教師の前に進み出た。そのムアッズィンは剣を腰に帯びておらず、肩に担ぎ、片手でそれを握っていた。さて、説教師がミンバル[60]の一段目を上がると、そのムアッズィンが剣を説教師の腰に下げてやった。続いて、説教師はその場に臨席している人たち［の全員］に聞こえる［大きな］音を彼の剣の先を覆う金具（はばき金）でドンと打ち、［同じように、］二段目、次に三段目にも同じことを行い、最上段に達すると、四度目のドンの音を打った。それから、彼は立ったままの姿勢でカアバ［神殿］の方に向かって、低い声で祈願を捧げ、次に右、そして左へと身体の位置を変えて、「［御臨席の］あなたたち［すべて］にサラーム（平安）あれ！　アッラーの御慈悲とお恵みがありますように（アッ＝サラーム・アライ・クム、ラフマト・アッラー・ワ・バラカート・フ）」と挨拶した。すると、その挨拶の言葉に応えて、聴衆たちは「彼（説教師）に平安あれ（アライ・ヒ・アッ＝サラーム！）」と言った。その後、その説教師は［ミンバルに］座り、一方、ムアッズィンたちはミンバルに［座って］控えている彼の前で、声を一つにしてアザーン（礼拝への喚び掛け）を急ぎ行った。ムアッズィンたちが

［アザーンを］終えると、説教師は説教のために立ち上がり、人びとに注意を喚起しつつ、声の調子を抑え、誇張して［声を張り上げ］語りながら、説教を行った。その後、彼は説教師専用の席に座り、剣で五度目のドンの音を打った。次に、彼は二度目の説教のために立ち上がると、［預言者］ムハンマド――アッラーよ、彼に祝福と平安を与え給え！――と彼の家族――そしてアッラーよ、彼の仲間たちに祝福を与え給え！――への拝礼《サラート》を何度となく行い、そして四人の［正統］カリフたち――アッラーよ、彼らのすべてに祝福を与え給え！――にタスミヤ《慈悲深く慈愛あまねきアッラーの御名において》の文句を唱えた。さらに、彼は預言者［ムハンマド］――アッラーよ、彼に祝福と平安を与え給え！――の二人の叔父、ハムザとアッバースへ、そしてハサンとフサインへの祈願を行い、引き続き彼らのすべてに祝福が与えられるようにと祈り、続いて敬虔なる信者たちの御母堂たち、つまり預言者［ムハンマド］――アッラーよ、彼に祝福と平安を与え給え！――の妻たちへの祈願を行い、また［預言者の娘］〈輝きのファーティマ〉（ファーティマ・アッ＝ザフラーゥ）と［預言者の妻］〈偉大なるハディージャ〉（ハディージャ・アル＝クブラー）についても同じ言葉で、アッラーの祝福が与えられるようにと祈った。次に、彼はアッバース朝の［現］カリフ、アブー・アル＝アッバース・アフマド・アン＝ナースィルに対して、それからメッカのアミール、ムクスィル・ブン・イーサー・ブン・フライタ・ブン・カースィム・ブン・ムハンマド・ブン・ジャウファル・ブン・アブー・ハーシム・アル＝ハサニーに、そしてサラーフ・ウッ＝ディーン・アブー・アル＝ムザッファル・ユース

フ・ブン・アイユーブと彼の世継ぎであるサラーフ・ウッ＝ディーンの弟、アブー・バクル・ブン・アイユーブ[61]に対して［順次、］祈願《ドゥアー》を捧げた。サラーフ・ウッ＝ディーンへの祈願を捧げた時、［聴衆の］あらゆる場所から、彼のために〈アーミーン！〉（まことに、かくあれ）と唱え、次のような声が一斉に巻き起こった。

そして、アッラー、ある日、一人の僕《しもべ》を愛されし時
［その僕がかつて］人びとのために注いだ愛と同じ愛を
アッラー、その僕に注がれようぞ

以上のことは、サラーフ・ウッ＝ディーンがこれまでに彼ら［巡礼者たち］に友愛の情で臨み、彼らのために善良な立場を貫いてきたことによって、また［不当な］マクス税の支払い義務を彼らから取り除いたことによっても、当然、彼らから起こるべくして起きた［感謝の］真実［の声］であった。実際に、現時点において、サラーフ・ウッ＝ディーンの手紙が［メッカの］アミール、ムクスィルのもとに届いたという事実がわれわれに告げられたが、その［手紙の内容で、］一番重要な部分は、すべからく巡礼者には慈悲深い善行を施すべきことがとくに肝要であるとの勧告であり、彼ら［不幸や災害に遭って困っている巡礼者たち］にしっかりとした優しい援助の手を差し伸べ、彼らに対する友誼を厚くし、［遊牧民たちの］襲撃の手から

彼らを防ぎ、しかもそうした［すべての］ことを［メッカのアミールの］召使いたち、従者たちや一般群衆の間にも周知徹底すべし、という点にあった。そして、サラーフ・ウッ＝ディーンは「そもそも、われらと汝（アミールのムクスィル）とは共に、巡礼者への利益［を提供する］という責務を委ねられているのである。よって、こうした［メッカ巡礼の］崇高なる目的と神聖なる意図をよくよく考えてみるがよい。［『クルアーン』第五五章第六〇節に、《善いことをすれば、善い報い戴けるのが当然のこと》とあるように、］アッラーからの善いことは、その僕に善いことをする者に一層倍加されるのだ。また、アッラーによる尊く侵し難い［深遠なる］愛は、彼らに愛を注ぐことに情熱を燃やす者に対して、授けられるべきものである。至高・至大なるアッラーこそは、善行に勤しむ人たちへの報奨を必ず約束する御方であらせられる。そもそも、アッラーこそは、そのことを委ねられる［最高の］御方であり、アッラーの他に、主はあらせられない」と述べた。

さて、［話を本筋に戻すと、］その説教が行われている間に、二本の黒い旗がミンバルの第一段目のところに立てられて、ムアッズィンたちのなかの二人の男はその二本の旗［竿］を握っていた。すでにミンバル［の階段を登る際］の門の両側に、二組の［彼らの分かれた］集団が控えていたが、その時、その二本の旗はその二組の集団の間に立てられた。そして、礼拝を終えた説教師は自分の右側と左側に二本の旗を見て、入場してきた時と同じように彼の面前には［一人のムアッズィンの持つ］ファルカアを配置したなかを通って外に出た。そうしたことは、まるで説教師の退出と礼拝の終了を［同時に］告げているようであった。なお、ミンバルについては、その後になって、御立処の前の本来の場所に戻された。

同月、すなわち第一ジュマーダー［月］の新月が現れた夜のことであるが、メッカのアミールである例のムクスィルは、その夜が明けた朝、日の出とともに、神聖なるハラム（聖モスク）に姿を現した。その時、彼の軍指揮官たちが彼の周りを取り巻き、一方、『クルアーン』の朗誦者たちは彼の面前で朗誦し続けていた。それからムクスィルは、預言者［ムハンマド］の門（バーブ・アン＝ナビー）に入った。アッラーよ、預言者に祝福と平安を与え給え！　一方、〈ハッラーバ[62]〉（槍を持って供をする従者）の名称で一般に知られるムクスィルの家来の黒人たち[63]は、手に槍を持って、彼を先導しながらタワーフを行った。その時のアミール［、ムクスィル］は、ごく控えめな身なりをしていたが、彼［の動作］には落ち着きと威厳があり、彼の尊く侵し難い祖先――アッラーよ、彼らに祝福を与え給え！――の古式ゆかしい身のこなし方に則って白い布をまとい、一本の略式の剣を短く引き寄せ、構えて帯び、白くて薄手の羊毛製の薄桃色のターバンを巻いていた。こうして、アミールは神聖なる［イブラーヒームの］御立処の手前まで来ると、立ち止まった。そして、亜麻織りの［礼拝用の］マットが［床に］敷かれると、彼はそこでラクア（跪拝）を二度[64]行って、拝礼した。次に、彼は黒石に向かって進むと、それに口づけしてから、タワーフを始めた。その時、すでに一人の少年、つまりザムザムのムアッズィンの弟はザムザムの円蓋堂の上に登っていたが、彼は他ならぬムアッズィンたちのなかで最初にアザーンの喚び掛けをする人物で、彼のアザーンに導かれて、［他のすべての］ムアッズィンたちが続いて唱和するのが習わしであった。その際の少年［の服装］は、彼の晴れ着の中でも最も立派なものであって、ターバンを巻いていた。

アミールが［カアバ神殿のタワーフの］一巡を終えて、［黒］石に近づくと、その少年は［ザムザムの］円蓋堂の一番高いところで声を張り上げ、一挙に祈願を始め、「アッラーよ、どうぞ末永き幸運と、あまねき御恩恵とをもって、われらが主、アミール［＝ムクスィル］に善き朝をお授けになられますように！」という文句で口火を切り、それに引き続いて情熱を燃やした祈願と讃辞を込め、サジュウ調の言葉[65]によって、その［第一ジュマーダー］月の［開始］を祝賀し、さらにアミールへの賞讃、アミールの尊く侵し難い祖先への賞讃、そして預言者としての資質を持った先人たち——彼らに祝福あれ！——を追憶する詩[66]の三行または四行を唱えてそれを締めくくり、やがて沈黙した。さて、アミールが［黒］石の方へ向かおうとしてイエメンの角から姿を消すと、その少年はその状況に合わせるように、最後の祈願《ドゥアー》を急ぎ行った。

その祈願に続いて、少年の詩は、その意味自体［前回のものと］同じものであるが、幾分違った別の詩の数行に移ったが、それは彼を賞讃するためのカスィーダ[67]（頌詩）から引用されたもののように思われた。こうして、アミールが［七回のタワーフを］終えるまで、同じように七回の［カスィーダの異なる韻律の］変化の過程が繰り返された。一方、『クルアーン』の朗誦者たちは、アミールがタワーフをしている間、彼を先導した。こうした状況、そして荘厳さ、さらには少年が幼さにもかかわらず、そうした［大事な場面での一人前の］祈願者[68]（ダーイー）としての見事な声――なぜならば、その時点での彼は、まだ一一歳そこそこの少年であった――、その彼が口にする散文、作詩法を駆使して差し挟む美麗な言葉、『クルアーン』の朗誦者たちによる至高・至大なるアッラーの書（『クルアーン』）［を朗誦する］の声とその朗々たる声［等々、以上のすべて］が見事に調和し、しかもアッラーが汚れを取り除き、清浄なものに浄め給うた［貴種の］《御家の人びと》（預言者一家とその子孫たち）のことにも思いを馳せたので、心を動かし、深い悲しみを感じて、落涙を覚え、実際に泣いてしまうほどであった。

　このようにしてアミールは［カアバを回る七周の］タワーフを終えると、ムルタザム[69]のもとで二回のラクアを行い、それから［イブラーヒームの］御立処の後方に向かい、そこでもラクアを行った。その後、彼は今まで取り囲んでいた近習の一団を引き連れて立ち去って行き、そして翌月の新月が昇る時まで、決してハラム（聖モスク）に姿を現すことはなく、こうしたことはいつも行われていることである。

　さて、由緒ある〈御家〉（カアバ神殿）は、大きくどっしりした褐色の石で築かれたもので、その石は相互にぴったりと付けられて、月日がそれを変化させ、時代の移り変わりがそれを破壊することもないように、石膏でしっかりと張り合わされている。驚くべきこととして、以前に［カアバの石の］一つの破片がイエメンの角の部分から剝がれ落ちたことがあったので、［その剝がれ落ちた部分は］銀製のいくつかの釘によって留められ、もともとあったように、最も美しい状態に戻された。しかし、その留めた部分の釘は今も外の表面から見えている。

　また、由緒ある〈御家〉の［神性を示す］徴《しるし》（奇跡）の一つとして、それはまるで堂々たる塔のごとく、ハラム（聖モスク）の中央に立ち、崇高なる神々しさを備えていることがある。実際に、［その神性を示す証拠の一つとして、］ハラムの鳩は数えられないほど多いが、まさしく諺にも譬えられているように、そこは安全の状態《アムン》[70]にあり、どんな鳩といえども、その屋根のてっぺんに［舞い］降りずに、いつ、いかなる事情があろうとも、直接そこに留まるようなことは決してしない。したがって、あなたが見ても分かるように、鳩はハラム全体の上空をぐるぐる回って、〈御家〉に近づくことがあっても、右あるいは左へ［飛ぶ］向きを急に変えるので、鳩だけでなく、それ以外の鳥たちについてもそれと同じようにする［のが常である[71]］。私は、［アズラキーによる］『メッカの諸情報[72]』のなかに、「鳥が病気に罹った時を除いて、どんな鳥でも、決してその上には舞い降りることはない。したがって、［病気になって、〈御家〉に舞い降りた］鳥はすぐに死ぬか、もしくは病気が治ってしまうかのいずれかである[73]」とあるのを読んだことがある。ああ、何と有り難いことか、アッラーが高貴さと神聖さとを〈御家〉の最大の遺産としてお授け給うたことに！

　さらに、〈御家〉に備わった神徴の一つとして、神聖なるそこの門は、先にも述べたように決められた日々に［のみ］開かれるということがある。

　ハラム（カアバ神殿と聖モスク）は、人［込み］で息の詰まるほど［混雑した状態］になることもあるが、至高・至大なるアッラーの御尽力によって、すべての人がそこに入っても、決して彼らにとって狭すぎることはなく、必ずどこかに隙間があって、一人ひとりがその中でお祈りをすることができる。

［お祈りに訪れた］人たちは、そこから外に出てきた時、顔を合わせると、「本日、〈御家〉に入られましたか」と、お互いに訊ね合う。すると、誰もが「［他の］すべての人がお祈りしたように、私も中に入って、これこれの場所、しかじかの場所で［楽々と］お祈りしました」と返答する。まことに、アッラーこそ、いくつもの奇跡に満ちた証拠と一緒に、明白な徴をお持ちになられておられる。ああ、何と有り難いことか、アッラーこそは高く高くあらせられる御方よ！

まことにめでたく、高く高くあらせられるアッラーの［人間への］温情で驚嘆すべきことの一つとして、〈御家〉は昼の一時も、夜の一時も、タワーフをする人たちを絶やさないということがある。したがって、あなたが「タワーフしている者を誰も見ませんでした」と、報告するような人を見つけ出すことは決してないであろう。何と有り難いことか、そこを神聖なものとなし、偉大なものとなし、さらにはそこのために高貴なもの（属性）を終末の日まで、末永く授け給う御方（アッラー）よ！

ハラムにある柱廊の一番てっぺんには、四面の柱廊をすべて取り囲む屋根が付いている。その屋根こそは、屋根全体の柱を支えている張り出した複数の迫持《せりもち》（アーチ）によって迫り上げられている。なお、迫持の面の一つひとつには、まるでさらに別の小さないくつもの迫持であるかのように、三つの角があって、迫持の一番低い角はその隣にある別の迫持の角とつながっている。また、一つの迫持［と次の迫持と］をつなぐ一つひとつ［の接合部］の下側には空気が通り抜けるため、一シブルの円球の突き抜けている丸い穴が一つあって、太陽、または月の光がその中を通って輝くので、それはあたかもいくつもの丸い月のようである。その屋根は、［ハラムの］四つの側面のすべてと連結しているので、そうした同じような迫持はまるで一つの塊として構築され、その後になってこのような分割と角が付けられたかのようで、そのために何とも不可思議な外観と形状となっている。

上述した［ハラムの］四つの側面のそれぞれ中ほどのところに、モルタル漆喰で造った迫持があって、それはいくつもの裂け目のある透かし細工の迫持の間にまたがっており、概算でのその長さは三〇シブルである。その迫持の一つひとつは聖別されたカアバの壁面の一つと向かい合い、まるで王冠のように［他の］迫持より高く盛り上がっている。

そして、同じく［ハラムにある］いくつものミナレットについても、見事な形状が見られる。つまり、ミナレットはその［全体の長さの］半分のところに、その四つ［の側面］にくっきりとした彫刻と見事に配したいくつもの石によって縁を付け、外側に突き出させている。そして一風変わった造りの木製の格子がそれを取り囲むこともあり、まるで円錐形のように、その格子のところから柱（尖塔）が上空に聳え立ち、その全体は順々に重ねてぴったりと張り合わせた石膏によって環状の飾りが付けられて、目を奪われるような見事な技巧である。その尖塔の一番てっぺんには宝珠(74)（ファフル）があり、それと同じ造作の別の一つの木製の格子がその周囲を取り囲んでいる。ミナレットはそれぞれが互いに似ておらず、独自の形で際立っているが、上述したものと同じ形式に則りながらも、その最初の下半分は角ばっており、その上部半分については柱に角がない。

ザムザムの円蓋堂の上部半分、そして一般に〈スィカーヤ〉（水飲み場）と呼ばれるアッバースの円蓋堂、さらにその左側に続く、少し脇へ寄った位置にある［かつて］ユダヤ教徒のものとされた円蓋堂［など］は［いずれも］木製で、それを造った人が細心の技巧を尽くした見事なムカルナス文様(75)のもので、その最上部にはくっきりとした隙間と浮き彫りを施した木製の欄干付きの格子(76)が取り囲んでいる。ザムザムの円蓋堂［の最上部］にある格子の内側には屋上テラスがあり、その中央にはミナレットの［てっぺんにある］宝珠に似たものが立っており、ザムザムのムアッズィンはその屋上テラスの下でアザーンを行う。その宝珠からモルタル漆喰の柱（塔）が伸びて、その頭部には鉄製の［灯明］皿が固定されており、偉大なるラマダーン月にその鉄製の皿は灯明を供える場所として使用される。

［ザムザムの］円蓋堂から由緒ある〈御家〉の方に目を向けた側にはいくつもの鎖［で張られた綱］があり、そこには夜ごと、火が灯されるガラス製のランプが吊り下げられている。また、その［円蓋堂の］右側、つまり北を向いた際の壁面についても同じである。円蓋堂の各々の壁

面には、まるでガラス製の小さな円柱の上に立つ扉（開き戸）のように、［頑丈に］取り付けられた三つの手摺《てすり》があるが、それほどのものは他に類例のないと思われるほどの見事な出来栄えで、とくにザムザムの円蓋堂から［カアバ神殿の］黒石に面した側のものについては、［あたかもガラスの］腕輪をねじって造られている［ようである］。なぜならば、その部分の円柱は完璧なまでに見事にできており、各々の円柱には三つ、もしくは四つの頭（瘤《こぶ》のような装飾の突起）が付けられ、また各々の頭と｛……｝の頭の間にある下｛……｝(77)。しかも、そこにある彫刻の［高度で巧みな］技巧は驚くほど素晴らしい様相を醸《かも》し出しており、その一部は腕輪のような形に撚り合わされているからである。

［カアバ神殿の］黒石と上述した［ザムザムの］円蓋堂とが向かい合っているこの［ザムザムの円蓋堂］側面に接して、一つの大理石のマスタバ（長椅子）があって、その円蓋堂をぐるっと囲んでおり、［参拝の］人びとはそこに座ると、その場所こそが高貴な場所であると考え、深く感慨にふける。なぜならば、そこは他ならぬ来世の場所の高貴さにも匹敵するほどの、この現世における最高に高貴なる場所の一つであるからである。つまり、黒石はあなた［の座っているマスタバ］の面前にあり、そして〈御家〉とともに［〈御家〉の］神聖なる入口はあなたの正面に、［イブラーヒームの］御立処はあなたの右に、サファー門はあなたの左に、そしてザムザムの井戸はあなたの後方にあるから、まさしくこれ以上の［高貴な］場所は他になく、何と素晴らしいことであろうか！

そうした「円蓋堂の周囲の壁面に取り付けられた」手摺は鉄の棒の一つひとつが連ねられ、互いに組み合わさり、まるで別の手摺であるかのようにも見える。アッバースの円蓋堂を取り囲んでいる木製の格子にあるいくつもの角の一つは、ユダヤ教徒の円蓋堂の格子の角の一つとつながっており、あたかも「その格子の」二本が相互に連結しているかのように思える。したがって、この「ユダヤ教徒の円蓋堂の」屋根のてっぺんにいる人は、上述した二つの角から別の屋根へ移って行くこともできる。これらの円蓋堂の内部は、モルタル漆喰のムカルナス文様の見事な技巧を施した造りである。

ハラム（聖モスク）には「専属の」スンナ派の四人のイマーム[78]がおり、そして五人目のイマームは〈ザイディーヤ[79]〉（ザイド派）と呼ばれる分派のための人である。この「メッカの」市街の住民のうちのシャリーフ（聖なる家族）たちは、彼ら「ザイディーヤ」の法学派（マズハブ）に基づいており、そこで彼らはアザーンにおいて、「他の」ムアッズィンが唱える「さあ、救いのもとへと来れ！」という言葉の後に、「さあ、最良の行いへと来れ！」の一言を付け加える「のが常である」。彼らこそは、「他の人たちから」悪口を浴びせられているラーフィダ[80]の人たちであるが、いずれにしても、アッラーこそは、常に彼らの〈勘定[81]〉の後ろに控えており、「最後の審判の時に必ずや」彼らへの罰を下されることであろう。また、彼らは「金曜日には、他の一般の」人たちと一緒に礼拝に集まらず、ただ昼間の礼拝（ズフル）を四回のみを行い、「スンナ派の」イマームたちによる「一日の最後の」礼拝の終了後に、「五回目の」日没の礼拝（マグリブの礼拝）を行う。

さて、スンナ派の［四人の］イマームたちのなかの筆頭は、［シャーフィイー派の名祖］シャーフィイー[82]——アッラーよ、彼に慈悲を与え給え！——［派法学のイマーム］である。われわれが最初に彼［の学派のイマーム］を挙げたのは、そもそも彼がアッバース朝のイマーム（カリフ）の名代《ムカッダム》であるためである。つまり、彼こそは［他の三人のイマームたちの］最初にお祈りを行い、彼による礼拝は日没の礼拝（サラート・アル＝マグリブ）［の時］以外、イブラーヒーム——アッラーよ、彼に祝福と平安を、そしてわれらの尊い預言者［ムハンマド］に平安と祝福を与え給え！——の御立処の後方で行われる。なぜならば、日没の礼拝《マグリブ》の時には、［日没までの］時間が短いため、［スンナ派の］四人のイマームたちが同時に集まって礼拝することになっているからである。その際に、シャーフィイー派のムアッズィン［だけ］が［礼拝開始の］イカーマ[83]（起立、礼拝の最初の喚び掛け）を行い、続いて他の［三つの学派の］イマームたちに所属するムアッズィンたちは［一緒に］イカーマを告げる。時として、この［日没の］礼拝において、礼拝者たちに向かって、四方八方から起こるタクビール（「アッラー・アクバル！」の大きな掛け声）と一緒になってしまうため、迂闊にも［人はそれぞれの学派のイマームたちの正しい指示を］見逃してしまうことが起きる。そのため、マーリク派による［礼拝］者がシャーフィイー派あるいはハナフィー派の［イマームに従って］ラクア（立礼・屈礼・平伏礼によって構成される一回の礼拝の動作）を行ってしまったり、あるいは彼らのある者は自分の所属する派のイマームの礼拝と違って祈ってしまったりすることも起こり得る。したがって、あなたが見ていても分かるように、［この日没の礼拝時、］うっかり誤って［他の学派のイマームのラクアに合わせて］しまうのではないかと心配で、それぞれの［礼拝者たちの］耳は自分の［所属する］学派のイマームの声、あるいは自分の［所属する］ムアッズィンの声を聞き取ることに［必死になって］向けられるが、このような注意を払ってもなお、多くの人たちが過ちを犯してしまうこともある。[84]

次には、マーリク――アッラーよ、彼に御慈悲を与え給え！――の法学派［を代表するイマーム］であり、彼は［カアバ神殿の］イエメンの角の手前において祈る。そこには、一般の道路の［水場に設置された］ミフラーブと似たような、一つの石造りのミフラーブがある。

次は、ハナフィー――アッラーよ、彼に慈悲を与え給え！――の[85]法学派［を代表するイマームによる］礼拝であり、彼の礼拝は、自派のために造られたハティームの下にある［カアバ神殿の］雨樋の手前で行われる。ハナフィー派のイマームは、現在、アジャムの王朝[86]の［大セルジューク朝の］すべてがその同じ法学派に従っているため、イマームたちの中でも最も威厳を保っており、また彼らの中でも灯明などの点で一番立派な道具立てで、そのイマームのもとへ集まる会衆者［の人数］も多く、彼の礼拝が最後［を締めくくる役割を果たすの］である。

次は、［ハンバル派の名祖］ハンバル――アッラーよ、彼に慈悲を与え給え！――の法学派［を代表するイマーム］であり、そのイマームの礼拝はマーリク派［のイマームの礼拝］と同時に行われる。彼の礼拝の場所は、［カアバ神殿の］黒石とイエメンの角との中間にあるところで、正午と午後［の二回の礼拝］を、ハナフィー派の［イマームの礼拝場所からも］近く、［ハラムの］西から北に通じる柱廊で行う［のが常である］。一方、ハナフィー派［のイマーム］についてはこの二回の礼拝を［ハラムの］西から南に通じる柱廊の自派のミフラーブの前で行い、その際は自派のハティームにおいてではない。

シャーフィイー派の［イマームの］場合、［イブラーヒームの］御立処の真向かいに立派なハティームがあり、そのハティームの形状については二本の木柵で、その二本の木柵の間を一ズィラーウの長さの梯子《はしご》状のもの（梁木）を設置したもので、同じ形状の別の二本の木柵がその前者の二本の木柵と相互に［平行して］向かい合っている。この［向かい合って並ぶ］木柵は、立ち上がりが際立って高いというほどではないが、モルタル漆喰の二本の柱の上に固定されている。また、その木柵の一番上の部分に、釘で留められた梁木が渡されており、その梁木に鉄製の鉤《かぎ》が掛けられて、いくつものガラスのランプがそこに吊り下げられ、透かし彫りされた格子と最上部に横たわる梁木とが一緒に付けられていることもある。

一方、ハナフィー派の［イマームのハティームの］場合、木柵を固定している二本のモルタル漆喰の脚柱の間に一つのミフラーブがあって、イマームはそこで礼拝する。また、ハンバル派の［イマームのハティームの］場合、装飾のない質素なハティームで、それは他ならぬハナフィー派のハティームから近いところにあり、それこそはペルシア出身の一人の富豪、ラーマシュト[87]「の寄進」によるものとされている。このラーマシュトという人物には、ハラムの中のいくつもの慈善の寄進物により、尊く侵し難い功績がある[88]「ことで広く知られる」。アッラーよ、彼に祝福を与え給え！　また、別の使用されていない一つのハティームが「黒」石の真向かいの側にあり、これは〈ワズィール・アル＝ムカッダム[89]〉（軍司令官）というだけで、正式の名前が不詳の人物によるものとされている。以上のような場所のいずれもが、由緒ある〈御家〉の周囲を取り囲んで配置されている。

〈御家〉からほんの少し離れたところに、木製の「台座の」上の鉄の受け皿に灯された松明《たいまつ》があって、それによって高貴なるハラムの全体は光で照らされ、さらに蠟燭が「各派の」イマームたちのいる前のミフラーブに置かれている。マーリク派の場合、その法学派はこれらの地域ではあまり知られていないため、蠟燭の数では一番少なく、彼らの立場も最も弱い。一方、一般民衆はシャーフィイー派の法学に従っており、その地域のウラマーや法学者たちについてもそれに従っている。ただし、アレクサンドリアの場合は例外であり、そこの住民の大多数はマーリク派の人たちである。「現在、」そこには法学者のイブン・アウフ[90]が住み、彼こそはその他のマーリク派のイマームたちのなかでも学識者たちとして、偉大なるシャイフである。

「四学派の各々のイマームたちによる」日没の礼拝が一回終わるごとに、ザムザムのムアッズィンはザムザムの円蓋堂の屋根——その円蓋堂にはサファー門と向かい合った側に、幾段もの横木を取り付けて登る木製の梯子がある——で、アッバース朝のイマーム（カリフ）であるアフマド・アン＝ナースィル・リ・ディーン・アッラーに向けての祈願を大声で唱え、次に［メッカの］アミールのムクスィルに、さらにシリア、エジプト全域とイエメンの指導者（アミール）、世に赫々《かっかく》たる偉業と高貴なる善行の持ち主であるサラーフ・ウッ＝ディーンに向けての祈願を［順次に］行う。こうして、［最後に］そのムアッズィンが祈願の言葉を終えると、タワーフを行っていた人たちの「アーミーン、アーミーン」（アーメン、アーメン）と叫ぶ声[91]が一段と高まり、［信者たちの］純朴な心と［偽りなき］真実の意図とがそのアーミーンという言葉をさらに膨らませ、それによって言葉が［耳に届いた人を］なるほどだ、もっともだと合点させ、心からの恭順の意を表すことになる。そのことはアッラーがこの公正なるスルタン［＝サラーフ・ウッ＝ディーン］に対して授けた美しき讃辞、そして彼に人びとへの敬愛の念を抱かせ、彼の［統治する］土地に住むアッラーの［敬虔な］僕たちが他ならぬ彼の［輝かしき功績の偽らざる］証人たちであるという事実をお知りになられたからに他ならない。

次に、それはサラーフ・ウッ＝ディーンからの［任命を受けた］イエメンのアミールたち[92]のため、さらにすべてのムスリムたちのため、そして巡礼者たち、旅行者たちのために向けての祈願へと順々に続く。こうしたやり方は、ムアッズィンの慣行として、いつも変わらずに行われる。

さて、上述したアッバースの円蓋堂の中に、縦幅と横幅の大きな一つの箱を納めた宝物庫がある。そして、その箱の中にはアッラーの使徒［ムハンマド］——アッラーよ、彼に祝福と平安を与え給え！――の教友である四人の［正統］カリフの一人の［ウスマーンが所有していた］『クルアーン』写本[93]が納められている。［その写本は、］ザイド・ブン・サービト――アッラーよ、彼に祝福を与え給え！――の筆によるもので、アッラーの使徒［ムハンマド］――アッラーよ、彼に祝福と平安を与え給え！――の没後一八年目に筆写されたものである。その写本の多くの紙数に欠損が見られ、［表紙と裏表紙の］二葉の間に真鍮製の留め金によって綴じられた棒が付いており、その紙幅は大きく、横幅も広い。そして、われわれは実際にこの『クルアーン』写本を目にして、口づけし、それに頰ずりをすることで御利益を求めた。アッラーよ、そのことによるわれらの意思により、御利益を授け給え！

　われわれのために『クルアーン』写本を閲覧させてくれたその円蓋堂の長である管理人は、われわれに以下のことを教えてくれた。メッカの住民は、旱魃《かんばつ》に襲われたり、もしくは彼らの物価の高騰が酷くなった時に、この同じ『クルアーン』写本を［箱から］取り出し、神聖なる〈御家〉の扉を開けて、それを祝福された［〈御家〉の］敷居、さらには神聖なる御立処、つまり［アッラーの］親友、イブラーヒーム――アッラーよ、われらの預言者［ムハンマド］とイブラーヒームに祝福を与え給え！――の神聖なる御立処に置く。そして、人びとは各自の頭の覆布を脱ぎ、恐れ畏《かしこ》まりつつ祈願し、神聖なる『クルアーン』を持参して集まり、偉大なる［イブラーヒームの］御立処においても同じようにアッラーの救いを求め、至高・至大なるアッラーの御慈悲が彼らに与えられるまで、決してその場を離れない[94]。まことにアッラーこそは、自らの僕たちにいつも慈しみ深き御方であらせられる。この御方を除いて、他に主はあらせられない。

高貴なるハラム（聖モスク）に面して、多くの館《ダール》がある。そうした［いずれの］館にも入口［の門］があって、そこを通ってハラムに入ることができる。ズバイダの館[95]（ダール・ズバイダ）、法官の館[96]（ダール・アル＝カーディー）、〈アジャラ〉として知られる館[97]などのように、［ハラムに］隣接するところは何と素晴らしいことよ！　さらに、ハラムの周囲にも、それを取り囲む多くの館があり、そうした館には［ハラムを眺める］見晴らし台や屋上が備えられ、直接そこからハラムの屋根に出ることもできる。したがって、そこに住む人たちは、［時に］ハラムの屋根で夜を過ごしたり、またそこのバルコニーの最上部で彼らの飲料水を冷やすこともできるので、［要するに］彼らは、途切れることなくお祈りが続けられている由緒ある〈御家〉にいつも目を向けていることになるのである。まことにアッラーはお恵みと御寛大さによって、神聖なるアッラーの〈御家〉と隣り合うことの[98]特権を彼らにお授けになられたことは、彼らにとって何と慶賀に堪えないことか！

私は、厭世の人、信心深き人、法学者のアブー・ジャウファル・アル＝ファナキー・アル＝クルトゥビー[99]の［書物からの］一文によって、以下の事実を確認した。すなわち、聖モスクは、その縦幅と横幅において、私が最初に確定したとおりであり、一方、［メディナにある］アッラーの使徒［ムハンマド］――アッラーよ、彼に祝福と平安を与え給え！――のモスクの縦の長さは三〇〇ズィラーウ、その横幅は二〇〇ズィラーウ、そこの柱の数は三〇〇、そこのミナレットは三つであるから、その［全体の］面積はマグリブ方式のマルジャウ単位によれば、二四マルジャウとなる。なお、マグリブ方式の一マルジャウは五〇ズィラーウに等しい。また、エルサレム（バイト・アル＝ムカッダス）――アッラーよ、そこをイスラームに回復させ給え！――にあるモスクについては、その長さは七八〇ズィラーウ、その横幅は四五〇ズィラーウであって、そこの柱は四一四本、そこのランプは五〇〇灯、そこの門は五〇の門であり、したがってそこの［全体の］面積は、上述のマルジャウ単位でいえば、一四〇と五分の一マルジャウとなる。

〇高貴なるハラム（聖モスク）**――アッラーよ、そこを聖なるところとなし給え――にある諸門の説明**

ハラムには一九の門があり、アッラーが望み給うならば、次に説明するように、その門の大多数は複数の出入口に向けて開かれている。[100]

●サファー門：五つの出入口に向けて開かれており、かつては〈バヌー・マフズーム門[101]〉と呼ばれていた。

●ハラキーユーン門[102]：〈小ジャヤード門[103]〉（バーブ・ジャヤード・アッ＝サギール）とも呼ばれて、二つの出入口に向けて開かれている。なお、新しくその門は改築されたものである。

●アッバース――アッラーよ、彼に祝福を与え給え！――門：三つの出入口に向けて開かれている。

●アリー――アッラーよ、彼に祝福を与え給え！――門：三つの出入口に向けて開かれている。

●預言者［ムハンマド］――アッラーよ、彼に祝福と平安を与え給え！――門：二つの出入口に向けて開かれている。

●小門（バーブ・サギール）：これにも［正式の］名が付いていないが、次に述べるバヌー・シャイバ門（バーブ・バヌー・シャイバ）の真向かいに位置する。[104]

●バヌー・シャイバ門：三つの出入口に開かれている。これは［現在の］バヌー・アブド・シャムス門[105]（バーブ・バヌー・アブド・シャムス）のことで、［アッバース朝歴代の］カリフたちが通るのは他ならぬこの門からである。

●ナドワ｛館の｝門（バーブ｛・ダール｝・アン＝ナドワ）：三つの出入口があるが、そのうちの二つの門はナドワ館のまっすぐ前（前面）にあり、三番目［の門］はその同じ館の西の壁角にある。したがって、ハラムの門の数はこの一つの離れた門を含めると、［総数が］二〇［門］となる。

●バヌー・シャイバ門の真向かいにある小さな門：木戸[106]（通路の入口などに設けた屋根のない開き戸）のよう［に小さな門］であり、［正式の］門の名前はない。その門を通って、スーフィー（イスラーム神秘主義者）のリバート[107]（修道場）に入ることができるため、〈リバート門〉（バーブ・アッ＝リバート）の別名でも呼ばれているとのことである。

●アジャラの館[108]のための小門：新しく造られたもの。

●スッダ門[109]：［出入口は］一つ。

●ウムラ（小巡礼）門：［出入口は］一つ。

●ハズワラ門[110]：二つの出入口に向けられている。

●イブラーヒーム――アッラーよ、彼に祝福と平安を授け給え！――門（バーブ・イブラーヒーム）：［出入口は］一つ。

●〈ハズワラ〉とも由来付けられた［別の］門：二つの門の出入口。

●大ジャード門：二つの出入口がある。[111]

●同じく大ジャード門：二つの出入口がある。

●同じく［大］ジャード門とも由来付けられた門：二つの出入口がある。彼ら［メッカ住民］のある者は、以上の四つのジャード門の出入口のうちの二つの門について、〈粉商人たちの門〉（バーブ・アル＝ダッカーキーン）であるとしているが、その意見はまちまちであるため、われわれとしても、そうした名前のうちで最も近く、確かなものにしようと努めた。[112] まことに、アッラーはいつも助けを求めるに足る頼りになる御方であり、この御方を除いて、他に主はあらせられない。

［上述した諸門のなかで、］イブラーヒーム――アッラーよ、彼に祝福と平安を授け給え！

——の門（バーブ・イブラーヒーム）こそは規模の大きなザーウィヤ（修道場）の中にあり、そのザーウィヤにはハラム（聖モスク）においてかつてマーリク派のイマームを務めていた法学者、ミクナースィー[113]（ミクナース出身者）の館がある。アッラーよ、彼に祝福を与え給え！　同じく、そのザーウィヤ内に一つの小部屋があって、そこはハラムにおけるマーリク派の人たちのために［特別に］寄進献納された書籍[114]の図書室である。この同じザーウィヤは、西から南に延びる回廊とつながり、その回廊を伝って外部に出ることもできる。上述の［イブラーヒームの］門の真向かい、すなわちその門に入る者の右側に、これまでに述べたミナレットの形状とは異なる［様式の］一つのミナレットがあるが、そのミナレットは漆喰の浮き彫り文様が施された細長い形で、まるでミフラーブのように巧みな造作のムカルナス文様の浮き彫りがその周囲を取り巻いている。さらにその［イブラーヒームの］門の上には、高さの点でミナレットとほぼ近い、一際目立った高さの円蓋屋根が付いている。その円蓋屋根はその内側に筆舌に尽くし難いほど見事なモルタル漆喰とムカルナス文様の浮き彫りが見られ、［内側だけでなく、］その外側にも、同じく漆喰の下絵文様が施されて、まるで宝珠を幾重にも重ねた環状の支柱（空輪、塔の心柱上部の装飾）のようである。その同じミナレットの宝珠は漆喰でできた支柱の上に設置されているが、［各々の］支柱と支柱との間には隙間がある。また、イブラーヒーム門の外側には、彼の名に由来する一つの井戸［、イブラーヒームの井戸］がある。アッラーよ、彼に祝福を与え給え！

さて、一般的に［上述のように、人によってハラムの］門［の説明］はサファー門から始められるが、その理由はサファー門が他の諸門の中でも最大の門であり、しかも人がサアイ（早足の行）に向かう際にその門のところから出発するからである。なお、ウムラ（小巡礼）においてメッカ——アッラーよ、そこに高貴な地位を与え給え！——に到着した人は誰でも、メッカに入る際まずバヌー・シャイバ門を通って行くことが望ましいとされており、その後に［カアバ神殿の周囲を回る］七回のタワーフを行い(115)、そしてサファー門に向かって進むのが常道であるが、その途中の道において二本の円柱の間を通ることになっている。その二本の円柱とは、先に述べたように、マフディー(116)——アッラーよ、彼に御慈悲を与え給え！——は、アッラーの使徒［ムハンマド］——アッラーよ、彼に祝福と平安を与え給え！——がサファー［の丘］に向かった時と同じ道を進むための目印として、［その順路を間違わないように］その二本の円柱を建てるよう命じた［と伝えられる］。なお、［カアバ神殿の］イエメンの角とその二つの円柱との間の距離は四六ハトワである。また、その二つの円柱からサファー門までは三〇ハトワ、サファー門からサファー［の丘］まで［の距離］は七六ハトワである。なお、サファー［の丘］には一四段の階段があって、その階段は高く聳える三つの［柱列上に連続した］アーチ付き建造物（アーケード）の上にある。その階段の最上段は、まるでマスタバ（長椅子）のように幅広い。そして［その階段の一番上から眺めると、］いくつもの館がサファー［の丘］を取り囲んでいる［のが見える］。なお、その［マスタバの一番上の横幅の］広さは、一七ハトワである。

サファー［の丘］と緑色のマイル標識［の円柱］との間は以下に述べるとおりである。なお、マイル標識とは緑色の柱で、緑色に染められており、マルワ［の丘］に至る［途中にある］洪水の流れる川床《マスイール》(117)の道に沿って、ハラムの東の壁角にあるミナレットの角までずっと続き、マルワ［の丘］までのサアイ（早足の行）を行う人にとっての左手に位置する。そして、サアイを行う時に、他ならぬその［ミナレットの壁角の］地点から二本の緑色のマイル標識に向かって、人は轟音を立てて突進するのが常である。そのところの二本のマイル標識もまた、上述したものと同じような二本の緑色の柱であり、その二本のうちの一本［のマイル標識］はハラムの外壁にあるアリーの門（バーブ・アリー）の真向かいに位置しており、その門から外に出てくる人の左手の側にある。もう一本のマイル標識は［メッカの］アミール＝ムクスィルの館と接する［某人の］館の外壁のところで、アリーの門と向かい合って位置する。また、二本［のマイル標識］のそれぞれ［の柱］を覆って、まるで王冠のように、その柱のてっぺんに置かれた一枚の［石板の］表示板があって、私が確認したところでは、そこに金文字で、「《まことにサファー［の丘］とマルワ［の丘］とは、アッラーの聖跡の一部である》」との『クルアーン』の一節（第二章第一五三節）に続いて、「このマイル標識の建立を、アッラーの僕、その代理人（カリフ）、敬虔信徒たちの長たるアブー・ムハンマド・アル＝ムスタディー・ビ・アムル・アッラー(118)——アッラーよ、彼に力強き助けを与え給え！——が［ヒジュラ暦］五七三年（西暦一一七七／七八年）に命じた」との銘文が刻まれている。なお、サファー［の丘］と第一のマイル標識との間

〔の距離〕は九三ハトワである。その〔第一の〕マイル標識から〔次の〕第二マイルの標識までの間は七五ハトワ――つまりそれは一マイル〔の標識〕から二マイル〔の標識〕、そして〔逆の方向に〕二マイルから一マイルまでの早足による往復距離のこと――である。そして二マイル〔の標識〕からマルワ〔の丘〕までは三二五ハトワ〔の距離が〕ある。したがって、サファー〔の丘〕からマルワ〔の丘〕までのサアイを行う人のハトワの合計は四九三ハトワとなる。

なお、マルワ〔の丘〕の階段は五段で、それは一つの大規模なアーチ付き回廊のところにある。マルワ〔の丘〕の広さはサファー〔の丘〕と同じく一七〔ハトワ〕である。サファー〔の丘〕とマルワ〔の丘〕との中間地点は、〔ワーディーの洪水が流れる〕川床《マスイール》であるが、現在、そこはあらゆる〔種類の〕果物類、それ以外にも穀類やすべての食品の取引などで多くの人の集まる〔常設の〕市場となっており、サアイ〔の行〕を行う人たちは〔道の〕右左にいくつもの小売商の店舗が〔軒を〕連ねる中〔を通過するので〕、酷い雑踏から逃れられないほどである。なお、〔メッカの〕市街には、その場所を除いて他に常設の市場はない。ただし、織物商たちと薬種商たち〔の店舗〕については例外であり、彼ら〔の建ち並ぶ店舗〕は上述の〔常設の〕市場の下手のバヌー・シャイバ門のところにあり、しかも〔その門は〕市場とほとんどつながるような近さにある。

高貴なるハラム（聖モスクとメッカの市街地）を見下ろして、アブー・クバイス山[119]がある。その山は〔メッカの市街の〕東方向にあり、〔カアバ神殿の〕黒石の角と向かい合い、山の頂上には一つの祝福されたリバートがあって、その中に一つのモスクがある。そのモスクを覆って、芳香満てる［祝福されたメッカの］市街を見下ろす屋根が付いており、そこから眺めると、市街［全体］の美しさ、ハラムの美しさとその広大さ、そしてハラムの中央に建つ聖別されたるカアバ［神殿］の華麗さ［等々］を［一望のもとに］見渡すことができる。私は、アブー・アル＝ワリード・アル＝アズラキーによる『メッカの諸情報』[120]の中に、次のような一文を読んだことがある。つまり、その山は至高・至大なるアッラーが創造なされた最初の山であり、［ノアの］大洪水の時代に、［黒］石がそこに置かれた。そして、その山は［黒］石をイブラーヒーム――アッラーよ、彼に祝福と平安を授け給え！――のもとに［誠実に］引き渡したことから、クライシュ［族の人たち］はその山を〈信頼できるもの《アミーン》〉[121]と呼んでいた。また、その山にはアーダム（アダム）――アッラーの祝福が彼のもとにあらんことを！――の墓がある。つまりアブー・クバイス山は、メッカの二つの岩山の一つ[122]で、もう一つの岩山は［メッカの］西方向にあるクアイキアーンと連なっている山である。われわれは、このアブー・クバイス山に登り、そこの祝福されたモスクで礼拝した。そのモスクには、至高・至大なるアッラーの御稜威《みいつ》によって月が裂けた時[123]に、預言者［ムハンマド］――アッラーよ、彼に祝福と平安を与え給え！――が佇立［の儀］をなされた［と伝えられる由緒ある］場所がある。まことに、このような［アッラーの］恩寵（神から与えられる無償の賜物）と御利益があることは、ああ何と素晴らしいことよ！　そもそも恩寵とはいつもアッラーの御手とともにあり、アッラー御自身が創造なされた［諸々の］万物の中の［押しても突いても動かぬ］無生物界（山々）に至るまで、望む者には［誰にでも］そのお恵みを授け給うものである。アッラーを除いて、他に主はあらせられない。

　アブー・クバイス山頂には、石膏でがっしり固められた建物の遺構があって、それは上述した［メッカのアミール＝］ムクスィルの父親で、その［メッカの］街のアミール《アミール・アル＝バラド》を務めたイーサーが避難所《マアキル》として使っていたが、イラク巡礼隊のアミールはその避難所を巡って起こったイーサーとの対立によってそこを破壊し、荒廃のままに放置した(124)。

　さて、私は、サファー門を出たところに一本の柱があって、その柱に以下のような刻文があるのを見つけた。なお、その柱は［別の］一本の柱と向かい合い、その二本の柱は預言者［ムハンマド］――アッラーよ、彼に祝福と平安を与え給え！――が［サアイの行のために］サファー［の丘］に至った［のと同じ］道［であることを示すため］の標識として立てられたもので、［現在、］ハラムの内側にあって、上述の二本の柱［と同じ形のもの］である。「アッラーの僕、敬虔信者たちの長（カリフ）、ムハンマド・アル＝マフディー――至高なるアッラーよ、彼を善き［信仰を行った］人となされ給え！――は、カアバ［の位置］が［聖］モスクの中央になるように、［ヒジュラ暦］一六七年（西暦七八三／八四年）、サファー門に隣接する聖モスクの拡張を命じた。」

　したがって、その銘文は聖別されたるカァバ［神殿の位置］が［確かに聖］モスクの中央に位置することを証明するものである。これまで［の見解において］、カアバ［の位置］について、サファー門の方に少しずれていると思われていたので、われわれは聖なるカァバの［四つの］側面を実際に計測した結果、柱の銘文にあったとおり、そのことが正しいことが判明した。さらに、その柱の最下部にある上述の刻文の下［段の行］にも、「アッラーの僕、敬虔信徒たちの長、{ムハンマド・}アル＝マフディー――いと高きアッラーよ、彼を善き［信仰を行った］人となされ給え！――は、この二本の柱の間にある中央の門の拡張を命じた。それこそは、アッラーの使徒［ムハンマド］――アッラーよ、彼に祝福と平安を与え給え！――のサファー［の丘］へ至る道である」と刻まれていた。

その銘文の隣の柱のてっぺんにも、「アッラーの僕、敬虔信徒たちの長、ムハンマド・アル＝マフディー――アッラーよ、彼を善き［信仰を行った］人となされ給え！――は、アッラーの〈御家〉に巡礼する者と小巡礼《ウムラ》を行う者のために、ワーディー（窪地、涸れ谷）を彼の父親［、マンスールを敬愛して呼んだ別称］イブラーヒーム［と同名の預言者イブラーヒーム］――アッラーよ、彼に祝福と平安を与え給え！――の時代の流域まで正しく向きを改めて、聖モスクの周りにある保護された《リハーブ》場所までそれを拡張するように命じた」との銘文がある。さらにその下方にも、第一［の銘文］の下に中央門の拡張について言及した銘文が見られる。なお、ここでいうワーディーとは、イブラーヒーム――アッラーよ、彼に祝福と平安を授け給え！――の名を冠したワーディー［、〈ワーディー・イブラーヒーム〉］を指しており、［現在も］そのワーディーの流れている位置は同じサファー門の脇にある。以前に、洪水［によるワーディーの流れ］はその流れの方向を変えて、サファー［丘］とマルワ［丘］との間の川床に達して、ハラムまで入り込んでいた。したがって、大雨によってワーディーの水位が上昇している間、人はカアバの周りを泳いでタワーフを行っていたという。そこで、マフディー――アッラーよ、彼に御慈悲を授け給え！――は、［メッカの］市街地の一番高いところにある〈ラァス・アッ＝ラドム〉[125]と呼ばれる場所をさらに高く［人工的に岩石で］盛り上げるよう命じた。その結果、洪水が［襲って］来た時、その岩石を高く盛り上げた堰（ラドム）から［現在の］流れているところへと流れの向きを変え、イブラーヒーム門の脇を通過して、〈マスファラ〉[126]と呼ばれる場所まで達したことで、市街地［の中心］から外れるようになり、よほどの大雨が降り続かないかぎり、［洪水の泥］水が市街地の中に流れ込むようなことはなくなった。そこは、他ならぬイブラーヒーム――アッラーよ、彼に祝福と平安を授け給え！――が自らの言葉（アッラーからの啓示を受けること）で《われらの主よ、私は子孫の一部を耕地もないワーディー（メッカにある窪地）［、汝の聖なるお住居（カアバ神殿）の傍］に住まわせることにいたしました》（『クルアーン』第一四章第四〇節）と、祝福すべき至高なるアッラーが彼を介して啓示をお示しになられた、まさしくそのワーディーのことである。ああ、有り難や、［アッラーの存在を証する］明白なる徴《しるし》をお残しになられた御方に！

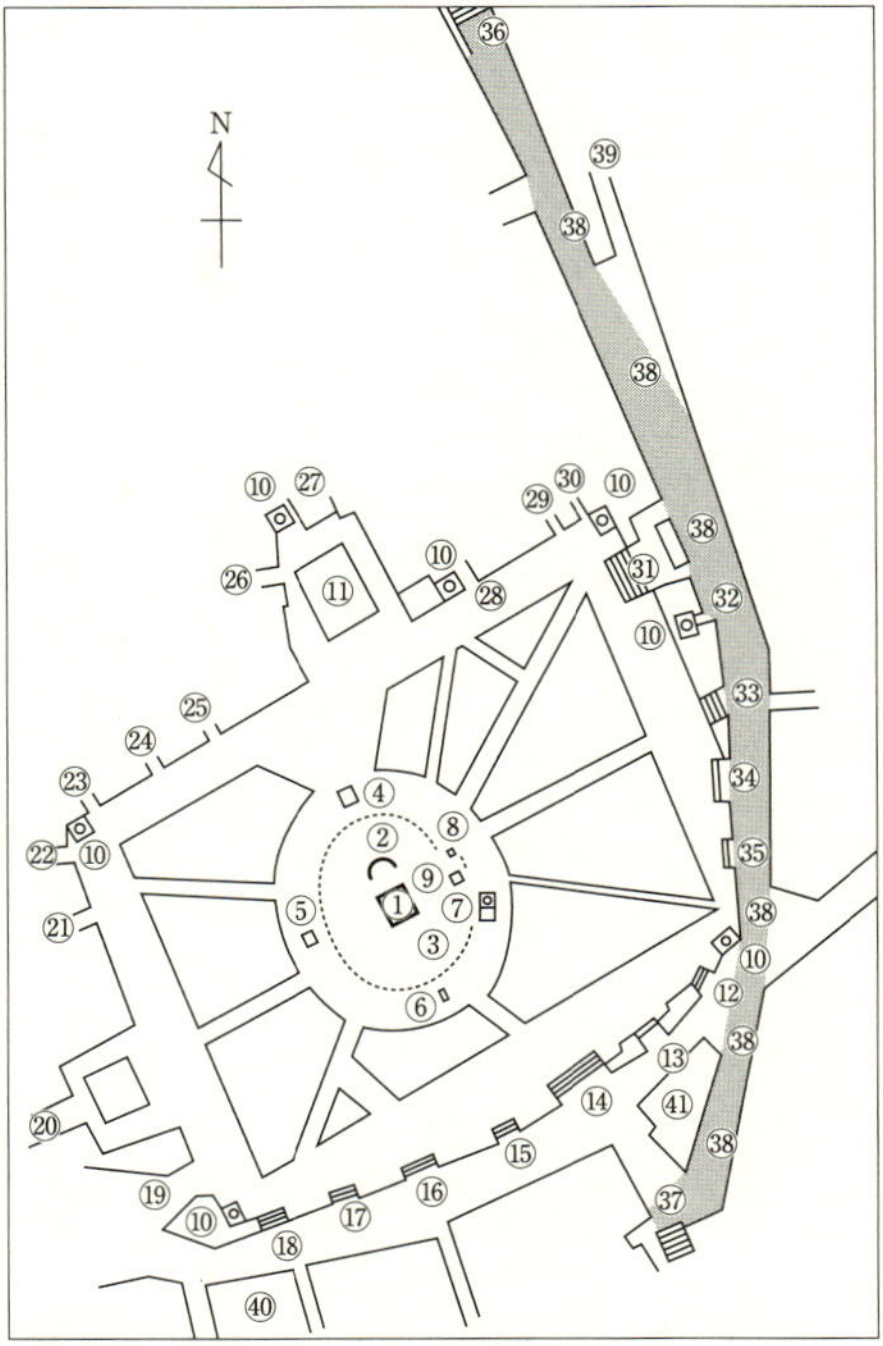

地図7：カアバ神殿と聖モスク——オスマン朝後期

①カアバ神殿　②ハティーム（フタイム）　③マターフ（タワーフの場所）　④ハナフィー派イマームのマカーム　⑤マーリク派イマームのマカーム　⑥ハンバル派イマームのマカーム　⑦ザムザムの聖泉　⑧シャイバ族の門（バーブ・バヌー・シャイバ）　⑨イブラーヒームの御立処（マカーム・イブラーヒーム）　⑩ミナレット　⑪ダール・アン＝ナドワ　⑫バーザーン門　⑬バグラ門　⑭サファー門　⑮ラフマ門　⑯ジヤード門　⑰アジュラーン門　⑱ウンム・ハーニゥ門　⑲ウィダーウ門　⑳イブラーヒーム門　㉑ダーウーディーヤ門　㉒ウムラ門　㉓アムル・ブン・アルアース門　㉔ザマーズィマ門　㉕バースィタ門　㉖クトビー門　㉗ズィヤーダ門　㉘マフカマ門　㉙マドラサ門　㉚ドゥライバ門（ウムラ門）　㉛サラーム門　㉜カーイト・バーイ門　㉝預言者の門　㉞アッバース門　㉟アリー門　㊱マルワの丘　㊲サファーの丘　㊳マスアー（早足の行の道、網掛けの部分）　㊴ライル市場（スーク・アッ＝ライル）　㊵ハミーディーヤ　㊶衛兵所

○メッカ――至高なるアッラーよ、そこに高貴さを授け給え！――およびそこの聖跡と誉れ高き情報についての説明

そこは、他ならぬ至高・至大なるアッラーが取り囲む山々の間に置かれた市街地である。つまり、そこは規模が大きく、まっすぐに細長く、聖別された［狭い］ワーディー（窪地）のバトン（底辺）であるが、至高・至大なるアッラーを除いて、誰もその［正確な］数量を数えられないほどの［アッラーの］創造された［ありとあらゆる］ものを包み込むほどである。そして、そこには三つの［市］門がある。その第一［の門］はマアラー門（上手門）であり、人はそこを抜けて祝福された［マアラーの］共同墓地[127]に向かうことができる。なお、その墓地は〈ハジューン[128]〉という名で知られる場所にある。その墓地に向かう人の左手に一つの山があって、その頂上には隘路《サニーヤ》があり、その隘路の脇には［石を積み上げた］塔のような［形の］標識があるので、人はそこを通ってウムラ（小巡礼）の道に出ることができる。その隘路は〈カダーゥ[129]［の隘路］〉の名でも一般には知られており、他ならぬハッサーン[130]［・ブン・サービト］はそのことを詩の中で、「雌馬、砂塵を蹴立てて［疾走し］、その約束の地はカダーゥなり」と吟唱したのは、まさしくそこのことを指している。

さて、預言者［ムハンマド］――アッラーよ、彼に祝福と平安を与え給え！――は［メッカ］征服の日[131]、「ハッサーンが語った同じところから、入場せよ！」と申されたので、［その言葉どおりに、］人びとはその隘路から［メッカに］入った。また、［上述した］〈ハジューン〉として

知られるこの場所について、他ならぬハーリス・ブン・ムダード・アル＝ジュルフミー[132]は次のように吟詠している。

ハジューンからサファー［の丘］まで、人影なきがごとく
メッカで、夜の語らいに集まる人[133]さえなし
ああ、われら、かつてそこの住民なりしが
夜ごとの不幸、死に次ぐ死、われらを滅ぼしたり

ここに述べた［ハジューンの］共同墓地[134]には、預言者［ムハンマドの］教友たちとその教友の弟子たち、聖人たちや［信仰のために尽くした］義人《ワリー》たち［など］の一団が埋葬されているが、すでに今となっては彼らの霊廟の名も忘れられ、［メッカの］市街の住民の記憶にも、そうした人たちの名前は残されていない。なお、そこにはハッジャージュ・ブン・ユースフ[135]――アッラーよ、彼にお恵みを与え給え！――がズバイルの子息、アブド・アッラー[136]――アッラーよ、この両名に御慈悲を与え給え！――の遺体を磔《はりつけ》にした場所があって、まさしくその同じ場所には今日に至るまで、はっきりとした標識が残されている。かつて、その磔にされた場所の上に高い構築物があったが、ターイフ[137]の住民は同じ仲間のこのハッジャージュをさんざんに怨んだあげく、それを壊してしまった。また、その同じ共同墓地を正面に見た場合、あなたの右側、

二つの山の間の洪水の流れる川床に一つのモスクが建っているが、[138] 伝承によれば、ジン（妖霊）が預言者［ムハンマド］――アッラーよ、彼に祝福と平安、高貴さと気高さとを授け給え！――に忠誠を誓ったモスクとのことである。

上述したこの［マアラー］門に沿って［さらに進むと］、ターイフへの道、イラクへの道とアラファートへの登攀［路］[139]がある。アッラーよ、われらをしてアラファートにある佇立の場所《マウキフ》で首尾よく儀礼を果たすべく仲間に加えられますように！　なお上述のこの門は、［メッカ市街の］東と北の［方向の］中間に位置するが、東側の方に片寄っている。

さて、次は［メッカにある三つの門のうちの第二の門、つまり］マスファル門[140]（下手門）である。それは［メッカの］南側にあり、そこからイエメンへの道が通じている。［メッカ］征服の日、ハーリド・ブン・アル＝ワリード[141]――アッラーよ、彼に祝福を与え給え！――が［攻め］入ったのは、まさにその門からであった。

次は、［第三の門］ザーヒル門であり、〈ウムラ門〉の別名でも知られており、［メッカの］西側にあり、その門を通って、［アッラーの］使徒［、預言者ムハンマド］――アッラーよ、彼に祝福と平安を与え給え！――の町［メディナ］への道、シリアへの道、ジッダへの道があり、さらにそこからタンイーム[142]に向かうこともできる。そこは、他ならぬウムラを行う人たちのミーカート[143]に一番近く、人はハラム（聖モスク）からウムラ門を通ってタンイームに出ることができるので、そこはこのような別名［ウムラ門］で呼ばれるようになった。なお、タンイームは［メッカの］市街地から一ファルサフ離れた距離にあり、その間、広くて立派な道が通じており、その途中に〈シュバイカ[144]〉と呼ばれる複数の真水の井戸がある。

あなたは、［メッカの］市街地を出て一マイルほど行ったところで、一つのモスクに出会うであろうが、そのモスクの正面、道路の上に置かれた、まるでマスタバ（長椅子）のような一つの石があり、その石の上にさらに別の一つの石が［重ねて］置かれている。その上部に置かれた石には、［すでに］文字が摩滅して消えた一つの刻文[145]があり、伝えられるところでは、預言者［ムハンマド］――アッラーよ、彼に祝福と平安を与え給え！――がウムラ［をするため］に到着された時、腰を下ろして休息をとられたのは、まさしくその場所であると伝えられる。したがって、［ウムラを行う］人びとはその石に口づけしたり、頬を擦り寄せて御利益を授かろうとするが、そうしたことは、彼らにとっては当然のことであって、自分たちの身体がそれに触れることで御利益を授かるために、その石に寄り掛かろうとする。この場所を後にして、さらに一ガルワの距離[146]を進むと、ウムラに向かう人の左側の公道に沿って、二つの墓に出会うだろう。その二つの墓の上には、岩石の大きな塚が積み上げられているが、言い伝えによると、昔日、その二つの墓はアブー・ラハブと彼の妻――アッラーよ、彼ら二人を呪い給え！――の[147]墓であって、人びとは「さあ、言ってやるがよい！」と［身を乗り出して］、その二つの墓に向かって石を投げ続けるのが長い間の慣行となり、ついにはそうしたことによって二つの大きな山のように高くなってしまったとのことである。

さらに、あなたはそこから一マイルの距離を進むと、ザーヒル(148)に出会うだろう。そこは道路の両側に沿った、一軒の館と複数の果樹園を含む建造物のあるところで、そのすべてはメッカの人たちのなかの某人物の所有である。その場所にはウムラを行う人たちのためのいくつもの沐浴場と水飲み場が新しく造られ、またその同じ道路沿いに一つの横長の椅子が備えられている。その椅子の上に、数個の大型の水壺(149)と沐浴のための水を満たした瓶(150)――それは小型の壺のこと――が並べられており、しかもその同じ場所に一つの真水の井戸があって、上述の沐浴場［で使う］水を満たすことができる。ウムラの人たちはそこで洗浄、沐浴《ウドゥーウ》と飲料水のための大規模な公共［の給水］施設を見出す。したがって、その井戸の所有者は［来世において、アッラーからそうした善行の］代償と報酬が授けられる十分な資格を得ている。［このような人だけでなく、アッラーから来世における］代償を求めようとする多くの人たちは、その［報酬を得る］手段を［アッラーが］御支援なされる、まさしく当事者であるといえる。人から伝えられたところによると、その井戸の所有者は、実際にそうしたことによる大きな［アッラーからの］報恩を得ているとのことである。

この同じ場所の道の両側から少し離れて、ここに二つ、あそこに二つと、［合わせて］四つの山があって、そうした［いずれの］山の上にも石の標識がある。われわれに伝えられたところによると、それらは祝福された山々であり、他ならぬイブラーヒーム――彼に、平安あれ！――はそれらの山に［四羽の］鳥の肉片を置いてから、至高・至大なるアッラーに、《主よ、どんなふうにして死者を生き返らせ給うのか》(『クルアーン』第二章第二六二節)との質問を投げ掛けたように、彼は[死んだ]鳥の肉片を呼び集め[て生き返らせ]た。それら四つの山の周囲にも別の山々があり、[別説に]伝えられたところでは、イブラーヒームが[死んだ]鳥を置いたのは、そうした山々のうちの七つの山であったというが、まことにアッラーは[その真相について]最もよくご存じであらせられる。(151)

さらに、あなたが上述したザーヒルを通り過ぎると、〈ズー・タワー〉(152)として知られるワーディー(窪地)を通過するであろうが、語られているところでは、預言者[ムハンマド]――アッラーよ、彼に祝福と平安を与え給え!――がメッカに入ろうとした時、そのワーディーでラクダを降りて休まれたという。なお、[メッカからメディナに逃避(ヒジュラ)する以前に、]ウマルの[幼い]子息(153)――アッラーよ、彼ら二人に祝福を与え給え!――は、いつもそのワーディーで沐浴を行っていたという。そして預言者[ムハンマド]はそこで休まれてから、メッカに入場された。そのワーディーの周囲には、〈シュバイカ〉の名で知られるいくつもの井戸(154)があり、そこに〈イブラーヒーム――彼に平安あれ!――のモスク〉と伝えられる一つのモスクがある。したがって、[以上のことからも明らかなように、]この道路[を通過することによって]の御利益や、そこにある[神兆の]徴の集まりやそれを取り囲んでいる聖跡[等々]から期待される御利益がいかばかりになるかをとくと思案してみよ!

さらに、あなたがそのワーディーを横切り、狭まったところを進んで行くと、俗域《ハッル》と聖域《ハラム》と(155)

の境界に置かれた標識のもとに出るだろう。なお、その標識の内側、メッカに至るまでが聖域、その外側にあるものが俗域である。その［俗域と聖域との境界に置かれた］標識は塔のようなもので、大きいものと小さいもの、［あるいは］一つのものと他のものとが近くに向かい合わせになったものなど［、道路に沿って］並べられているので、もしもあなたがその道路の右側に現れる山の頂上からウムラを開始するとすれば、［まず最初に、］その道路の左手から山の頂上までの道を抜けて行くことになり、ウムラを行う人たちにとってのミーカート（巡礼の意思表明を行うための距離的範囲）は他ならぬそこから始まることになる。そして、ちょうどそこには石造りの複数のモスクがあり、ウムラを行う人たちはそこで［イフラームの状態になるための］礼拝を行い、イフラームになって［いよいよ聖域に向けて］出発することになる。さて、アーイシャ[156]――アッラーよ、彼女に祝福を与え給え！――のモスクは、この標識の外側、二ガルワの距離にある。マーリク派の人びとにとってはそのモスクに至り、［礼拝を行い、］そこからイフラームの状態になって、［いよいよ境界内の聖域に向けて］出発する。一方、シャーフィイー派の人びとについては、上述の標識の周りにある複数のモスク［で礼拝を行って］からイフラームの状態になる。なお、アーイシャ――アッラーよ、彼女に祝福を与え給え！――のモスクの前にはアリー・ブン・アブー・ターリフ――アッラーよ、彼に祝福を与え給え！――のものとされるモスクがある。

前述したバヌー・シャイバ門のところで、われわれが出会った驚くべきものは、マスタバのような長くて大きな石の複数の敷居《アタバ》であり、それはバヌー・シャイバ（シャイバ族）のものと由来名が付けられた三つの門の前に置かれている。われわれに説明されたところによると、その石の敷居は他ならぬクライシュ［族］がそのジャーヒリーヤ［時代］に崇拝していた偶像であって、それらのうちの大きなものはフバル［神］[157]だという。しかしそれらは、すでに仰向けに引っ繰り返され、足で踏み付けられて、今では一般の人たちが［足に履いた］サンダルでそれを卑しめている。つまり、その石の敷居はそれを崇拝していた［クライシュ族の］人たちは言うに及ばず、敷居そのものすら、役立たない状態にある。ああ、有り難や、唯一性《ワフダーニーヤ》なる故に、ただ一つであられる御方［アッラー］よ！ アッラーの他に、主はあらせられない。その石にまつわる真実は、預言者［ムハンマド］――アッラーよ、彼に祝福と平安を与え給え！――がメッカ征服の日に、それらの偶像を破壊し、燃やしてしまうよう命じられたとのことである。しかし、われわれに告げられた以上のこと［のすべて］は真実ではなく、［モスクの］入口の傍らにあるそれは、［他のところから］運ばれてきたただの石にすぎず、人はその石があまりにも立派であるため、偶像であると勘違いしたのである。

さて、名高いメッカの山々のうち、アブー・クバイス山[158]に次ぐのはヒラーゥ山[159]である。その山は、［メッカ市街の］東方一ファルサフもしくはその程度のところにあって、ミナー［の谷］[160]を見下ろし、その高い峰を空にひときわ聳え立たせた祝福された山である。［なぜならば、］預言者［ムハンマド］――アッラーよ、彼に祝福と平安を与え給え！――は、かつて足繁くそこを訪れて、山の中で祈ると、その山は彼のもとで身を震わせた［からである］。そこで、預言者［ムハンマド］――アッラーよ、彼に祝福と平安を与え給え！――は山に向かって、「ヒラーゥ［山］よ、静まれ！　汝の側には、一人の預言者［ムハンマド］と一人の誠実者［アブー・バクル］、そして一人の殉教者［のウマルの三人］を除いて、他に誰もおらぬではないか」と言われた。その時、アブー・バクルとウマル――アッラーよ、彼ら二人に祝福を与え給え！――は、預言者と同行していた。また、「じっとしておれ！　汝のもとには、一人の預言者と一人の誠実者と二人の殉教者［ウマルとウスマーン］を除いて、他に誰もおらぬのだ」と申されたとも伝えられる。つまり、［三人に加えて、］ウスマーン[161]――アッラーよ、彼に祝福を与え給え！――が彼らと一緒であったためである。そして、預言者［ムハンマド］――アッラーよ、彼に祝福と平安を与え給え！――のもとに啓示された『クルアーン』の最初の一節[162]は、まさしくその山の中で下されたものである。

　その山は西から北へと広がり、その北の端の背後には、すでに述べたあのハジューンの共同墓地がある。

　メッカの市壁は、市街への入口であるマアラー［門］の側、また市街への入口であるマスファル［門］の側、そしてウムラ門の側［の三つの側］だけであって、それ以外の側は山々であるため、周壁［を設けること］は必要ない。なお、現在、メッカの［すべての］市壁はわずかにいくつかの壁跡だけが残り、また市壁の若干の門が建っているのみで［他は］壊されている。

○メッカにある若干の崇高なる至聖所と名跡[163]の説明

メッカ――アッラーよ、そこを高貴なところとなし給え！――は、そのすべてが神聖なる〈御家〉（カアバ神殿）として定められたということに加えて、昔日、アッラーの親友（ハリール）イブラーヒームが［神への］祈願をそこで行ったという［二つの］事実があったことだけで、メッカの高貴さを語るに十分であろう。さらに、ただただメッカこそはアッラーのハラム（聖域）であり、安全が保障されたところであり[164]、そこは預言者［ムハンマド］――アッラーよ、彼に祝福と平安を与え給え！――御生誕の地であるということからも、高貴さという点で不足はない。その預言者［ムハンマド］を、アッラーは［数多くの人の中から］特別に選んで、高貴さと寛大さをお授けになられ、神兆と聖知なるお諭《さと》し［の『クルアーン』］を彼にお遣わしになられたのであるから、まさしくそこは［アッラーの］霊感が［人類のもとに］初めて下りて、［万有の主アッラーの］お告げ（啓示）が下った最初の地であり、信頼の置ける｛霊、天使の｝人、ジブリール（ガブリエル）がご降臨なされた最初の地であり、アッラーの預言者たちとアッラーの祝福された使徒たちの還り来る場所[165]でもあった。つまり、他ならぬそこはクライシュ［族］出身の教友たち一団、アッラーが信仰の灯《ともしび》となし、［イスラームに］正しく導かれた者たちのための［目印の］星々となし給うたムハージルたち（ムハンマドに付き従ってメッカからメディナに移住した人たち）の生まれた地でもある。それ故にこそ、われわれが実際に目にしたメッカの至聖所の一つとして、〈啓示の円蓋堂[166]〉（クッバ・アル＝ワフウ）がそこにある。その円蓋堂は、〈敬虔信徒たちの御母堂〉の［愛称で呼ばれた］ハディージャ[167]――アッラーよ、彼女に祝福を与え給え！――の館の中にあって、預言者［ムハンマド］――アッラーよ、彼に祝福と平安を与え給え！――が彼女と新居をかまえられたのは、他ならぬその館である。また、その同じ館内には〈輝きのファーティマ[168]〉（ファーティマ・アッ＝ザフラーゥ）［の愛称で知られるファーティマ］――アッラーよ、彼女に祝福を与え給え！――生誕の場所があり、ファーティマが楽園の人たちの若者である二人のサイイド[169]（直系子孫）、ハサンとフサイン――アッラーよ、この御両人に祝福を与え給え！――をお生みになられたのもその館の中である。こうした上述のいくつかの聖別された場所はそれにふさわしい［壮麗な］建物として築かれたが、［現在では］扉の錠前が閉められている。

また、メッカの神聖なる至聖所の一つとして、預言者［ムハンマド］――アッラーよ、彼に祝福と平安を与え給え！――生誕の場所と清浄なる地面がある。その地面とは他ならぬ預言者［ムハンマド］が［誕生なされて］自分の汚れなきお身体を触れた最初の地面のことであり、そこには他に勝るものなきほど壮麗なモスクが建てられており、そのモスクの大部分は象眼された金で造られている。その聖別されたる場所こそは、［預言者が］めでたくも幸運な星のもとに出生の時に、地面に［最初に］落とされた場所で、アッラーはその地面をウンマ（イスラーム共同体）のすべての人たちのための慈悲心となされ、その聖別された場所［の周り］は［他と区別するため、特別に」銀で囲まれた。ああ、何と尊い地面であろうか！ アッラーよ、そこを「人びとの」身体の中でも最高に清浄なる身体の生まれ落ちた場所、人類の中で最善の御方の出生地となされたことにより、その地面を一層高貴なところとなし給え！ アッラーよ、尊くも「預言者」ムハンマドと彼の家族、彼の一族、そしてムハンマドの「信仰に従った」高潔なる教友たちに「等しく神の」御言葉として、礼拝と平安の祈りを授け給え！ この聖別された場所は、「毎年、」第一ラビーウ月の月曜日に開かれ、すべての「信徒の」人たちは完璧に祝福を受けた状態で、その場所に入ることができる。なぜならば、まさにその日は預言者「ムハンマド」――アッラーよ、彼に祝福と平安を与え給え！――生誕の月で、その同じ「月曜」日に預言者「ムハンマド」――アッラーよ、彼に祝福と平安を与え給え！――は誕生になられたからであり、加えて聖別されたいくつもの場所はすべて「この同じ日に合わせて」開かれる。つまり、その日こそは、ずっと変わりなくメッカの記念日なのである。

さらに別のメッカの数ある神聖な至聖所の一つとして、ハイズラーンの館(170)がある。そこは、他ならぬ預言者「ムハンマド」――アッラーよ、彼に祝福と平安を与え給え！――が彼の教友たち――アッラーよ、彼らに祝福を与え給え！――のなかで、イスラームのために神聖にして祝福された一団の人と一緒に、密かにアッラーを崇拝していたところである。やがて、アッラーは〈ファールーク〉（分別の人）「のあだ名で知られた」ウマル・ブン・アル＝ハッターブ――アッラーよ、彼に祝福を与え給え！――の助けを借りて、その館からイスラームをお広めになられたことから、［他にはない］このことの美徳だけで十分であろう。

　さらに別のメッカの数ある神聖な至聖所として、〈スィッディーク〉（誠実な人）［のあだ名で知られた］アブー・バクル──アッラーよ、彼に祝福を与え給え！──の館がある。現在、そこは［メッカの］アミール［＝ムクスィル］の貨幣鋳造所[171]であり、その場所と向かい合わせに、一つの祝福された石の付いた壁があって、人びとはそれに触れることで御利益を求めている。伝えられるところによると、預言者［ムハンマド］──アッラーよ、彼に祝福と平安を与え給え！──がその石のそばを通った時、石は預言者に平安の挨拶をしたという。また語られたところでは、ある日、預言者［ムハンマド］──アッラーよ、彼に祝福と平安を与え給え！──がアブー・バクル──アッラーよ、彼に祝福を与え給え！──の館に行って、彼を呼んだところ不在であった。そこで、至高・至大なるアッラーはその同じ石に語らせて、「おおアッラーの使徒よ！　今、彼はおりませぬ」と、石は告げた。それは、まことに預言者［ムハンマド］──アッラーよ、彼に祝福と平安を与え給え！──の奇跡的な神兆の一つであった。

　さらに、メッカにある数ある神聖な至聖所として、サファー［の丘］とマルワ［の丘］との中間にある、ウマル・ブン・アル＝ハッターブ──アッラーよ、彼に祝福を与え給え！──のものとされる円蓋堂がある。そして、その円蓋堂の真ん中に一つの井戸があって、伝えられるところでは、ウマル──アッラーよ、彼に祝福を与え給え！──は、かつてその円蓋堂の中で腰を下ろし、政務を行っていたという。アッラーよ、ウマルに祝福を与え給え！　しかし、この円蓋堂については［別説があり］、そもそもそれはウマルの孫息子、ウマル・ブン・アブド・アル＝アズィーズ[172]——アッラーよ、彼に祝福を与え給え！——の円蓋堂であり、本当のウマル・ブン・アル＝ハッターブのものとされる館の反対側にあるというのが正しい。ウマル・ブン・アル＝ハッターブが、かつてメッカを治めていた時期に、政務のために座っていたのは他ならぬその中であって、そうしたことについては、信頼できるわれわれの長老たちの一人も話していたとおりである。なお、昔日、井戸がその円蓋堂の中にあったと伝えられているが、今ではその中に一つの井戸も見当たらない。なぜならば、われわれは実際にその円蓋堂の中に入ってみたが、そこは平らにされた状態になっているのを見たからである。とにもかくにも、その円蓋堂は、壮麗な造りである。なお、われわれの宿泊していた［〈ハラール〉と呼ばれる］館[173]から近くのところに、〈双翼の所有者〉［として知られた］ジャウファル・ブン・アブー・ターリブ[174]——アッラーよ、彼に祝福を与え給え！——の館があった［と伝えられている］。

さらに、マスファルの側、つまり［メッカの］市街の［南］端に、アブー・バクル・スィッディーク（誠実の人、アブー・バクル）——アッラーよ、彼に祝福を与え給え！——のものとされるモスクがあるが、そのモスクの周囲は素晴らしい果樹園で囲まれており、その中にナツメヤシ、ザクロとウンナーブの樹木[175]［など］がある。なお、われわれは実際にその果樹園の中で、ヘンナの樹木[176]を見た。そして、その同じモスクの手前にミフラーブのある一つの小さな家があり、伝えられるところによると、その家はアブー・バクル——アッラーよ、彼に祝福を与え給え！――が、追ってきた邪教徒たちから身を隠した場所とのことである。上述したハディージャ――アッラーよ、彼女に祝福を与え給え！――の館からほど近く、その気高き［ハディージャの］館のある路地のところに、背もたれ付きの一つのマスタバ（横長の椅子、台座）が置かれており、［巡礼の］人びとはそのマスタバを目指して来て、そこで礼拝を行ったり、マスタバの角の部分に触れたりする。なぜならば、預言者［ムハンマド］――アッラーよ、彼に祝福と平安を与え給え！――が腰を下ろされたのは他ならぬその場所であったためである。

聖跡や壮麗なる至聖所のある［メッカ周辺の］山々の一つに、〈アブー・サウル〉(177)の名で知られる山がある。その山は、メッカの右側、一ファルサフもしくは一ファルサフ強のところにある。そこには、預言者［ムハンマド］――アッラーよ、彼に祝福と平安を与え給え！――が彼の教友、誠実の人［アブー・バクル・スィッディーク］――アッラーよ、彼に祝福を与え給え！――と一緒に［邪教徒たちに追い立てられて］避難した洞窟がある。そのことについては、至高なるアッラーが偉大なる神の書［、『クルアーン』第九章第四〇節］の中で語られているとおりである。私は、アブー・アル＝ワリード・アル＝アズラキーによる『メッカの諸情報』の書物の中に、次のことを読んだ。すなわち、その山は預言者［ムハンマド］――アッラーよ、彼に祝福と平安を与え給え！――に喚び掛けて、「わしの方に、さあ、ムハンマドよ！　さあ、ムハンマドよ、わしの方に！　なぜなら、わしはお前より前にも、一人の預言者を匿《かくま》ってやったことがあるからだ」と言った。そして、至高・至大なるアッラーはその山の中で、アッラーの使徒［ムハンマド］にいくつかの明白なる神兆をお示しになられたが、その一つは以下のとおりである。

預言者［ムハンマド］——アッラーよ、彼に祝福と平安を与え給え！——が彼の教友［アブー・バクル］と一緒に、［幅］三分の二シブル、縦の長さ一ズィラーウの［岩の］裂け目に沿って内部に入り、二人がその中で身を潜めていると、アッラーは一匹の蜘蛛に命令を下されたので、蜘蛛はその裂け目のところに巣を作った。それと同時に、アッラーは鳩にも命令されたので、鳩はそこに鳥の巣を作って、雛をかえした。そこへ邪教徒たちが、道に付いた足跡を辿る追跡行に長《た》けた案内人と一緒に達した。すると、その案内人は洞窟のところで立ち止まり、「ここで［足］跡が切れている。だから、奴は汝らの［以前の］一人の仲間［アブー・バクル］と一緒に、ここから天に昇らされたのか、あるいは地面の中に消されたのか、そのいずれかであろう」と言った。そして、彼ら［追手の邪教徒たち］は、蜘蛛が洞窟の入口に糸を張っていたことや、鳩がその内部で雛をかえしているのを見て、「ここには誰も入っていない」と言って、立ち去り始めた[178]。そこで、［預言者と一緒にその洞窟に隠れていた］誠実の人［アブー・バクル］——アッラーよ、彼に祝福を与え給え！——は、「アッラーの使徒よ、もしも彼らが洞窟の入口からわれわれのところに入ってきたなら、私たちはどのようにいたしましょうか」と訊いた。すると、アッラーの使徒［ムハンマド］——アッラーよ、彼に祝福と平安を与え給え！——は、「もしも彼らが入口から入って来たならば、わしらはあちらの方から出るだけのことだよ」と申されて、祝福された御手で、それまで裂け目のなかった洞窟の「入口と」別の方向を指し示された。すると、至高・至大なるアッラーの御稜威によって、たちどころに手で示されたその方向に一つの「出」口が開けられたのである。ああ有り難や、アッラーこそは、いかなることにも思いのままになし給う御方であらせられる。

「現在、」多くの人たちはこの祝福された洞窟をしばしば訪れて、至高・至大なるアッラーが新しくお造りになられた「出」口からその洞窟の中に入ることを避け、預言者「ムハンマド」――アッラーよ、彼に祝福と平安を与え給え！――が「最初に」お入りになられた割れ目からその中に入ることで、御利益を得ることを望んでいる。そこで、そのことを試してみようとする人は地面に横ばいになって、自分の身体をその裂け目とは反対の方向に伸ばすと、最初に自分の両手と頭を差し入れ、次に自分の身体の残りの部分を差し入れるようにする。すると、彼らの中で、体型がほっそりした者であれば、それを簡単に達成できるが、彼らの中の洞窟の「入」口がその身体で一杯になったような「肥満の」者であれば、その者は口のところで挟まってしまうので、内部に入ろうとしても、外に出ようとしてもどうにもならず、「別の人が」当人の背後から強引に引っ張り出そうとするまで、ぴったりと挟まれて、酷い災難と困難に遭うことになる[179]。

　そこで、人びとのうちの思慮分別のある者たちは、このため、さらに取り分けて恥ずべき不名誉な理由も加わって、その「洞窟をくぐり抜ける」ことを躊躇するのである。つまり、その理由とは、その洞窟［の幅］が［くぐり抜けようとする］人にとって十分な広さがなく、そこに挟まって、入れなくなった者は嫡出子ではない[180]、との一般の人たちの［誤った］主張があるが、こうした情報は彼らの噂によって行き渡り、やがて彼らにとって、その真実性は一片の疑念の余地もないほど［確かなもの］になってしまっている。したがって、その裂け目に挟まれて、そこに入ることが難しかった人には、いつも［自分が正式に結婚して生まれた子ではないという］この不名誉で恥ずべき気持ちがその人の心を覆い、それがますます増幅して、ついにはその人の身体がその狭い部分で引っ掛かって苦しみ、自分は今や絶望的は運命に近づいているのではないかと思い悩み、息も絶え絶えとなり、酷い苦痛の悪運を味わうことになるのである。したがって、「アブー・サウル山に登るのは、雄牛《サウル》だけ[181]［で、その他に誰もいない！］」と、諺で譬える人もいるほどである。

　同じ山にあるこの洞窟から近くのところに、その山から切り離された［ような］一本の柱がある。それは人の背丈の半分の高さで、腕のようにすっくと立ち、その柱のてっぺんには手の平の形のようなものが伸びて、腕の部分から外側に突出している。したがって、それはまるで至高・至大なるアッラーの御稜威によって引き延ばされた丸屋根のようにも見え、［その大きさは］二〇人ほどの人がその丸屋根の下で陽射しを遮ることができるほどである。それは、一般に〈［天使］ジブリール（ガブリエル）――アッラーよ、彼に祝福と平安を与え給え！――の丸屋根〉と呼ばれている。

実際に目で見ることによる御利益と、その場に実際に居合わせたことによるお恵みとによって、確かな事実として報告されるべきことの一つとして、次のことがある。すなわち、［五七九年］第一ジュマーダー［月］の一九日目の金曜日——それは［異邦暦］九月の九日目（一一八三年九月九日）——、アッラーは、海（紅海）から湧き上がる雲をお創りになられた。すると、その雲はシリア[182]［の方向］に進むと、アッラーの使徒［ムハンマド］——アッラーよ、彼に祝福と平安を与え給え！——が［伝承集で］申されたように、ざあざあとあふれ出る泉のような［恵みの］雨を激しく降り注がせた。それは、ちょうど上述した同日の午後の礼拝（アスル）の後、夜の祈り時のことであり、豪雨となった。人びとは急いでヒジュルに行き、お互いに着物を脱ぎ、［カアバ神殿にある］祝福された雨樋[183]の下に立ち止まって、大混雑する中で雨樋からあふれ出る水を彼らの頭や手や口に受けて、誰もが自分の身体［全体］がアッラーからの御慈悲による御利益の分け前を授かるよう望んで、大騒ぎを起こした。すでにその時の彼らは、［アッラーへの］祈願の言葉を声高に張り上げ、ある者は畏怖の念に駆られて涙を流し、耳に届くものはただただ祈願の叫び声、あるいは繰り返し泣き叫ぶ声のみであった。一方、女たちについては、すでにヒジュルの外側に佇立して、目に涙しつつ、畏怖の念に駆られて伏しまろむ気持ちで眺めながら、もし叶うことであれば、その［雨樋の下の］佇立の場所で御利益を授かりたいものだと望んでいた。さらに、［アッラーからの来世における］御褒美を求め、懼神の心に適って行動する巡礼者たちの一部は、自分の着物をそのおめでたい［雨］水で濡らすと、女たちのところへ行き、衣服をしぼって、何人かの女の手にその［衣服の］水を掛けてやった。するると、彼女たちはその水を受けて、飲んだり、顔や身体に擦り付けたりした。

そのおめでたい［雨］雲は、日没の刻近くまでずっと留まり、その間、人びとは雨樋の水を手、顔や口［など］で受けようと、そのような状況の中で大混雑を続けていた。時に、彼らは、その水が入るように水壺を［空に向けて］差し上げることもあった。こうして［雨］雲は、［人びとの］心が［アッラーの］恩恵と寛大さを確信しつつ、慈悲神（アッラー）による［大］勝利を実感した、大いなる夕方をもたらしたのである。その夕方［が祝福されていたこと］はそれだけでなく、以下のようないくつかのおめでたい事柄と密接に結び付いたためであった。その一つとして、当日［の夕方］は、金曜日［礼拝］の夕方であり、まさしく最良の日であり、真正の伝承(184)が伝えているところによって、その夕方に行う祈願こそ、いと高きアッラーに受け容れられることが最も期待されていたからである。すなわち、雨が降っている時、天にある諸門は開かれた状態にあり、その時、人びとはすでに雨樋の下に留まって立っていたので、そこはまさしく祈願が［アッラーのもとに直接］聞き届けられる場所であって、雨はアッラーの［おられる］天から由緒深いアッラーの〈御家〉［カアバ神殿］の屋根へ降ることで、神の御慈悲は彼らの身体を浄めたのである。その〈御家〉の屋根は、まさしく［地上における］人の住む天幕（家）の帳《とばり》に他ならない。こうした以上の［すべての］ことがぴたりと一致したこと、さらにはその崇高なる［偶然の］組み合わせによって、［その日が最良の日であったことの理由の説明は」十分に事足りるであろう。アッラーよ、罪の汚れから浄められた者、そしていと高きアッラーの御慈悲により、特別の分け前を授けられた者と、われらをなし給うことを願わん！　アッラーの御慈悲は、ああ有り難や、《よく罪を赦し給う御方。まことに慈悲深き御方》(『クルアーン』第二章第一六八節)であるから、罪深きアッラーの僕《しもべ》らを包み込むほどに御心の広い御方であらせられる。

［メッカ在住の］人びとは、以下のようなことを語った。イマームのアブー・ハーミド・アッ＝ガザーリー(185)は、高貴なる神のハラムに滞在していた時、欲求に駆り立てられて至高・至大なるアッラーにいくつかの祈願を行い、偉大にして崇高なるアッラーにそうした願いごとが実現するよう祈りを捧げた。しかし結果的に、彼は［そのうちの］あるもの(願い)を授けられ、あるものを退けられた。そして、彼が退けられたものの一つは、まさに彼がメッカに滞在している時、［どうか、］雨が降りますようにとの願いごとであった。つまり、彼は、［カアバ神殿の］雨樋の下の雨水で身体を浄め、アッラーの天の諸門が開かれている、まさにその時に、神聖なるアッラーの〈御家〉のもとにおいて、至高・至大なるアッラーに祈りたいものだと望み続けていた。ところが、そのことは拒否され、彼が望んでいたそれ以外の祈願については聞き届けられたという。アッラーに讃えあれ！　そして、われわれに授けられたお恵みに感謝あれ！　おそらく、神聖なるアッラーの〈御家〉を訪れた［巡礼］者、真正な人たち、アッラーの僕らの中の一人として、アッラーはその者に特別に選んでこのような栄誉をお授けになられ

たのであり、すべての［悔い改める誠実な］罪人たちと同列に、われわれをお執り成しなされたのであろう。まことにアッラーこそは、神の僕たちの中の誠実な者たちの祈願によってわれらをお救いなされたのであり、決して祈願によって、不幸な者の仲間にわれわれをなされないようお願い申し上げます。そもそも、アッラーこそは偉大なる恩恵を授ける御方であらせられるによって。

○至高なるアッラーが特別にメッカに賜られた御施物と御利益の説明

昔日に、この祝福された都邑《バラダ》［メッカ］は、そことその住民のために、アッラーの親友（ハリール・アッラー）イブラーヒーム（アブラハム）の喚び掛け（イスラームの教え）があったところである。すなわち、至高・至大なるアッラーは親友［イブラーヒーム］――アッラーよ、彼に祝福と平安を与え給え！――を介して語られ、《主よ、願わくば彼らが礼拝の務めを正しく守り、人びとに好感が抱かれるような人間になりますよう。何とぞ、十分な［アッラーからの］実りをもって彼らを養い給え！　そうすれば、きっと彼らも感謝の心を抱くように（立派な信仰を持つように）なりましょう》（『クルアーン』第一四章第四〇節）と、また、至高・至大なるアッラーは《われら［アッラー］のおかげで、こうして安全なハラム（メッカの聖域）まで設けてもらい、［われらの授ける日々の糧にとて、］ありとあらゆる果実が集まって来る場所にしてもらっておきながら。［だが大抵の者にはそれが分からない］》（『クルアーン』第二八章第五七節）

とも申されている。したがって、この「アッラーによる啓示の」証拠は〈復活の日〉まで途切れることなく続く明白なる証拠である。つまり、人びとが「メッカを」好感の持てる場所であると慕う気持ちは、はるか遠方の厳寒の地であれ、遠い「酷暑の」辺鄙《へんぴ》な地方であれ「どこであっても」、そこ（メッカ）を恋い焦がれているのであって、そこに至る道中は、祝福された「イブラーヒームの」喚び掛けが届いている「信仰深い」人たちの往来する出会いの場所であり、あらゆる場所から果実（利益）がそこに集まってくるのである。したがって、メッカは自然の恵み、果実類、いろいろと使い道のある有益な品物、「都市生活に必要な」公共施設や有用な商品「など」の点で、諸地方の中で最も豊かにあり、たとえ、そうした商品類が「すべて揃って」メッカに存在するのが巡礼大祭（マウスィム）の時期だけに限られたとしても、マシュリク（東方イスラーム地域）とマグリブ（西方イスラーム地域）の「両方の」人びとの集まり来る場所となるので、そこでは宝石類（真珠）、紅鋼玉、その他のすべての貴石といった高価で希少な宝石類、インドやエチオピアなどから輸入された麝香《じゃこう》、竜脳香、竜涎香《りゅうぜんこう》、沈香《じんこう》やインド産の香油、イラク産とイエメン産の商品といったもの、その他にもホラーサーン産の商品やマグリブ産の品々など、ありとあらゆる種類の香料類が売られており、「それらのすべては」正確に一つひとつ数え、詳しく確認することができないほどである。たとえ、それらの品の一つひとつがそれぞれの国に別個に分けられたとしても、その国で売れて行く賑やかな複数の市が立つに違いない。確かに、それらのすべては利潤の多い「希少な」商品類であり、そのいずれも巡礼大祭《マウスィム》の後の八日間に[186]「限って」商われるかもしれないが、イエメンやその他からもたらされるものだけでも、毎日、それらは運ばれて来ている。したがって、地上において、いかなる一般商品であれ、また「それぞれの土地から産出する」貴重な「特産」商品であれ、メッカだけは巡礼大祭の期間中、そこに「すべて集中して」存在しているので、ここ「メッカ」はアッラーが特別にお授けになられた、何一つ包み隠せることのない「明白なる」恩恵であり、神兆《アーヤ》の一つであろう。

さて、食料品類、果物類とその他の美味な物産についていえば、われわれは、実際に祝福されたこれらの地域に到着して、そこが以下のような自然の恵みや果物類でぎっしりと詰まっている状況を目の当たりにするまでは、アンダルスこそがそうした点では他の地域のどの土地よりもアッラーによる分け前を多く享受していると思っていた。「メッカで見られた物産として」例えば、イチジク、ブドウ、ザクロ、マルメロ、スモモ、シトロン、クルミ、ムクルの実、メロン、瓜、キュウリやその他のあらゆる野菜類、「その例として」茄子、へちま、カブラ、人参、キャベツを始めとして、この他にも芳香野菜類や薬用野菜類に至るまで「すべて」存在している。こうしたなかでも茄子、瓜、メロンのような野菜類の多くは、ほぼ一年中、途切れることがないので、われわれが実際にこの目で見た驚嘆すべきものについて、一つひとつ数え上げて、説明を加えるすれば、話は長くなってしまうことであろう。加えて、これらの種類のいずれもが味わいの良さの点で優れており、他の地方にある同じ種類のものよりも、はるかに「品質が」勝っているので、そうした中の驚異すべきことについても、さらに「詳しく説明すれば、」

長くなってしまうだろう。

　われわれが実際に味わってみたメッカの果物類の中でも、メロンとマルメロが最高に素晴らしかった。そこにある果物類はいずれも見事なものであるが、とりわけメロンについてはずば抜けて素晴らしいものだった。なぜならば、その果物の香りが最高に優れた芳香で、もしもある人がメロンを持って、あなたのもとに来たとすると、あなたも実際に分かるだろうが、その香りはあなたがそれまでほとんど経験したことのないほどの香りのため、そのメロンの心地好い匂いをさらに楽しみたい気分で夢中になって、あなたがそれを食べるのを忘れてしまうほどである。その後に、あなたがひとたびそのメロンを口にすれば、まるで溶かした砂糖か、あるいは混じり気のない純粋の蜂蜜だけを集めたものであるように感じるほどである。おそらくこの文章の文字の一字一句「の信憑性」に疑念を持って詮索している人にとって、その説明の一部に大げさ過ぎなのではないかと思うかもしれないが、永遠の存在であられるアッラーに誓っても、断じてそのようなことはなく、否、私が述べたことの大部分は、今、私が語ったより以上のものである。なお、メッカにある蜂蜜は、彼ら「メッカの住民の間」では〈マスウーディー〉[187]の名で知られて、諺にも譬えられているあの〈マーズィー〉[188]（白蜂蜜）よりさらに美味である。さらに、メッカにあるいろいろな種類のミルクはそのミルクから作られるすべてのバターと並んで、最高に旨い味である。そのために、あなたは、バターと蜂蜜とが風味と甘味という点において、ほとんど区別がつかないほどであろう。

〈サルウ〉という名で知られるイエメン出身の民族集団[189]はいつも飛び切り美味な種類の黒と赤の干しブドウをメッカにもたらし、またその干しブドウと一緒にアーモンドを多量に持ってくる。メッカには砂糖きびも豊富に出回っており、それはわれわれが上述した野菜類が運ばれてくる［同じ］ところから輸入される。そこにある砂糖についても、まことにアッラーのお蔭によって多量にあり、他の天恵の上質の日常食品類と一緒に［すべて］輸入されたものである。

さて、菓子類についていえば、そこではさまざまな性質を持った蜂蜜と固形砂糖を材料にした珍しい種類の菓子類が作られており、彼らはそうした菓子［の材料］を使って、生のもの（生菓子）であれ、乾燥したもの（干菓子）であれ、ありとあらゆる果物類を象《かたど》ったもの（砂糖菓子）を作ると、ラジャブ［月］、シャアバーン［月］、ラマダーン［月］の［聖なる］三ヵ月間に、［そうした砂糖菓子を］布袋に包んで並べたいくつもの屋台が［早足の行を行う］サファー［の丘］とマルワ［の丘］との間で軒を連ねる。ミスル（フスタート）やその他でさえ、それ以上に匹敵するほどの壮大な［市場全体の］眺めはメッカを除いて、誰一人として見ることができないほどである。そうした菓子のなかには、人間や果物類を象ったものが作られ、まるでそれが花嫁たちのように、婚礼用の台座に乗せて飾られ、その他の整然と並べられたあらゆる種類の色付きのものと一緒に、美しく並べられている。したがって、そうした砂糖菓子は、まるで花のように美しく輝いて、見る人の目を釘付けにして、［見物する人たちに］金貨や銀貨を誘い出させ［て買わせ］たくするほどである。

さらにメッカの羊肉についていえば、そこにあるものは驚くべきほどの絶品で、遠隔の国々をあちこち遍歴し、いくつもの地方の領域を旅した人たちの誰もが一致した見解として、結局のところ、［メッカの］羊肉こそがこの世で味わえる最高に旨い肉だということになる。そのこと［が真実であるかについて］は、いずれにせよ、アッラーこそが最もよく知り給うところだが、他ならぬそこの牧場［で育ったことによるアッラーの］お恵み以外の何ものでもないであろう。ここの羊肉は極端に脂肪分が多いが、もしもその他の地域の［産地の］羊肉であれば、それほど多くの脂肪分があれば、あまりの脂身に思わず口から吐き出し、むかむかするほどで、［二度と口にする気にならず、］遠ざけてしまうであろう。だが、ここのものはそれとは正反対に、肉に脂肪分が多くなればなるほど、食べたいという気持ちが一層増して、食欲がそそられるので、あなたはその羊肉を見れば、「柔らかで美味しそうだ」と思って、実際に歯で嚙む以前に口の中でとろけてしまい、胃で消化するのも早く、それこそが驚くべき特殊なことに他ならない、と私は考えている。そして、安全の保障された町［メッカの］のお恵み［の一つ］は、疑いなくそこの羊肉の旨さによるものであり、そのことを耳で聞いた情報だけでは、その本当のところを知ることはできない。まことにアッラーよ、アッラーの尊大さと御稜威により、アッラーの聖なる都邑［メッカ］に熱き憧れを抱く［巡礼］者や、こうしたいくつもの崇高なる至聖所と神聖なる祭儀を恋い求める人のために、御褒美を授け給え！

こうした果物類はターイフ——そこは仲間と連れ立って、ゆっくり歩いて行けば、メッカから三日行程のところにある——とその周囲の村々から運ばれてくる。これらの場所で最も近いのは｛……｝[190]という名で知られて、メッカから一日か一日強のところにある。そこはターイフの谷間（バトン）にあって、多くの集落に囲まれている。また、マッルの谷間[191]（バトン・マッル）からも来るが、そこも一日か一日弱の行程にある。さらに、ナフラ[192]からも来るが、そこはこれとほぼ同じ距離のところにある。また、アイン・スライマーン[193]やその他のように、［メッカの］市街からほど近い距離にあるいくつかのワーディーからも運ばれてくる。アッラーは、かつてマグリブの人たちの中で、農業と耕作［技術］の才智に長けた人（篤農家）たちをその地にお導きになられたので、彼ら［マグリブの人たち］はそこでいくつもの果樹園や耕作地を開墾し、［そうしたことが］理由の一つとなって、この方面での農業の増産をもたらした。それは、まさしく至高・至大なるアッラーのお恵みであり、同時にアッラーによる神聖なるハラムとアッラーの頼るべき安寧の都邑［メッカ］への特別に寛大な御配慮の賜物であろう。

われわれが見つけたものの中で、実際に食べて、これは旨いと思い、とくにわれわれがそれまでに経験したことがないため、ぜひとも他人にも教えてやりたくなった最も素晴らしいものの一つとして、［乾燥させない］生のナツメヤシの果実（ルタブ）がある。それは、彼ら［メッカの住民］によれば、まだ青い［未熟な］イチジク程度の［少し堅い］段階で、その樹木になっているものを摘み採って食べると、それこそ究極なまでに旨くて甘いので、どんなに［沢山］食べても飽きがこないという。彼らのもとでのその収穫期は、まるで［土地の］人びとが

［野山で集うため、郊外にある］私有地に出かけるかのように、あるいはマグリブの［町々の］人びとがイチジクやブドウが熟する時期に［収穫のため、］彼らの［郊外の］村々に出かけるかのような大騒ぎである。その後に完全に熟した時に、それはほんの少し乾燥する程度まで地面の上に広げられ、それから籠や蓋付きの容器の中に交互に積み重ねられて、棚の上に置かれ［て保存され］る。

　アッラーがわれわれのためになされている麗しきことで、われわれの間に広く行き渡っている恩遇の一つとして、［メッカでは］次のことがあった。実際にわれわれがこの聖なる町に到着して分かったことだが、［われわれの］以前から到着した人たちの中で、ムジャーウィル（寄留者）として留まっている巡礼者たちのメッカ滞在が長い一人ひとりと会ってみて、ある一人の人物と出会ったが、その人はメッカにおいて槍で武装した盗賊連中[194]から無事・安全に［治安が］守られているという、普通ではあり得ない［稀有な］メッカの一側面について語った。その盗賊連中は、メッカの市中で巡礼者たちを襲って、彼らの持っているものを奪い取ってしまう輩《やから》のことで、いつも高貴なるハラムの災いの種となっており、自分の持ち物から一瞬でも目を離すと、必ずや驚くべきほど巧妙に、しかも見知らぬ者に対して好意を寄せているふりをして、その人の両手もしくは懐《ふところ》に所持しているものを掠め取る連中で、まさに彼らほど手先の器用な[195]連中は他にいないほどである。しかし、本年において、ごく一部の例外を除き、アッラーは［われわれを］彼らの悪業からお守りになられた。すなわち、メッカのアミール［＝ムクスィル」が彼らを厳しく取り締まったので、彼らの悪事がやんだということもあるが、「それに加えて、」今年の町の天候が良かったことや、メッカでのいつもの夏の焼け付くような酷暑が緩んだこと、またメッカの激しい熱風が和らいだこと「などの諸要因」も影響していた。そして、われわれは「メッカ滞在中の夏季に」泊まっていた場所の屋上でいつも夜を過ごしたが、毛布を一枚必要とするほどの夜の冷気に襲われることもあった。しかし、そのようなことはメッカではめったにないと思われた。

また、今年、メッカでの「アッラーからの」お恵みが多く、物価の値上がりも穏やかで安定していたので、確かに「そうした点での」メッカは明らかに以前の一般的な状況とは異なっていると、彼ら（メッカの住民）は話していた。「例えば、」彼らによると、小麦の価格は、四サーア[196]で一ムゥミニーヤ・ディーナールであった。なお、四サーアというのはミスル（フスタート）とその方面での枡の計量に換算すると、二アウバ[197]に相当し、また二アウバというのはマグリブでの枡の計量に換算すると、二・五カダフとなる。そして、その都邑《まち》には「農耕に適した」私有地はなく、他から輸入された物資を除けば、メッカ住民にとっての生活の糧は一切ないという土地柄を考えると、この価格は、とくに今年はメッカに住む寄留者（ムジャーウィル）たちの人数が多く、「それに伴って」人びとが「多くの物資を」そこに持ち込んだという「特殊な」条件が重なったとしても、価格そのものが「アッラーから授けられた」都邑の安寧と霊験の賜物であることは紛れもない事実であろう。なぜならば、寄留者として「メッカに」長年滞在している人たちの中の一人ならずとも、これほどの人出はメッカで今までに見たことも聞いたこともなかったと、われわれに語っていた。アッラーよ、その恩寵により、その価格によってすべて「の人びと」にお恵みを与え、御加護せられることを切に願っております。

メッカにおいて、人びとは本年のそうした諸状況について説明し、過去の数年とは明らかに違っていると、「具体例を挙げて」次々に説明を続けているうち、ついには、祝福されたザムザムの「聖泉の」水が以前において本当だと思えなかったほど、その甘さを増したといった「嘘とも本当とも思える」ことを主張したほどであった。この祝福された「ザムザムの聖泉の」水には、事実として不思議なことがある。つまり、あなたはザムザムの井戸の底から水が湧き出てきた時にそれを飲めば、まるで乳房から搾りたての温かいミルクのような味感があるように思うことだろう。それこそは、至高なるアッラーからの神兆と天佑がその「聖」水の中に含まれているからであって、その「霊」水の御利益のほどは、それを説明する人の「詳しい」話を聞くまでもなく、すでによく知られている「事実であろう」。預言者「ムハンマド」――アッラーよ、彼に祝福と平安を与え給え！――が語られたように、他ならぬそこの水は「ばったりアッラーと出くわした時に」飲まれるべき「すべての」者のためにあり、アッラーは、その御稜威と御寛大さによって、すべてののどの渇き切った者をその水で潤しになられる。[198] さらに、この祝福された聖水に関することで、実際の経験を通じて確認された一つとして、次のことがある。つまり、「巡礼の」人たちがタワーフを何度も行ったり、徒歩で小巡礼《ウムラ》を「繰り返し」行ったり、あるいはそれ以外の身体を疲労させる原因によって、肢体が衰弱することがあるが、そうした時でも、その水を身体に注ぎ掛けると、安らぎを覚え、たちまち活力がみなぎり、これまで感じていた疲労のすべてが消えてしまうのである。

（七）〔五七九年〕第一ジュマーダー月訳注

（1）偉大なるアッラーのハラム（ḥaram Allāh al-ʻaẓīm）：アッラーのハラム（神の聖地）とは、①カアバ神殿にある聖モスク（マスジド・ハラム）、②預言者イブラーヒームがハラム（聖域・聖地）であると宣言したメッカの都邑、③メッカのハラムの領域（聖モスクから東に約三〇キロメートル、西に約三五キロメートル、南と北の約二〇キロメートルに広がる）、④ハラムの原意である〈禁じる、禁じられる場所、聖地、聖域〉、の四つを意味する。本書では、これら四つの意味を総合的に含んでいるが、ここではとくに①の聖モスクと②の〈聖なるメッカ〉（Makkat al-Mukarrama）を指す。

（2）イブラーヒームの御立処（maqām Ibrāhīm）は、神の親友（ハリール）、イブラーヒーム（アブラハム）とその子イスマーイール（イシュマエル）がノア（ヌーフ）の時代の大洪水によって流されたメッカのカアバ神殿の礎石を打ち立て、神殿を再建したと伝えられる由緒深い石の踏み台のこと。そこにはイブラーヒームが実際に立っていたことを示す聖なる足跡（徴《しるし》）が残されているため、訪問者はその石と足跡に触れたり、口づけしたりすることで、神の祝福・御利益を得ようと祈る。併せて、後掲注（22）と（23）を参照。

（3）四つの角（arbaʻat arkān）：ルクン（rukn, arkān）は〈支柱、土台、角、隅、壁の角・隅〉の

意。四つの角は石造りの立方体の形をしたカアバ神殿の四つの角のことで、ほぼ東・西・南・北の方向を向く。その神殿の北側にイラクの角（al-rukn al-ʻIrāqī）、南側にイエメンの角（al-rukn al-Yamānī）、西側にシリアの角（al-rukn al-Shāmī）、そして東側に黒石のある角（rukn al-ḥajar al-aswad）、すなわち神殿のタワーフ（巡回の儀）を行う人の起点となる場所がある。

（4）番人（sādin, sadāna）：管理人、保管者、守衛・守護役、とくにカアバ神殿の番人、門衛のこと。神殿の番人は、神殿内に入る入口（扉）の鍵を所持して、誰よりも先に神殿内に入って礼拝し、最後に扉を閉じる名誉ある役割を果たす。併せて、次注（5）を見よ。

（5）シャイバの人たちのザイーム（zaʻīm al-Shaybīyīn）：シャイバの人たち（al-Shaybīyūn）はシャイバ族（Banū Shayba）のことで、彼らはイスラーム以前から代々、カアバ神殿の番人（sādin, sadāna, ḥājib, ḥujjāb, ḥajaba）としての重要な役務を任されていた。ただし、彼らの権限は神殿に関することに限られており、ザムザムの井戸やそれに付随する施設や諸般の行事・行為には及ばない。シャイバ族の長はザイーム、もしくはシャイフ（shaykh）と呼ばれ、常に神殿の入口の鍵を所持し、御家の番人として扉の開閉を行った（*Enc. Is.*,［1997］9/389-391）。

（6）アブド・アッ＝ダール（ʻAbd al-Dār）：伝承によると、アブド・アッ＝ダールはクライシュ族の祖先、クサイイ（Quṣayy）の四人の子息のうちの一人。クサイイはアブド・アッ＝ダールとその子孫のためにカアバ神殿の守護権（ḥijba, ḥijāba）を指定したと伝えられる。したがって、それ以来、アブド・アッ＝ダールの子孫たちは代々にわたってその守護・管理権を継承することとなった。

（7）〔……〕の部分の写本は判読不可。おそらく〔ブン・アブド・アッ＝ダール〕（b. ʻAbd al-Dār）の文字を補うべきであろう。

（8）サファー門（Bāb al-Ṣafā）：聖モスクの南東の位置にあり、そこにある諸門のなかで最大の門。そこを起点としてサファーの丘とマルワの丘との間の早足の行（サアイ）が行われる（併せて、前章注（34）とイブン・バットゥータ、第二巻一〇七頁参照）。

（9）雨樋（al-mīzāb）：カアバ神殿の屋根の軒に付いているミーザーブ（雨樋）のことで、後述するように、ヒジュルの側に面した神殿の壁の一番上の部分にあって、神殿の屋根を流れる雨水を受けて地上に流す筒状の装置。雨樋の下は、神殿のおめでたい雨水が落ちるため、人びとの祈願の叶えられる場所と信じられた。なお、ヒジュルは〈囲いの場〉の意味で、カアバ神殿の北西側にある空間。低い半円形の壁で囲まれている。後述の本文二四七、三一二—三一五頁を見よ。

（10）一回のタワーフ（ṭawāf）：タワーフの原義は〈回ること〉で、カアバ神殿の黒石のある角を起点に、左方向へ回り、再び黒石のもとに戻る。この一巡のタワーフを七回連続して行うことは巡礼（ハッジュ）とウムラ（小巡礼）における重要な儀式の一つ。

（11）ムルタザム（al-Multazam）：原義は〈要求物、必要物、必要条件〉で、カアバ神殿の黒石と神殿内部に通じる入口（扉）との間の壁面を指す。訪問者は、自分の胸をその壁面に強く押し付けながら、熱烈に祈願をする。

（12）この部分はイブン・バットゥータにより、そのままの文が踏襲されている（イブン・バットゥータ、第二巻九七頁）。

（13）敷居（ʻataba, ʻatab, aʻtāb）：門口、敷居、入口・窓などの上の横木、入口の踏板、まぐさ（目草）の意。敷居は内（家に入る）と外（家を出る）を仕切る〈境界〉であり、聖なる空間を仕切る、いわば結界と見なされた。

(14) 写本には nuqāzatā とあるが、naqqāratā と改める。ナッカーラは門戸を差し固めるための道具、閂 (naqqārat al-bāb) のこと。一般には木製の横木であるが、ここでは銀製の大型の門で、止め金(ボルト) によって留められた (Dozy, R.［1927］2/710-711)。

(15) チーク材 (al-sāj)：チークはラテン語の *Tectona grabdis* であり、アラビア語のサージュはサンスクリット語のサカ (sáka)、または南インドのマラヤラム語のテーッカ (tēkka) に由来する。インドと東南アジア原産の樹木。チーク材は、古くからとくにインド洋を航行する大型船の船材として広く利用された。しばしば廃船や漂流船のチーク船材がモスクの柱や説教壇 (ミンバル) に使われることがあった (*Enc. Is.*［1995］8/73)。

(16) ハトワ (khaṭwa)：一ハトワ＝一・五ズィラーウ、約九一センチメートルに相当する、成人男子の一歩幅の長さ。したがって、ここでの三ハトワは約二二五センチメートル。

(17) カアバ神殿を覆う布はキスワ (kiswa) と呼ばれ、何枚もの布地を重ねて全体を覆う。ここで注目すべき点は、イブン・ジュバイルが最初に見たキスワはアッバース朝のカリフ＝ナースィルによって奉納されたもので、その布地が緑色の絹製、全部で三四枚を重ねたものであったことである。カリフ＝ナースィルは、その後、キスワの色をアッバース家のシンボル色である黒色に統一したため、マムルーク朝、オスマン朝を経て現在に至るまで、黒色のキスワが定着するようになった。同様の説明は、後述二五五―二五六頁にも見られる。

(18) イマーム＝ナースィル・リ・ディーン・アッラー (al-imām Nāṣir li-Dīn Allāh)：ここでのイマームはアッバース朝のカリフ (イスラームの敬虔な信徒たちを代表するスンナ派の指導者、amīr al-mu'minīn) を指す。すなわちイブン・ジュバイルのメッカ滞在の時、アッバース朝の第三四代目カリフであったナースィル・リ・ディーン・アッラー（al-imām Nāṣir li-Dīn Allāh, Abū al-ʻAbbās Aḥmad, 在位一一八〇―一二二五）のこと（*Enc. Is.* ［1993］ 7/996-1003）。後述二四六頁を見よ。

(19) ｛……｝の部分は、写本の判読不可。おそらく「ミフラーブの形を｛象った｝もの」と補うべきであろう。

(20) アーチ状の天井（al-qabw）：カブウ（qabw, aqbiya）は丸天井造り（ドーム）にするための建築方法の一つで、アーチ状の天井、丸屋根、空洞、石造の円蓋（クッバ）のこと。この部分の説明は、後述二七〇―二七一頁に詳しい。

(21) バーブ・アッ＝ラフマーナ（Bāb al-Raḥmāna）：〈慈悲・慈愛の門〉の意で、バーブ・アッ＝ラフマに同じ。神殿の内陣にあるこの入口を通って階段を登ると、カアバ神殿の屋上に出ることができる。後述注（54）を見よ。なおラフマーン（al-Raḥmān）はアッラーの別名で、神の美称（属性）の一つ、〈慈愛あまねき者〉のこと。

(22) 預言者や聖人の足跡、手・指の痕跡、遺体やその他の遺物を神聖な対象物（聖遺物）として信仰する事例は、古今東西の世界に広く見られた。スリランカのアダムズ・ピーク（Adam's Peak）とアダムズ・ブリッジ（Adam's Bridge）には神の創造した最初の人間アダム（アーダム）の足跡が残されており、キリスト教・イスラーム教・仏教のいずれの宗教にとっても共通の聖地とされた。イブン・ジュバイルは、イブラーヒームの聖石の上に注がれたザムザムの井戸水を飲むことで、神の御利益を得ようとした。聖遺物に触れる、口づけする、その水を飲む・浴びる・洗うなどの行為もまた、聖遺物信仰に付随するものと考えられる。スリランカのアダムズ・ピークに残されたアダムの足跡信仰については、イブン・バットゥータ、第六巻二九二―二九四頁；マルコ・ポーロ、第二巻二〇四頁、二〇八頁を参照。

(23) 水盤 (al-hawḍ):ハウド (ḥawḍ, aḥwāḍ, ḥiyāḍ) は〈鉢、タライ、水槽、溜池、水溜まり、家畜の水飲み桶〉などの意。ここではイブラーヒームの立った石に残された凹み、窪み (足跡) を指しており、そこは真性な痕跡、徴 (アラーマ) として信仰の対象とされた (cf. Dozy, R. [1881] 1/336-337)。シブル (shibr) は親指と小指とを張った長さ (通例では九インチ) であるから、その水盤の長さは約二・七〇メートル、横幅は約一・二六メートル、高さ (深さ) 約二三センチメートルとなる。

(24) 以上の説明は、イブン・バットゥータによってそのまま引用されている (イブン・バットゥータ、第二巻一〇三—一〇五頁)。

(25) [イスラーム以前に] クライシュ [族] が〈御家〉の一部に含めなかったところ (alladhī lam yuhjaru 'alay-hi huwa alladhī tarakat Quraysh min al-Bayt):ジャーヒリーヤ時代、クライシュ族はカァバ神殿を何度か建て直したが、その改築費用が不足した場合には、神殿の建物を縮小したと伝えられる。そのために、もともとその建物の一部であった部分は空き地として残された。イブン・バットゥータには「ヒジュルには二つの入口があり、その一つはそれ [の壁の終わりの部分] とイラクの角との中間にあって、その横幅は六ズィラーウである。この場所こそは、昔日、クライシュたちが [カアバの] 聖殿を築いた時に、その外側に残しておいた場所であって、このことは真正なるいくつかの伝承集にも言及されているとおりである。もう一つの入口は、シリアの角のところにあって、その横幅は同じく六ズィラーウである、その二つの入口の間の距離は四八シブル」とある (イブン・バットゥータ、第二巻一〇五頁)。

（26）写本の｛……｝は不鮮明のため、判読不可。
（27）ヒジュラ暦五七六年は、西暦一一八〇／八一年に当たる。
（28）［黒く］コフルで色付けされた（mukaḥḥal）：ムカッハルは〈コフルによって色付けされたもの〉の意。コフルはアンチモニー硫化物などを粉末にしたもので、とくに女性がまぶた、眉毛を黒くするのに使用する。
（29）ムスタジャール（al-mustajār）：イスタジャール（istajār）は〈保護を求める、助けを請う、誰かに訴える、不正・不義を訴えて改めさせる〉の意（Dozy, R.［1881］1/231）。ハラムやハウタ（ḥawṭa）と同じように、不可侵の特権を有する聖なる場所、逃避・避難の場所、囲いの地。
（30）坩堝（al-baydaq）：この部分の写本原本は不鮮明だが、W・ライトの校訂本によって、バイダクと読む（Wrigh, W., 88, *note* e）。物質を溶融し、また灼熱にするための耐火性の深皿のこと。あるいはバイダル（al-baydar）と読めば、〈石臼、回転砥石〉の意となる（Dozy, R.［1881］1/133）。
（31）ハージャル（Hājar）：預言者イブラーヒームの女奴隷ハガル（『旧約聖書』では妻の奴隷）で、イスマーイールの母、『旧約聖書』に見られるハガル（Hagar）のこと。アラブ人はすべてイブラーヒームとハージャルとの間に生まれたイスマーイールを祖先としており、ハージャルを〈アラブの母〉（umm al-ʻArab）として敬愛されている。
（32）以下のザムザムの井戸の円蓋堂（qubbat bi'r Zamzam）の説明は、イブン・バットゥータによってそのまま引用された（イブン・バットゥータ、第二巻一〇六頁）。
（33）カーマ（qāma）は人の一身長の長さ、約六フィート＝一八二・八センチメートル。
（34）アッバースの円蓋堂（qubbat al-ʻAbbāsiya）：アッバース（al-ʻAbbās）は預言者ムハンマドの異

母兄弟アッバース・ブン・アブド・アル＝ムッタリブ（al-ʻAbbās b. ʻAbd al-Muṭṭalib）のことで、アッバース朝は彼の名前に起源する（*Enc. Is.*［1960］8-9）。この円蓋堂は、一般には〈水飲み場の円蓋堂（qubbat al-sharābīya）〉の名で知られた。

(35) ユダヤの円蓋堂（qubbat al-Yahūdīya）：ジャーヒリーヤ時代、その円蓋堂の土地にはユダヤ教徒が所有する建物があり、その売却を拒否したため、一時、そのまま維持することが許された。

(36) ダワーリク（dawāriq）：アラビア語の単数形はダウラク（dawraq）。把手付きの細長い壺で、水を容れて放置しておくと、内部の水が冷える。ダウラクには〈水を満たした貯水タンク〉、〈液体の容量を量る一単位〉の意味もある（Steingass, F.［1892］543）。

(37) カルマト派の人（al-Qarmaṭī）：カルマティーはシーア・イスマーイール派の一分派カルマト教団の創始者ハムダーン・カルマト（Ḥamdān Qarmaṭ，八九九年没）のこと。九世紀、彼が南イラクのサワード地方を中心に教団組織を拡大すると、その教えを支持するカルマト教団の人びとは、東アラビアからシリアに至るキャラバン道を中心に勢力を拡大し、九三〇年にはメッカを襲撃してカアバ神殿の黒石を奪い、彼らの根拠地のバフラインに持ち去った（九五一年に返還）。こうした前代未聞の彼らの異常な行動について、当時の人たちは末世の到来を告げるものとして驚愕した。彼らの勢力は、一一世紀末の頃まで東アラビアからイエメンに及ぶまで広く残存していた（家島彦一［1993］三五一―三五八頁を参照）。

(38) 以上は、イブン・バットゥータによってそのまま引用された（イブン・バットゥータ、第二巻一〇二―一〇三頁）。

(39) 聖モスクの大きさについて、イブン・バットゥータはアズラキー（al-Azraqī）の記録によって、東西の縦幅を四〇〇ズィラーウ以上、南北の横幅もそれと同じくらいであると説明している（イブン・バットゥータ、第二巻九六頁）。

(40) マルジャウ（marjaʻ）：土地面積の一単位。マグリブ地方において、一マルジャウは約四六七・四平方メートルに相当する（Dozy, R.［1927］1/513）。

(41) 聖域《ハラム》の境界（ḥadd al-ḥaram）：ここでのハラムは聖モスク（al-masjid al-ḥaram）とその周辺の聖域を含める。前掲注（1）を参照。

(42) そこはジャーヒリーヤ時代にはカアバ神殿の一部であった。前掲注（25）を見よ。

(43) ダール・アン＝ナドワ（Dār al-Nadwa）：原義は〈集会所、議会、会堂〉であり、預言者ムハンマドの時代のメッカにあった集会所。元来、クライシュ族の祖であり、カアバ神殿の建設者であるクサイイが建てたと伝えられる。九世紀末に、カリフ＝ムゥタディド（在位八九二―九〇二）のもとで、そこに回廊とそれを支える円柱が取り付けられ、聖モスクの北側に接続された（*Enc. Is.*［1965］2/128）。

(44) マスタバ（maṣṭaba, miṣṭaba, maṣāṭib）：石のベンチ、横長の椅子、低く平らな台。

(45) ［熟練の］針仕事をする人たち（ahl ṣanʻat al-khayyāṭa）：聖モスク内の床面に敷かれた絨毯のほころびを繕い、その他の縫い物を専門とする熟練の専属職人集団。

(46) ［マドラサの］教師たちとイスラームの基礎学を学ぶ人たちによるいくつもの集団（ḥalqāt al-mudarrisīn wa-ahl al-ʻilm）：ハルカ（ḥalqa, ḥalqāt）の原義は〈金具や鎖のリング、輪〉であるが、モスクやマドラサの柱の周囲で教師を囲み、車座になって学ぶ生徒たちの集団、そこでの講義、セミナーや教科課程などをいう。

(47) アブー・ジャウファル・イブン・アリー・アル＝ファナキー・アル＝クルトゥビー（Abū Ja'far Ibn 'Alī al-Fanakī al-Qurṭubī）：現スペインのコルドバ出身の法学者、伝承学者。この人物については不詳。彼は本書でしばしば言及されており、メッカに滞在の後、ダマスカスに移住し、そこの金曜大モスク（ウマイヤ・モスク）で礼拝していた時、彼の名声を聞いて、多くの仲間たちが集った。

(48) アブー・ジャウファル・アル＝マンスールの子息、マフディー・ムハンマド（al-Mahdī Muḥammad b. Abū Ja'far al-Manṣūr al-'Abbāsī）：アブー・ジャウファル・アル＝マンスールはアッバース朝の第二代カリフ＝マンスール（在位七五四—七五）のことで、マフディー・ムハンマドはマンスールを継いでカリフ位に即いた（在位七七五—八五）。

(49) ヒジュラ暦一六七年は、西暦七八三／八四年のこと。

(50) ヤクティーン・ブン・ムーサーとイブラーヒーム・ブン・サーリフ（Yaqṭīn b. Mūsā wa Ibrāhīm b. Ṣāliḥ）：この二人の人物については不詳。

(51) アブー・アブド・アッラー・ムハンマド・アル＝ムクタフィー・リ・アムル・アッラー（Abū 'Abd Allāh Muḥammad al-Muqtafī li-Amr Allāh）：アッバース朝の第三一代目のカリフ＝ムクタフィー（在位一一三六—六〇）のこと（*Enc. Is.*［1993］7/543-544）。

(52) ヒジュラ暦五五〇年は西暦一一五五／五六年のこと。

(53) カアバ神殿の覆布（キスワ）の詳しい説明文は、すでに二三九—二四〇頁でも同じように見られた。前掲注（17）を見よ。

(54) 慈悲神の扉（Bāb al-Raḥma）は、カァバ神殿の内陣にあって、そこを通って階段を登ると、神殿の屋根の上に出る。バーブ・アッ＝ラフマーナに同じ。前述二四〇—二四一頁および前掲注

（21）を見よ。

(55) 前述二五六―二五七頁を見よ。

(56) 預言者の門（Bāb al-Nabī）：聖モスク（ハラム）の東側に位置する門。後述二八三頁を見よ。

(57) 黒色は、スンナ派アッバース朝カリフ政権の公式の色であり、旗、衣服、ターバンなどのすべては黒色に統一された。併せて、前掲注（17）を見よ。したがって中国の史料では、アッバース朝のことを〈黒衣大食〉と呼んだ。タイラサーン（taylasān）は、頭部から肩までを覆うショールのこと（Dozy, R.［1945］278–280）。

(58) ファルカア（farqaʻa）：アラビア語の動詞 farqaʻa は〈鐘や足音などが響き渡る、反響する〉の意で、その名詞形のファルカアは〈共鳴、共振〉のこと。ここでは〈振り回すと唸《うな》り音の出る装置の付いた細長い鞭状の棒〉〈空中に高く上げるとかん高い音の出る振り棒〉のこと（cf. Dozy, R.［1927］2/260）。イブン・バットゥータにも同様の説明が見られる（イブン・バットゥータ、第二巻一五四―一五五頁、一六二頁、一六七頁）。

(59) ザムザムのムアッズィン（al-muʼadhdhin al-Zamzamī）：ムアッズィンは礼拝の喚び掛け（アザーン）をする者。ムアッズィンは一つのモスクに一人でもよいが、聖モスクの場合、アザーンを行う者は各宗派から選ばれたムアッズィンたちで、彼らの中でもザムザムの円蓋堂のムアッズィンがその長（raʼīs al-muʼadhdhin）の役割を果たした。

(60) ミンバル（説教壇）は、一般にモスクのミフラーブ（メッカ方向の壁にある窪み）の右横に設置される。説教師は、ミンバルにある踏み台に登って説教を行う。ミンバルの段数は、時代や地域によって異なるが、当時のメッカの場合、四段であった。

(61) 彼の世継ぎであるサラーフ・ウッ＝ディーンの弟、アブー・バクル・ブン・アイユーブ（walī ʻahd-hu akhi-hi Abī Bakr b. Ayyūb）：アイユーブ朝のスルタン＝マリク・アル＝アーディル一世、アブー・バクル・サイフ・ウッ＝ディーン・ブン・アイユーブ（al-Malik al-ʻĀdil I, Abū Bakr Sayf al-Dīn b. Ayyūb）のこと。サラーフ・ウッ＝ディーンと並んで、強力な軍事的・精神的指導者であり、あだ名はサイフ・ウッ＝ディーン（Sayf al-Dīn,〈真の信仰の刀剣〉）、十字軍の間ではサファディン（Safadin）として知られた。一二〇〇―一八年にはエジプト全域を支配するスルタンとなった。前出九一頁、五七八年ズー・アル＝ヒッジャ月訳注（111）を見よ。

(62) ハッラーバ（al-ḥarrāba）：ハルバ（ḥarba, ḥirāb）は〈騎兵の用いる槍、投げ槍〉の意。ハッラーバとは〈槍を持って戦う人、槍持ち、槍騎兵〉のことで、ここではメッカのアミールを護衛する黒人のこと。併せて、後述注（194）を参照。

(63) ムクスィルの家来の黒人たち（rijāl-hu al-sūdān）：黒人たち（スーダーン）とは、おそらく紅海の西岸、東北アフリカに住むエチオピア系やベジャー系の人たちを指す。彼らは、メッカのアミールの護衛兵として、またハラム（聖モスク）とメッカの町を守備する役目を担った。

(64) ラクア（跪拝）を二度（rakʻatayn）：ラクア（rakʻa）は、立礼（直立礼）、屈礼（おじぎ）、平伏礼（跪拝）の三つの祈りの動作を一巡とする礼拝の最小単位で、それを状況や宗派によっても異なるが、二回から四回までを繰り返す。その中でも二度のラクア（ラクアターン）は礼拝の基本単位で、平伏礼を終えた後に、信仰告白（シャハーダ）の《アッラーの他に神なし、ムハンマドは神の使徒なり》の言葉を唱えて終了する。

(65) サジュウ調の言葉（kalām masjūʻ）：サジュウ（sajʻ, asjāʻ）は独特の韻律を伴うアラブの古い散文体（詩）で、『クルアーン』の文体はサジュウ体の韻律文。

(66) 預言者としての資質を持った先人たちを追憶する詩（dhikr sābiqat al-nubūwa）：ヌブーワは〈預言者としての資質を備えている、預言者の子孫としての高貴な資質（シャリーフ）を受け継いでいる〉の意。ここでは、預言者ムハンマドの直系子孫および一部の傍系親族を含む過去の高貴な人たちを讃えるための韻律を伴う言葉のこと。

(67) カスィーダ（qaṣīda, qaṣā'id）：アラブの古い詩型の一つで、同一の韻律と脚韻とを持つ対句を連ねる。高名な人物や支配者・主人の業績や栄誉を讃える場合に用いられることが多く、そこに多様な主題を織り込むために〈長詩〉あるいは〈頌詩〉と呼ばれる。

(68) 祈願者（al-dā'ī）：ダーイーの本義は〈喚び出す人〉のこと。『クルアーン』第五四章第六節に《いまに見ておれ、喚び出し係り（死者を墓から喚び出す天使）に喚び出されて、いやなところ（地獄）へ行くことになるその日（審判の日）》とある。〈召喚人、宣教者、布教者〉とも訳される。シーア・イスマーイール派は九世紀、彼らの独自の教義・主義を広げるためにダウワ（宣教のための組織）を作り、イスラーム世界の各地にダーイー（宣教者）を派遣して教団の国家組織を拡大した。

(69) ムルタザムについては、前掲注（11）を見よ。

(70) 安全の状態（amn）：『クルアーン』第二章第一一九節に《我ら（アッラー）が聖殿（ハラム）を万人の還り来る場所と定め、安全地域に定めた時のこと》とある。〈安全の状態〉とは罪人でもここに逃げ込めば害を与えられない緩衝地帯、アジールのこと。

(71) この部分は、イブン・バットゥータによってそのまま引用された（イブン・バットゥータ、第二巻一〇〇―一〇一頁）。

(72)『メッカの諸情報』(*Akhbār Makka*)：アズラキー (al-Azraqī, Abū al-Walīd Muḥammad b.ʻAbd Allāh Aḥmad al-Azraqī, 生没年不詳) による『メッカの諸情報の書 *Kitāb Akhbār Makka*』のこと。アズラキーはメッカとその聖域や至聖所に関する歴史・地誌に詳しい学者。彼の祖先はルーミー（ギリシア人）であるといわれ、碧眼の人 (al-Azraqī) として知られた (*Enc. Is.* 1［1960］1/826-827)。

(73) この箇所はイブン・バットゥータによって引用された（イブン・バットゥータ、第二巻一〇〇―一〇一頁）。

(74) 宝珠 (al-fahr)：ファフルは塔の円錐形の尖頂にある円球状のもので、クッバ・アル＝ファフル (qubbat al-faḥr)、ファフル・アル＝サウミア (faḥr al-ṣawmiʻa) もしくはルンマーニーヤ (rummānīya) とも呼ばれる。ルンマーニーヤの原義は〈ザクロ状の丸いもの〉のこと。仏教寺院の屋根や五重塔の尖頂にある宝珠に似ている (cf. Dozy, R.［1927］2/244)。

(75) ムカルナス文様 (ṣanʻat min qarnaṣa)：柱のアーチ曲線に縁取られた小曲面が鳥の羽毛や鍾乳石の層のように積み重なっている文様のこと。ギリシア語のコルニス (cornis) に由来し、英語ではスタラクタイト (staractite)、〈鍾乳石飾り〉のこと (Dozy, R.［1927］2/340；*Enc. Is.*［1993］7/501-506；深見奈緒子［2010］一三六―一三七頁)。

(76) 木製の欄干付きの格子 (shubbāk musharjab min al-khashab)：シャルジャブ (sharjab, sharājib) は〈横に長く伸びた手摺《てすり》、欄干、縁側のへりに設けた柵状の工作物〉のこと。おそらく語源はペルシア語のチャールチューブ (chārchūb)、チャハールチューブ (chahārchūb)、〈四本棒〉に由来すると思われる (cf. Dozy, R.［1927］1/742)。

(77) {……} の二ヵ所は写本の欠落部分。判読不可。

（78） スンナ派の四人のイマーム（arba'at a'immat Ṣunnīya）：イスラームの主流派、スンナ派の四つの法学派（ハンバル派、シャーフィイー派、マーリク派、ハナフィー派）を代表する礼拝の指導者（イマーム・アル＝アインマ、大イマーム）と呼ばれ、イブン・ジュバイルの時代、アッバース朝がシャーフィイー派法学を支援したため、その学派のイマームが筆頭を務めた。なお、スンナ派の四大法学派による裁判制度はマムルーク朝初期の時代から行われるようになり、大法官（qāḍī al-quḍāt）は四人の法官の代表者（ラィース・アル＝クダー、ムタワッリー・アル＝クダー）であり、合議によって全体の異なる見解をまとめる重責を担った。

（79） ザイディーヤ（al-Zaydīya）：シーア派の初代イマーム＝ザイド・ブン・アリー（アリーの曾孫、Zayd b. 'Alī, 六九八頃―七四〇）が七四〇年にウマイヤ朝政権に対して起こした反乱で、ザイドを正統な第五代イマームとして支持した集団および彼の主義・主張を継ぐ人たち。その後、ザイド派のイマーム論の支援者たちによって、イエメンやカスピ海周辺ではスンナ派の勢力に対抗してザイド派の王朝が建設された。

（80） ラーフィダの人たち（Rawāfiḍa）：ラーフィダ（rāfiḍa rawāfiḍ）は〈見捨てて離反した者、背信者、反対者〉の意で、スンナ派の人たちがシーア・ザイド派の集団に対して浴びせた蔑称。一般には、正しいイスラームの教えから逸脱した主張や行動を行う異端者を指して呼ぶ。

（81） 勘定（ḥisāb）：『クルアーン』第三九章第一三節に《言ってやるがよい。「信仰ぶかいわが僕《しもべ》らよ、己が主を懼《おそ》れまつれ。この世でよいことをする者は［来世で］必ずよい目に遇う。アッラーの大地は広い。辛抱づよい人びとだけが、勘定なしで御褒美を戴ける」と》と、また第四〇章第四三節に《誰でも悪いことをする者は必ずそれにふさわしい報いを受け、善いことをする者には、男だろうが女であろうが、信者でさえあるならば、みんな楽園に入れて戴いて、勘定なしの食ったり飲んだり》とある。つまり、アッラーは信仰深い敬信の人たちを、損得の勘定なしに養い、天国に行くことを約束した。

(82) シャーフィイー (al-Shāfiʻī)：アブド・アッラー・ムハンマド・ブン・イドリース・アッ＝シャーフィイー ('Abd Allāh Muḥammad b. Idrīs al-Shāfiʻī, 七六七—八二〇) のことで、シャーフィイー法学派の名祖にして、法源学の創始者。アッバース朝は、シャーフィイーの法学に従い、他の法学より上位に置いたので、メッカの聖モスクのイマームやムアッズィンはすべてシャーフィイー派の法学に従った者が指名された。併せて、前掲注 (78) を見よ。

(83) イカーマ (iqāma)：原義は〈起立、挙行〉。ムアッズィン (礼拝を喚び掛ける人) はイマームの指示に従って、礼拝 (サラート) の時間が来たことを信者たちに喚び掛ける。すなわち一日五回の礼拝ごとに、アザーン (喚び掛けの決まり文句) で、《ハイヤー・アラー・アル＝ファラーフ! カド・カーマト・アッ＝サラート (救済のために来れ! まさに礼拝、始まれり!)》と告げる。

(84) この部分の説明は、イブン・バットゥータによってそのまま引用された (イブン・バットゥータ、第二巻一五二—一五三頁)。

(85) ハティーム (ḥaṭīm)：原義は〈閉じるもの、封じるもの、粉砕されたもの〉で、窓または入口の内と外に設ける遮断壁、衝立、鎧戸をいう。とくにカアバ神殿の西側を囲む壁。ここでは各法学派のイマームを囲んで信徒たちが集まり、他の学派のイマームの説教が聞こえないようにするための衝立、囲いの場を指す。衝立は周囲に木材・綱・金属などで作った格子状のパネル (台板、出窓、マシュラビーヤ) であった。

(86) アジャムの王朝（al-dawlat al-'ajamiya）：アジャム（al-'Ajam）はアラブ（al-'Arab）に対応する言葉で、〈非アラブ人、異人〉のことで、とくにアラビー（アラビア語をしゃべる人）に対してアジャミー（非アラビア語、ペルシア語やトルコ語などをしゃべる人）を意味する。ここでは、当時、イラン・トルコ地域を広く領有したトルコ系の王朝、大セルジューク朝（Saljūqī, 一〇三七―一一五七）やルーム・セルジューク朝（Saljūqiyān-i Rūm, 一〇七五―一三〇八）などを指す。彼らの宮廷ではペルシア語が使われ、官僚としてはイラン人たちが多く登用された。

(87) ラーマシュト（Rāmasht）：アブー・アル＝カースィム・ラーマシュト・ブン・アル＝フサイン・ブン・シーラワイフ・ブン・アル＝フサイン・ブン・ジャウファル・アル＝ファールスィー・アッ＝スィーラーフィー（Abū al-Qāsim Rāmasht b. al-Ḥusayn b. Shīrawayh b. al-Ḥusayn b. Ja'far al-Fārsī al-Sīrāfī）のこと。スィーラーフ出身のイラン系商人・船主（ナーフザー）で、一二世紀前半にインド、中国、イエメンなどインド洋海域を舞台に広く活動した大富豪。一一四〇年没（家島彦一［1993］一三九、一七七、一八一―一八四、一九〇―一九五頁）。

(88) ラーマシュトはカアバ神殿のキスワ、雨樋（ミーザーブ）、水飲み場、修行者・巡礼者のための修道場（リバート）など、さまざまな慈善事業や宗教施設を寄進したことで知られた（前注の書一八一―一八四、一九〇―一九五頁を参照）。

(89) ワズィール・アル＝ムカッダム（wazīr al-muqaddam）：ムカッダムは監督者、軍司令官、ワクフ財の管財人などのこと。ワズィールはイスラーム諸王朝における大臣、宰相のこと。ここでは軍隊の統括者を指したと思われる。

(90) イブン・アウフ（Ibn Awf）：アレクサンドリアの著名なマーリク派イマーム、法学者。この人物については不詳。

(91) 「アーミーン、アーミーン」と叫ぶ声 (al-ta'mīn)：アーミーンは〈安らぎ、安寧〉の意。キリスト教で祈禱の終わりに唱えるアーメンと同じく、《神よ、かくあらせ給え！》の言葉。

(92) サラーフ・ウッ＝ディーンからの［任命を受けた］イエメンのアミールたち (umarā' al-Yaman min jihat Ṣalāḥ al-Dīn)：アイユーブ朝の支配領域はサラーフ・ウッ＝ディーンの時代にはエジプト、シリアの大部分とイエメンにまたがり、それぞれの地域に派遣されたアミールたちにはイクター（分与地）が支給されて支配と独立が任された。イエメン地方は、一一七三年、サラーフ・ウッ＝ディーンの兄、シャムス・ウッ＝ディーン・トゥーラーン・シャー (al-Malik al-Mu'aẓẓam Shams al-Dīn Tūrān Shāh, 在位一一七四―八一) によって征服され、統治が行われた。

(93) 四人の［正統］カリフの一人の［ウスマーンが所有していた］『クルアーン』写本 (maṣḥaf aḥad al-khulafā' al-arba'a)：〈四人の正統カリフ〉とは預言者ムハンマドの死に続く四人のカリフ、すなわちアブー・バクル、ウマル、ウスマーン、アリーのこと。イスラームの聖典『クルアーン』は、第三代カリフ＝ウスマーン ('Uthmān b. 'Affān, 在位六四四―五六) の時に収録・編纂されたもの（ウスマーン本）で、それ以後の『クルアーン』はすべてウスマーン本からの写本（マスハフ）である。ここでは、由緒あるウスマーン写本の一つで、『クルアーン』の編纂者の一人、ザイド・ブン・サービト (Zayd b. Thābit al-Anṣārī, ?―六六二／七六) の直筆本がアッバースの円蓋堂の宝物庫に所蔵されていたことを伝える。ザイドはムハンマドの教友、イエメン系ハズラジュ族出身のアンサール（ムハンマドとともにメッカからメディナへ移住した人）で、優れた記憶力と明晰な頭脳の持ち主として知られ、ウスマーンの命を受けて『クルアーン』の編纂事業を進めた (*Enc. Is.*

[1986] 5/404–405）。

(94) 天変地異による異常現象や自然災害、とくに疫病・旱魃・飢饉・洪水・地震などによって人びとの社会・経済生活が脅かされ、不安が広がった際、多くの人びとは『クルアーン』の写本や護符を頭上にかざしてモスク・聖者廟・墓地や砂漠などに出かけて神に祈った（cf. Dols, M. W. [1977] 121–142）。

(95) ズバイダの館（Dār Zubayda）：ズバイダはアッバース朝のカリフ＝ハールーン・アッ＝ラシード（在位七八六―八〇九）の正妻のことで、メッカ巡礼者のためにバグダードからメッカに至る巡礼道（ズバイダ道）やその沿道に井戸、貯水槽や道標を設けたり、メッカに宿泊所（ダール）を建設するなどの慈善事業を行ったことで有名。聖モスクに隣接する多くの館については、イブン・バットゥータによっても引用された（イブン・バットゥータ、第二巻一一三頁）。

(96) 法官の館（Dār al-Qāḍī）：この法官が誰を指したか、その詳細は不明。イブン・バットゥータは、〈法官の館〉の代わりに、〈シャラービーの館〉（Dār al-Sharābī）としている（イブン・バットゥータ、第二巻一一三頁）。シャラービーはシャムス・ウッ＝ディーン・イクバール・ブン・アブド・アッラー（Shams al-Dīn Iqbāl b. ʻAbd Allāh）のことで、アッバース朝のカリフ＝ムスタンスィル（al-Mustanṣir, 在位一二二六―四二）のアミールを務め、メッカにスーフィーたちのための修道場（リバート）や水場を建設・奉納したことで知られる（一二五九年、バグダードで没）。したがって、この人物の名前が門に付けられたのはイブン・ジュバイルの時代以降のことであって、それ以前のことは不明（cf. al-Fāsī, *al-ʻIqd.*, 3/324–325）。

(97) 〈アジャラ〉（al-ʻAjala）として知られる館：アラビア語でアジャラは〈荷車、輿車〉の意で、アラバ（ʻaraba）に同じ（*Enc. Is.*［1960］1/205-206）。キプチャク大平原で使われていたアラバについては、イブン・バットゥータの記録に詳しい（イブン・バットゥータ、第四巻一九―二〇頁）。アジャラの館は、本来、馬・ラバ・ラクダ・ロバなどの動物に曳かせた荷車を収納しておく建物であったと思われる。その館の近くに、聖モスクの小門（al-Bāb al-Ṣaghīr）があったことから、この小門は〈アジャラの館の門〉（Bāb Dār al-ʻAjala）の別名で呼ばれた。

(98) 隣り合うこと（mujāwara）：ムジャーワラは〈良好な隣人関係にあること〉を意味する。メッカに住むことは聖モスクとカアバ神殿と隣り合って生活し、神の御利益を存分に享受できると考えられた。なお、イスラームの都市生活の上で必要な保護・互助関係（ヒマーヤ）と並んで、ムジャーワラは重要な社会秩序、エチケットの一つであった。カイロ、メッカやダマスカスなどのイスラーム都市では、異国の旅人・巡礼者たちが訪れて、しばらく滞在し、そこの都市共同体の安全・保護のもと、学問・修行・人物交流などの目的を果たす機会があった。そうした外来の一時的な居留者は〈ムジャーウィル〉（mujāwir, mujāwirūn）と呼ばれた。

(99) アブー・ジャウファル・アル＝ファナキー・アル＝クルトゥビー（Abū Jaʻfar al-Fanakī al-Qurṭubī）：一一八三／八四年の頃、メッカに寄留者（ムジャーウィル）として長く滞在した現スペイン・コルドバ出身の法学者、伝承学者、スーフィーの修行者。イブン・ジュバイルと深い知己の関係にあったので、彼からメッカに関する多くの情報を得た。なお、彼の正しい名前はアブー・ジャウファル・イブン・アリー・アル＝ファナキー・アル＝クルトゥビー（Abū Jaʻfar Ibn ʻAlī al-Fanakī al-Qurṭubī）。前掲注（47）参照。

(100) 以下のハラム、すなわち聖モスクの諸門の記述は、イブン・バットゥータによってほぼそのまま引用されている（イブン・バットゥータ、第二巻一〇七―一一一頁）。

(101) バヌー・マフズーム門（Bāb Banī Makhzūm）：バヌー・マフズームはイスラーム以前のメッカにおいてクライシュ族の中の著名な一門。イスラーム以後の歴史でも彼らの子孫たちはアブド・シャムス家やハーシム家と並んで、重要な地位と役割を果たした（*Enc. Is.*［1991］6/137–140）。

(102) ハラキーユーン門（Bāb al-Khalaqīyūn）：アラビア語のハラク（khalaq）は〈農民の着るような青地の野良着、薄汚れた服〉、ハラカ（khalaqa）は〈ぼろ着、ぼろ切れ〉の意であるから、ハラキーユーンとは〈古着商たち〉の意であろう。おそらく、かつてこの門の近くに古着商たちの店舗が並んでいたと考えられる（Dozy, R.［1927］1/399）。

(103) 小ジャヤード門（Bāb Jiyād al-Ṣaghīr）：別名を小ジャイヤード門（Bāb Jayyād al-Ṣaghīr）、または小アジュヤード門（Bāb Ajyād al-Ṣaghīr）と呼ばれた。イブン・バットゥータは、聖モスクにはアジュヤードの名前を冠した門として、大小の二つのアジュヤード門と二つの〈粉商人たちの門（バーブ・アッ＝ダッカーキーン）〉の、合わせて四つの門があることを指摘している（同書第二巻一一一頁）。なお、アジュヤードはメッカ周辺にあるハンダマ山の脇を通る二つの隘路、大アジュヤードと小アジュヤードに由来する名前であるが、ジャワード（jawād）の複数形（jiyād, ajyad, ajāwid）とすれば、〈競争馬、駿馬、軍馬〉の意となる。

(104) バヌー・シャイバ門（バーブ・バヌー・シャイバ）の真向かいに位置する小門（bi-izā'i Bāb Banī Shayba）について、イブン・バットゥータには「この門はバヌー・シャイバ門の正面向かい側にあるが、正式の名前はない。ある人の説では、ここを通過してスィドラ修道場（リバート・アッ＝スィドラ）に向かうことから、〈修道場の門（バーブ・アッ＝リバート）〉と呼ばれる」とある

（イブン・バットゥータ、第二巻一一五—一一六頁）。

（105）バヌー・アブド・シャムス門（Bāb Banī ʻAbd Shams）：バヌー・アブド・シャムス（アブド・シャムス家）はバヌー・マフズーム（マフズーム家）、バヌー・ハーシム（ハーシム家）などと並んで、クライシュ族の名門一族で、ウマイヤ家はバヌー・アブド・シャムスの子孫から出た。バヌー・マフズームについては、前掲注（101）を参照。

（106）木戸（khawkhat al-abwāb）：アラビア語のフーフ（khūkh, khūkha, khawkhat）は〈小門、くぐり門、回転木戸〉の意。

（107）スーフィーのリバート（ribāṭ al-Ṣūfīya）：『クルアーン』第八章第六二節に《できるだけの軍勢と繋ぎ馬（ribāṭ al-khayl）を用意せよ》とあり、リバートの本来の意味は馬を集めておく囲いの場所（muḥīṭ）であったが、時代とともに辺境に設けられた軍事拠点、砦、要塞、宿泊施設、祠《ほこら》、聖堂や禁欲主義者たちの修道場など、多様な意味に用いられるようになった。一二世紀になって、スーフィーたちの活動が盛んになると、リバートはハーンカー（khānqāh）やザーウィヤ（zāwiya）とほぼ同義の〈修道場〉の意味に用いられ、メッカの聖モスクの周辺にも多数のリバートが建てられた。リバートは、巡礼者・旅人たちに宿泊施設として提供されると同時に、礼拝・教育・訓練・修行などの目的に利用された。

（108）アジャラの館（Dār al-ʻAjala）については、前掲注（97）を見よ。

（109）スッダ門（Bāb al-Sudda）：またはサッダ門（Bāb al-Sadda）と読む。イブン・バットゥータにはスィドラ門（Bāb al-Sidra）とあるが、おそらく誤り（イブン・バットゥータ、第二巻一一〇頁）。この門は一般には旧門（Bāb al-ʻAtīq）とも呼ばれた。

(110) ハズワラ門（Bāb Ḥazwara）：ハズワラ（ḥazwara, ḥazawira）は〈小山、塚〉の意。ハズワラ門については、ファースィーの記録に詳しい（al-Fāsī, *al-Shifā'*, 2/109-110）。なおこの門の近くにペルシアの大商人ラーマシュトの修道場（Ribāṭ Rāmasht）があった。ラーマシュトについては、前掲注（87）および家島彦一［1993］一七四―一七五頁を参照。

(111) イブン・バットゥータには、この門についての言及がない。

(112) イブン・バットゥータは、「［ハズワラ門に続く門は、］大アジュヤード門（Bāb Ajyād al-Akbar）であり、二つの門扉が開かれている。次の門も前述のものと同じくアジュヤードの名前にちなむ三番目の門がある、それにも二つの門扉が開かれていて、サファー門（バーブ・アッ＝サファー）と隣り合わせている。ただし、以上の四つのアジュヤードの名前を付けた門の中の、［後者の］二つの門については、これを〈粉商人たち［の門］〉（バーブ・アッ＝ダッカーキーン）」の名前で呼ぶ者もいる」（イブン・バットゥータ、第二巻一一〇―一一一頁）と説明して、明らかにイブン・ジュバイルの記録を意識しつつ、多少の手直しを加えている。併せて、前掲注（103）を参照。

(113) 法学者、ミクナースィー（al-Miknāsī al-faqīh）：ミクナースィーは現モロッコ北部の宗教都市メクネス（Meknes, Meknès）出身者のこと。この部分のイブン・バットゥータの説明は「イブラーヒーム門の外側には、大規模なザーウィヤがあって、その中にはマーリク派のイマーム、善行に勤しむ敬虔の人、一般には〈ハリール〉の名で呼ばれたアブー・アブド・アッラー・ムハンマド・ブン・アフマド・アッ＝ラフマーンの館がある」とある（イブン・バットゥータ、第二巻一一一―一一二頁）。このマーリク派のイマーム＝ハリールはおそらくミクナースィーと同一人物であろう。

(114) 寄進献納された書籍（al-kutub al-muḥbasa）：ムフバサは〈ハブス（ḥabs）された〉の意。ハブス（ḥabs）、もしくはフブス（ḥubs）はイスラームの財産寄進制度のワクフに同じで、とくにマグリブ・アンダルス地方で用いられた用語。

(115) 二本の円柱の間（bayna al-usṭwānatayn）：サファーの丘とマルワの丘とを結ぶサアイ（早足の行）の道（マスアー）の両側に立てられた緑色のマイル標識のこと。後述二八七—二八八頁を見よ。

(116) アッバース朝のカリフ＝マフディーについては、前掲注（48）、二五三—二五四頁を見よ。

(117) 洪水の流れる川床の道（qāriʻat al-masīl）：マスィールはワーディー（窪地、涸《か》れ谷）が増水した時に一時的に水が流れる部分のことで、普段は水のない川原になっている。そこは、サファーの丘とマルワの丘との中間にある一番低い部分。後述するように、そこには果物類・穀類などの食品類を売る常設の市場（スーク）があって、小売商の店舗が軒を連ねていた。後述二八八頁を見よ。

(118) 敬虔信徒たちの長たるアブー・ムハンマド・アル＝ムスタディー・ビ・アムル・アッラー（Abū Muḥammad al-Mustaḍī bi-Amr Allāh amīr al-muʼminīn）：アッバース朝の第三三代カリフ＝ムスタディー（在位一一七〇—八〇）のこと。

(119) 以下のメッカを見下ろす山々の説明は、イブン・バットゥータによってほぼそのまま引用された（イブン・バットゥータ、第二巻一二一—一二五頁）。アブー・クバイス山については、後掲注(124)、(158)を見よ。

(120) アブー・アル＝ワリード・アル＝アズラキーによる『メッカの諸情報』（*Akhbār Makka* li-Abī al-Walīd al-Azraqī）：アブー・アル＝ワリード・アル＝アズラキーは正式にはアブー・アル＝ワリード・ムハンマド・ブン・アブド・アッラー・アフマド・アル＝アズラキー（Abū al-Walīd Muḥammad b. ʻAbd Allāh Aḥmad al-Azraqī）のこと。彼の祖先はルーミー（al-Rūmī）、ギリシア系の奴隷であったことから〈碧眼の人（アズラキー）〉のあだ名で呼ばれた。メッカの地誌、聖域・聖所・至聖所や歴史について詳しい記録を残した。生没年については不詳であるが、預言者ムハンマドとほぼ同年代の人。併せて、前掲注（72）を見よ。

(121) 信頼できるもの（amīn）：アミーンは〈誠実な人、信頼できるもの（人）〉の意で、預言者ムハンマドのあだ名であった。

(122) 岩山（akhshab）：アフシャブの原義は〈でこぼこした岩山、荒々しい岩肌の山〉、アフシャバーン（akhshabān）は〈二つのでこぼこの山稜〉の意。とくにメッカを見下ろすクアイキアーン（Quʻayqiʻān）の山稜を指す。

(123) 至高・至大なるアッラーの御稜威によって月が裂けた時（ʻind inshiqāq al-qamar la-hu bi-qudrat Allāh ʻazza wa jalla）：『クルアーン』には何度か「月が裂け、割れた」との表現が見られる。例えば、第五四章第一節に《時は近づき、月は裂けた》とある。この節の注釈として、メッカの人びとがムハンマドに預言者としての徴を具体的に示すように要求した時、彼は月が割れるのを彼らに見せ、月の半分が山に隠れ、他の半分は山の上にあった、とある。また、別の解釈として、終末の時が近づいたことを示すための神兆とも考えられた。

(124) イブン・バットゥータによると、アブー・クバイス山には一つのモスクと、一つの修道場および建物の跡があって、その建物の遺構はマムルーク朝のスルタン＝マリク・アッ＝ザーヒル（在位一二六〇―七七）によって修復されたとある（イブン・バットゥータ、第二巻一二一頁）。

(125) ラァス・アッ＝ラドム（Raʼs al-Radm）：ラドムの原義は〈くず、破壊物の破片、岩石の破片、石塊〉のこと。ラァス・アッ＝ラドムは〈岩石の積み重なった高台〉のことで、聖モスクの北北西、マアラーの共同墓地の近くに位置する高台。洪水による激流は、ラァス・アッ＝ラドムからワーディーに沿って聖モスクの東側を通り、マスファラの低地に向けて流れ下る。

(126) マスファラ(al-Masfala)：原義は〈低いところ、低地〉で、メッカの地形は、北から南に向かってラァス・アッ＝ラドムからマスファラへ低く傾斜している。メッカの諸門の一つのマスファル門(Bāb al-Masfal)を出て南に下り、マスファラを通過すると、イエメン方面に至る道(ṭarīq al-Yaman)がある(後述二九六頁)。イスタフリーによると、メッカの南北の縦の長さはマアラー(al-Ma'lā)からマスファラまで約二マイル、ジャイヤードからクアイキアーンまではその三分の二で、聖モスクはちょうどその中央に位置するとある(al-Iṣṭakhrī, 15; al-Muqaddasī, 71)。

(127) 祝福された[マアラーの]共同墓地(al-jabbanat al-mubāraka)：メッカの共同墓地は聖モスクの北側、ワーディーの上手の〈ハジューン〉(al-Ḥajūn)と呼ばれる場所にあって、一般には〈マァラーの共同墓地〉と呼ばれた。ハジューンについては、次注(128)を見よ。

(128) ハジューン(al-Ḥajūn)：原義は〈曲がりくねったところ〉の意で、メッカの北側の端にある渓谷のことで、その両側の傾斜地にマアラーの共同墓地がある。さらに渓谷を抜けて西に向かうと、ジッダに至る道(ṭarīq Judda)がある。イブン・ジュバイルはハジューンの渓谷を通ってメッカ市街に入ったと思われる。ヤークートは、ハジューンはメッカ(市街)の最も高所にある高台で、そこにメッカ住民たちの墓地があると伝える(Yāqūt, *Mu'jam.*, 2/215)。同じ記録は、イブン・バットゥータにも見られる(イブン・バットゥータ、第二巻一一八頁)。

(129) カダーゥ(Kadā')：カダーゥの隘路(thanīya Kadā')は、メッカの北西、クアイキアーン山とカダーゥ山とに挟まれた隘路で、そこを通過するとジッダに至る道が続く。

(130) ハッサーン（Ḥassān）：ハッサーン・ブン・サービト・アル＝ムンズィル・ブン・ハラーム（Ḥassān b. Thābit al-Mundhir b. Ḥarām）のこと。メディナに住むイエメン系ハズラジュ族に属し、一般には〈預言者ムハンマドの桂冠詩人〉として知られた。イスラームの勃興前後の時代に活躍した優れた詩人の一人で、彼の詩集（ディーワーン）にはムハンマドの時代の社会状況が盛り込まれていることでも注目される（*Enc. Is*.［1986］3/271-273）。

(131) 征服の日（yawm al-fatḥ）：六三〇年の預言者ムハンマドによるメッカ征服の日を指す。六二二年のヒジュラ（聖遷、ムハンマドと七十数名のムスリムがメッカからメディナに移住）以後、メディナに建設されたイスラーム共同体と、メッカを中心とする旧クライシュの勢力との間で軍事的対立が続いたが、六三〇年、ムハンマドの率いる軍隊はメッカを無血征服し、カァバ神殿の偶像は破壊されて、町はイスラームの聖都（ḥaram al-Islām）となった。

(132) ハーリス・ブン・ムダード・アル＝ジュルフミー（al-Ḥārith b. Muḍād al-Jurhmī）：以下の詩はアブー・アル＝ファラジュ・アル＝イスバハーニー（Abū al-Faraj al-Iṣbahānī）の『歌の書 *Kitāb al-Aghānī*』からの引用であり、ヤークートとイブン・バットゥータにも見られる（al-Iṣbahānī, *al-Aghānī*., 13/107-112; Yāqūt, *Mu'jam*., 2/215；イブン・バットゥータ、第二巻一一六頁）。なお、ヤークートはこの詩の作者をハーリスの父親ムダード・ブン・アムル・アル＝ジュルフミー（Muḍād b. 'Amr al-Jurhmī）としている。ジュルフム（Jurhum, Jurham）はクライシュ族がメッカを支配する以前に住んでいた古代アラブ部族の名前で、ヤクターン（Yaqṭān）またはカフターン（Qaḥṭān）系の子孫。彼らは、イエメンからメッカに移住したと伝えられた（cf. *Enc. Is*.［1965］2/603-604）。

(133) 夜の語らいに集まる人（sāmir）：サーミルは〈月明かりを頼りに集まり、語り合う人、親しい仲間、無駄話にふける人〉の意。

（134） 以下のハジューンの共同墓地についての説明は、イブン・バットゥータによって引用されている（イブン・バットゥータ、第二巻一一六—一一七頁）。

（135） ハッジャージュ・ブン・ユースフ（al-Ḥajjāj b. Yūsuf）：ハッジャージュ・ブン・ユースフ・ブン・アル＝ハカム・ブン・アキール・アッ＝サカフィー（al-Ḥajjāj b. Yūsuf b. al-Ḥakam b. ʻAqīl al-Thaqafī, 六六一—七一四）のこと。ターイフのサキーフ部族（Banū Thaqīf）の出身で、イブン・ズバイルによる内乱を終結させた後、ウマイヤ朝の第五代カリフ＝アブド・アル＝マリク（ʻAbd al-Malik, 在位六八五—七〇五）の信任を得て、イラク総督として活躍した。彼は、シーア派や反ウマイヤ朝運動を推進してきた人たちにとって最も憎むべき破壊者と見なされていた（*Enc. Is.*［1986］3/39-43）。

（136） ズバイルの子息、アブド・アッラー（ʻAbd Allāh Ibn Zubayr）：イブン・ズバイルはウマイヤ朝の第二代カリフ＝ヤズィード一世（Yazīd I, 在位六八〇—八三）に反旗を翻して、メッカにおいて〈敬虔信徒たちの指導者（カリフ）〉と自称して独立を企てた。それに対して、ウマイヤ朝は軍隊を派遣して、イブン・ズバイルの立て籠っているメッカを包囲・攻撃した。この時、メッカの建物は焼かれ、カアバ神殿も破壊された。その後、イブン・ズバイルは神殿を建て直して、ラジャブ月のウムラ（小巡礼）を行った。六九二年、彼はハッジャージュの率いるウマイヤ軍に敗れて死亡した（*Enc. Is.*［1960］1/54-55）。

（137） ターイフ（al-Ṭāʼif）：メッカの南東、ラクダで二日から三日行程離れた、サラート山脈中にある肥沃な渓谷の町で、周囲には農耕地が点在する。現在ではサウジアラビアの第四番目に大きな町で、メッカからリヤードに至る道の交差点にあり、そこに集まった農作物（穀物・野菜・果物類）は、メッカに運ばれた（Yāqūt, *Mu'jam.*, 3/495-501; *Enc. Is.*［2000］10/115-117）。

(138) この部分は、イブン・バットゥータによって引用されたが、「共同墓地を正面に見た場合、その右側には崩壊した一つのモスクがあるが……」とあり、傍線部分が加筆されている（イブン・バットゥータ、第二巻一一七頁）。

(139) アラファートへの登攀［路］（al-ṣu'ūd ilā 'Arafāt）：アラファートはアラファ（'Arafa）のアラビア語複数形で、メッカ巡礼における最も重要なウクーフ（アラファートに逗留して行う佇立の儀）の巡礼地。メッカ市街から渓谷に沿って緩やかな坂を東に遡って約二五キロメートルのところにある広大な原野。その中央部には、アダムとイヴが再会したと伝えられるラフマ山がある。

(140) マスファル門（Bāb al-Masfal）：メッカの市内の南側にある門。下手門（Bāb al-Suflā）とも呼ばれて、イエメンに通じる道が続く。併せて、前掲注（126）を参照。

(141) ハーリド・ブン・アル＝ワリード（Khālid b. al-Walīd）：〈神の御剣〉と讃えられた初期イスラーム時代の名将の一人で、とくにシリアとイラクの征服に活躍した。六四二年没。なお、メッカの無血征服は、六三〇年に行われた。併せて、イブン・バットゥータ、第二巻九五頁の説明を参照。

(142) タンイーム（al-Tan'īm）：メッカの市街から北に二ファルサフ（約一二キロメートル）、メディナに向かった地点にあり、ウムラ（小巡礼）を行う人たちの出発点、ミーカートの場所（Yāqūt, *Mu'jam.*, 1/879）。併せて、次注（143）を見よ。

(143) ウムラを行う人たちのミーカート（mīqāt al-mu'tamirīn）：ウムラは小巡礼と呼ばれて、ヒジュラ暦の巡礼月に一定の所作に従って行うハッジの期間以外ならいつでも実行することが許される。

すでにメッカに入場した人、とくにメッカの寄留者たち（al-mujāwirūn）は、タンイームまで一度出て礼拝のための浄め（ウドゥーゥ）を行い、イフラームの状態になって再度、メッカに入る。併せて、二三〇頁の注（23）を見よ。

（144）シュバイカ（al-Shubayka）：アラビア語のシャバカ（shabaka）の縮小形で、〈地層の中で地下水の流れる部分、浅い井戸やワーディーの浅い地下水があるところ〉の意。メッカとザーヒルとの中間、タンイームに達する道路沿いにある水場（Yāqūt, *Mu'jam.*, 3/259）。

（145）文字が摩滅して消えた一つの刻文（naqsh dāthir al-rasm）：アラビア語のダースィルの語根（dathara）は〈忘れ去る、古くなって消える〉の意。石に刻んだ文字が、年月が経過して摩滅した状態をいう。

（146）一ガルワの距離（miqdār ghalwa）：ガルワ（ghalwa, ghilā', ghilawāt）は、〈矢の届く距離、矢頃〉で、一〇〇歩、一〇〇ハトワ、九一―一〇〇メートルの距離。

（147）アブー・ラハブと彼の妻の墓（qabra Abī Lahab wa imra'ʼt-hu）：アブー・ラハブはあだ名で、〈炎の父〉の意。アブド・アル＝ウッザ（'Abd al-'Uzza）とも呼ばれた。預言者ムハンマドの祖父の従兄弟に当たる人物であったが、誰よりもムハンマドを執拗に憎み、彼の教えを邪魔した。さらにアブー・ラハブの妻は、夫をけしかけてムハンマドに敵対させた。その罪で、地獄において彼女は薪木を背負って来て、その劫火で夫を焼く任務を負わされることになった。『クルアーン』第一一一章第一―五節に《腐ってしまえ、アブー・ラハブの手、ええ、すっかり腐ってしまえ。……薪木は女房が背負って来る。頸に荒縄結い付けて》とある（*Enc. Is.*［1960］1/136-137）。

（148）ザーヒル（al-Zāhir）：メッカのシュバイカ門（Bāb al-Shubayka）を出て、タンイームに至る道路沿いの水場。そこには大ザーヒルの井戸群（abā'ir al-Zāhir al-Kabīr）と小ザーヒルの井戸群（abā'ir al-Zāhir al-Ṣaghīr）があった。

(149) 大型の水壺（kīzān al-mā'）：クーズ（kūz）、複数形のキーザーン（kīzān）は〈把手付きの縦に細長い素焼の水壺、注ぎ口・飲み口がない細首の容器〉のことで、その中に容れた水は冷却される（Steingass, F.［1884］900）。

(150) 沐浴のための水を満たした瓶（marākin mamlū'at li-'l-wuḍū'）：ミルカン（mirkan, marākin）は〈液体を容れる深い壺形の容器、洗面器、小型の鉢、坩堝〉の意。

(151) イブン・バットゥータは、メッカの周囲にある山々についての説明で、「さらに別の山として、〈鳥の山〉（Jabal al-Ṭayr）がある。それは、タンイーム道の両側に広がる四つ［の山塊］のことである。神がその偉大なる書『クルアーン』の中で、ハリール（神の友）［イブラーヒーム］――彼に、平安あれ！――がバラバラに切った鳥の肉片をそこに置いた後で、それらの肉片を呼んだ［ために皆が生き返った］と伝えられる山は、まさにその山々のことである。したがって、その［奇跡が起こされた］ところにいくつもの石で造った標柱が立っている」とある（イブン・バットゥータ、第二巻一二二頁）。

(152) ズー・タワー（Zū Tawā）：ザーヒルにあるワーディーの一つ。ザーヒルについては、前掲注(148)を見よ。

(153) ウマルの［幼い］子息（ibn 'Umar）：ウマルはムハンマドの教友で側近の一人。第二代正統カリフ（在位六三四―六四四）。ウマルの子息はアブド・アッラー・ブン・ウマル・ブン・アル＝ハッターブ（'Abd Allāh b. 'Umar b. al-Khaṭṭāb）のこと。預言者の伝承にしばしば引用され、敬虔な教友たちの一人として知られた。六九三年没（*Enc. Is.*［1960］1/53-54）。

(154) 〈シュバイカ〉の名で知られるいくつもの井戸（ābār tu'rafu bi'l-Shubayka）：シュバイカはタンイームに達する街道沿いにある水場。前掲注（144）を見よ。

(155) 俗域と聖域（al-ḥall wa'l-ḥaram）：ハッルは〈解放、釈放、解除〉、その反対語はハラム（聖域）で、二つは対になって使われることが多い。なお、ハラール（ḥalāl）は〈許容されたもの〉、ハラーム（ḥarām）は〈禁じられたもの・行為・場所、聖地〉の意。

(156) アーイシャ（'Ā'isha）：第二代正統カリフ＝ウマル・ブン・アル＝ハッターブの娘、ムハンマドの正妻の一人。

(157) フバル［神］（Hubal）：イスラーム以前のジャーヒリーヤ時代の神々の一つで、その姿は赤い宝石で造られた偶像（*Enc. Is.*［1986］3/536-537）。

(158) アブー・クバイス山（Jabal Abī Qubays）：メッカのほぼ東側に位置する標高五二〇メートルの岩山。

(159) ヒラーゥ山（Jabal Hirā'）：メッカの北東に位置する山。イスラーム以前に、預言者ムハンマドは一年のうちの一ヵ月をヒラーゥ山の洞窟に籠ることが習わしで、その時に最初の啓示を受けたと伝えられる。

(160) ミナー［の谷］（Minā）：またはムナー（Munā）と読む。メッカの聖モスクから東へ約五キロメートル離れた、岩山に囲まれた谷間。巡礼期間中、ミナーではジャムラの石投げ行事や犠牲祭が行われ、またミナーの隣にはムズダリファの巡礼地がある。

(161) ウスマーン（'Uthmān）：ムハンマドの教友で、第三代正統カリフ、ウスマーン・ブン・アッフアーン（在位六四四―六五六）。

(162) 『クルアーン』の最初の一節（awwal āyat min al-Qur'ān）：『クルアーン』第一章「開扉」の第一節《讃えあれ、アッラー、万世の主》の言葉。なお、第一節は《慈愛あまねく慈悲深きアッラーの御名において》という句、バスマラであるとする別説もある。

(163) メッカにある若干の崇高なる至聖所と名跡（ba'ḍ mashāhid-hā al-mu'aẓẓama）：アラビア語のマシュハド（mashhad, mashāhid）の原義は〈情景、道具だて、場面、興味の対象物〉であるが、とくに〈殉教者や聖者などが亡くなった場所、人びとにより敬慕される霊廟や宗教施設〉のこと。例えば、イラン北東部にあるマシュハドは、シーア派一二イマーム派の第八代イマーム、アリー・リダー（エマーム・レザー）の聖廟を中心として発達した宗教都市。ここではマシュハドの複数形、マシャーヒド（mashāhid）とあるので、〈宗教的崇拝の対象物、歴史的に由緒ある記念物や場所、名跡、至聖所〉の意。

(164) 『クルアーン』に《そして誰でも、いったんこの［聖域］に踏み込んでしまえば、絶対安全が保障される》（第三章第九一節）、また《この安全の町［メッカ］》（第九五章第三節）とあるように、メッカはハラム（殺傷の禁じられた聖域）であり、アミーン（安全）の保障された町、安全地域であった。併せて、『クルアーン』第二章第一一九節を見よ。

(165) 還り来る場所（mathāba）：この部分は『クルアーン』第二章第一一九節の《また我ら（アッラー）が聖殿を万人の還り来る場所と定め、安全地域（amn）に定めた時のこと》に基づいている。マサーバは〈安全逃避の場所、安全を求めて集まってくる場所〉の意。

(166) 啓示の円蓋堂（Qubbat al-Waḥy）：イブン・バットゥータには「聖モスクに近い至聖所（マシ

ュハド）としては、まず啓示の円蓋堂があある。そこは敬虔信徒たちの御母堂ハディージャの館の中にあって、預言者の門からほど近い距離」とある（イブン・バットゥータ、第二巻一一三頁）。

(167) ハディージャ（Khadīja）：預言者ムハンマドの最初の妻（Khadīja bint Khuwaylid, ?—六一九）。

(168) 輝きのファーティマ（Fāṭima al-zahrā'）：ザフラー（輝き）はファーティマに付けられたあだ名の一つ。ファーティマ（?—六三三）は預言者ムハンマドの娘であり、シーア派初代イマームのアリーの正妻。シーア派第二代イマームのハサン、第三代イマームのフサインの母に当たる。

(169) 楽園の人たちの若者である二人のサイイド（sayyiday shabāb ahl al-janna）：アフル・アル＝ジャンナは〈今は亡き祝福された家族〉の意。サイイドは〈預言者ムハンマドの直系子孫および一部の傍系親族〉を指す尊称。ハサン（al-Sayyid Abū Muḥammad al-Ḥasan b. ʻAlī b. Abī Ṭālib, 六二五—七〇頃）とフサイン（Sayyid al-Shuhadā' Abū ʻAbd Allāh al-Ḥusayn b. ʻAlī b. Abī Ṭālib, 六二六—八〇）はアリーとファーティマとの間に生まれた二人の子息。

(170) ハイズラーンの館（Dār al-Khayzrān）：ハイズラーンの原義は〈籐・竹・砂糖きびなどの茎、葦、竹〉のこと。預言者ムハンマドは、ナツメヤシの葉や葦で囲った粗末な小屋の中で、ウマルや少数の仲間たちと一緒にイスラームの信仰を説き始めた。その当時のよしずで囲った粗末な小屋にちなんで名づけられた館。

(171) アミール［＝ムクスィル］の貨幣鋳造所（dār sikkat al-amīr）：写本には〈痕跡が消し去られたもの、磨り減って消え失せたもの〉（dārisat al-athr）とあるが、校訂者W・ライトの読みによって改めた（Wright, W.［1907］115, *note* b）。

(172) ウマルの孫息子、ウマル・ブン・アブド・アル＝アズィーズ（ḥafīd-hu ʻUmar b. ʻAbd al-

'Azīz）：ハフィード（ḥafīd, aḥfad, ḥafada）は〈孫息子、子孫〉の意。第二代正統カリフのウマル・ブン・アル＝ハッターブ（'Umar b. al-Khaṭṭāb, 在位六三四―四四）の子息、アブド・アル＝アズィーズの子。生没年については不詳。

(173) イブン・ジュバイル一行がメッカで滞在した最初の宿は、聖モスクのサッダ（スッダ）門から近い〈ハラール〉という館（dār）であった。前出二二四頁を見よ。

(174) ジャウファル・ブン・アブー・ターリブ（Ja'far b. Abī Ṭālib）：預言者ムハンマドの従兄弟、アリーの兄。一時、エチオピアに移住した後、メディナに戻り、ムハンマドの派遣した遠征軍を率いてハイバルの戦いに勝利した。その後、ムータ遠征では戦旗を持っていた右手を斬られると、それを左手に持ちかえたが、その左手も斬られ、最後には人の腕に抱きかかえられて死んだ（六二六年没）。この時の彼は三三歳であり、神は報酬として、彼が好きなところに飛んで行けるようにと二枚の翼を与えた。そのことから、彼は〈双翼の所有者〉として知られた（*Enc. Is.* [1965/1991] 2/372；イブン・ヒシャーム、第一巻二四六頁、第四巻二六三頁）。

(175) ウンナーブの樹木（shajar al-'unnāb）：ナツメ属 *Zizyphus* の総称。ウンナーブはこの木のプラムに似た果実を食用とする。

(176) ヘンナの樹木（shajar al-ḥinnā'）：ミソハギ科シコウカ属の低木 *Lawsonia inermis* のヘンナは、ヘンナの葉から採った赤みがかったオレンジ色の染料（顔料）。

(177) アブー・サウル（Jabal Abī Thawr）：メッカの南東一〇キロメートルにある山。この部分の記載はアズラキーに基づいている（al-Azraqī, 1/497）。アズラキーについては、前掲注(120)を見よ。

(178) 預言者ムハンマドと彼の一行が邪教徒たちに追い立てられて、アブー・サウル山の洞窟に逃れた時、蜘蛛が糸を張り、鳩が巣を作って雛をかえしたという有名な奇跡譚については、イブン・バットゥータも同様に引用している（イブン・バットゥータ、第二巻一二三―一二四頁）。

(179) 洞窟くぐりについての逸話は、イブン・バットゥータ、第二巻一二四―一二五頁にあるが、続く「そこで、人びとのうちの思慮分別のある者たち……」の一部は省かれている。

(180) 嫡出子ではない（lā yaliju-hu laysa li-rashda）：法律上有効な婚姻をした夫婦間の出生ではない子、すなわち妾腹の生まれ、庶出のこと。ラシュダは〈正しい道を歩むこと、嫡出（子）〉の意。

(181) アブー・サウル山に登るのは、雄牛だけ（laytha yaṣʿadu jabal Abī Thawr illā thawr）：サウルの原義は〈雄牛〉であるので、アブー・サウルは〈雄牛の父〉の意で、両方のサウルに掛けた言葉。

(182) シリア（al-Shām）：シャームの一般的な意味はシリア（歴史的シリア、大シリア）のことであるが、ここではメッカに対して左手（北）方向、すなわちレバノンやシリアに向かった方位を指したとも考えられる。なお、シャームと対になるヤマン（al-Yaman）は右手（南）方向、イエメンに向かった方位のこと。

(183) カアバ神殿の雨樋（ミーザーブ）については前出二三七、三一二―三一五頁と注（9）参照。

(184) 真正の伝承（al-athar al-ṣāḥiḥ）：アサルは〈伝承、伝説、言い伝え〉の意。預言者の伝承として伝わる逸話の一つ。天国にある諸門が開かれている時、雨は地上に降り注ぐので、その雨を身体に浴びることは天の恩恵に浴することであると信じられた。

(185) イマームのアブー・ハーミド・アッ＝ガザーリー（al-imām Abū Ḥāmid al-Ghazālī）：スンナ派の著名なイスラーム法学者、宗教思想家、スーフィー（一〇五八―一一一一）。イラン・ホラーサーン地方のトゥースに生まれ、一〇九一年にバグダードのニザーミーヤ高等学院の主任教授となったが、突如職を辞して、スーフィーの修行者となって各地を遍歴し、その間にメッカ巡礼を果たした。その後、故郷のトゥースに戻り、スーフィーの修行場を設立した。彼の哲学的著作は当時のイスラーム世界の各地で読まれただけでなく、中世西ヨーロッパのスコラ哲学者の間でもアルガゼル（Algazel）の名で知られた。中村廣治郎［2013］を参照。

(186) 巡礼大祭の後の八日間（thamāniyat ayyām baʻd al-mawsim）：マウスィムは〈メッカ巡礼の大祭〉のことで、巡礼の諸行事の行われるイスラーム暦の第一二月（ズー・アル＝ヒッジャ）の八日からクライマックスの一〇日の犠牲祭（イード・アル＝アドハー）の日までの期間をいう。断食明けの際には動物の供犠を行い、巡礼仲間たちは互いに親しく訪ね合い、ミナーの谷では市が開かれて、三、四日から八日ほど続き、その後、メッカに戻って離別のタワーフ（カァバ神殿を黒石の地点から左方向へ七回巡る儀式）を行い、巡礼行事は八日間ですべてが終了する。

(187) マスウーディー（al-Masʻūdī）：原義は〈幸運、幸福、至福〉のこと。最高品質の蜂蜜。

(188) マーズィー（al-Mādhī）：マスウーディーの中でも最高級の白い蜂蜜をいう（*al-Munjid.*［1969］779）。

(189) 〈サルウ〉という名で知られるイエメン出身の民族集団（qawm min al-Yaman yuʻrafūna bi'l-Sarw）：イエメンのサラート山脈に住むイエメン系部族。イブン・バットゥータは、「バジーラ、ザフラーン、ガーミド、その他の諸部族の住んでいるサルウ地方（bilād al-Sarw）」とあって、民族名ではなく地方名としている（イブン・バットゥータ、第二巻一六一頁）。ヤークートによっても、サルウ地方は洪水の及ばない高地・高原を指す一般名称であり、とくにアラビア半島の西側に沿ってナジュラーン、アスィール、ヒジャーズへと、南北に連なるサラート山脈はサルウの名に由来する（Yāqūt, *Mu'jam.*, 3/86–87）。

(190) ｛……｝：この部分の写本は欠落して判読不可。テキスト校訂者のド・フーエ（de Goeje）は、この部分に｛ウドゥム｝の一語を入れるべきと考えた（Ibn Jubayr［1907］, 122, *note* a）。ウドゥムは、ミフラーフ・ウドム（Mikhlāf Udum, ウドム地区）とも呼ばれて、ターイフの近郊にある主要な村の一つ（al-Muqaddasī, 90; Yāqūt, *Mu'jam.*, 1/169）。

(191) マッルの谷間（Baṭn Marr）：バトン・マッルはメッカから約二〇キロメートル、二本のワーディーが合流して、一本になる地点に位置する（Yāqūt, *Mu'jam.*, 1/667, 3/581）。イブン・バットゥータには「ウスファーンから出発して、バトン・マッルで野営した。そこは、別名をマッル・アッ＝ザフラーンとも呼ばれて、肥沃なワーディーにあり、ナツメヤシが多く、潺々《せんせん》と絶え間なく水の湧く泉があって、その水はこの地方の土地を灌漑する［のに使われている］。メッカに果物や野菜類が出荷されるのは、他ならぬこのワーディーからである」とあり、一部にイブン・ジュバイルの記述に依拠している（イブン・バットゥータ、第二巻五五頁）。

(192) ナフラ（Nakhla）：原義は〈ナツメヤシの樹木、デイツ〉のこと。ここでのナフラはナフラ・マフムード（Nakhlat Maḥmūd）のことで、メッカから一旅程と近く、特産のナツメヤシの実（デイツ）や干しブドウ《ザビーブ》などをメッカに輸出した（Yāqūt, *Mu'jam.*, 4/769）。

(193) アイン・スライマーン（'Ayn Sulaymān）：メッカ近郊の渓谷にある泉の一つ。

(194) 槍で武装した盗賊連中（al-ḥarrābat al-mutalaṣṣiṣīn）：ハッラーバは槍（ḥirāb）で武装したメッカ・アミールの黒人傭兵のこと。ムタラッスィスは〈盗癖のある、盗賊渡世の〉の意。ここでは、当時、巡礼者たちを狙って金銭や荷物を奪うハルフーシュ（ḥarfūsh, ḥurfūsh, ḥarāfīsh）、すなわちごろつきや仁俠・無頼漢たちを指す。イブン・バットゥータはカイロのハルフーシュについて、「大規模に組織された［仁俠］集団のことであり、いずれの者も刺々しい目付きで人相が悪く、ふしだらな仲間たち」と説明している（イブン・バットゥータ、第一巻九七頁）。メッカのアミールに仕える黒人系ハッラーバについては、前掲注（62）を見よ。

(195) 手先の器用な（aḥadhdha yad al-qamīṣ）：原義は〈衣服・布を取り去る〉であるが、〈手に持っているものや身に付けている者を巧みに奪う、手先器用に振る舞う〉の意（Kazimirski, A. de B.［1960］1/396）。

(196) サーア（ṣāʿ, aṣwāʿ, aṣwuʿ）：容量単位の一つ。イブン・ジュバイルによると、当時、メッカにおけるアンダルス基準の四サーア＝エジプトの二アウバ（ワイバ）＝二・五カダフであった。したがって、二サーア＝一アウバ＝一・二五カダフとなる。小麦一サーアは四四ムッド、七・三アルダッブ＝一八・二五リットルに相当する。アウバについては、次注（197）を見よ。

(197) アウバ（awba）：ワイバ（wayba）に同じで、容量単位。二二もしくは二四ムッド（mudd）に等しい。現在のエジプトでは、一ムッドは六分の一アルダッブ（ardabb, irdabb）＝二・五リットルに相当する（Kazimirski, A. de B.［1960］2/1619）。

(198) 『クルアーン』第二四章第三九節に《渇し切った者がやれ有り難や水だと思って来て見れば、そこには何もなく、かわりにばったりアッラーと出くわし、のこりなく勘定を頂戴してしまう。まことに、アッラーは勘定早くいらせられる》とある。

〔八〕〔五七九年〕第二ジュマーダー月

アッラーよ、われらに御恩遇と御利益を授け給え！

その月の新月は、水曜日の夜、すなわち異邦暦九月の二一日目に昇った。その時、われわれは聖別されたハラム（メッカ）に滞在していた。アッラーよ、一層の偉大さと高貴さをそこに授け給え！　その同じ夜が明けた朝に、第一［ジュマーダー］月［の説明］ですでに述べた祖先からの慣行とその同じ先例に従って、［メッカの］アミール＝ムクスィルは自分の家来と同門者たちを引き連れて現れ、同時にザムザムの人［、つまりザムザムのムアッズィン］はザムザムの円蓋堂の上でムクスィルに対する讃美と祈願を謳い上げた。その同じ彼（ムアッズィン）はアミールと彼を先導する『クルアーン』朗誦者たちが［一緒になってカァバ神殿の周りの］一回のタワーフを終えるたびに祈願と賞讃の声を張り上げ、そしてアミールが［七回のすべての］タワーフを終えて、退出し始める途中まで続けていた(1)。

このマシュリク（東方イスラーム地域）のすべての住民には、一年の各月の初めになると、互い同士で握手を交わしてお祝いの言葉を述べ、そしてアッラーのお赦《ゆる》しを求めて相互に祈願《ドゥアー》を行うという立派な慣行があって、まるで彼らの日々日常の行動のごとく、いつも決まってそのように行うのである。つまり、そのことは人びとの心の中にしっかりと根付いた善行の仕来りであって、敬虔な信者たちは［親交のために］お互いに握手を行い、彼らが交流し合う祈りの御利益によって、［神への］献身の気持ちを新たにし、さらには［裁きの日における］至高・至大なるアッラーからの御慈悲を得ようと願っているからに他ならず、まさしくその［ムスリム］共同体(2)は、アッラーからの御慈悲と彼らの祈願とが一体化したものであるといえよう。

さて、この祝福された都邑《まち》の中には二つの公衆浴場があり、その一つは〈法学者のマイヤーニシー(3)〉のものと由来付けられており、かつてこの人物は他ならぬいと有り難いハラム（聖モスク）において［柱を囲んで］講話を行っていた長老たちの一人(4)である。その二番目［の公衆浴場］については、より一層規模の大きなもので、〈ジャマール・ウッ＝ディーン(5)〉［による建設］とされている。この人物は、ジャマール・ウッ＝ディーン、つまり［アラビア語で］〈真の信仰の美〉の意味が示すとおり、メッカとメディナ——アッラーよ、その二つを高貴なるところとなし給え！——に、有り難い記念物、賞讃すべき建造物やアッラーに関わる堂々たる構築物の数々を残した［ことで知られる］。それらは、過去の時代においても、彼以外に誰一人としてなし得なかったもので、宰相たちは言うに及ばず、偉大なカリフたちでさえも達成し得なかった。すでに故人となったこの人物は、かつてマウスィルの支配者(6)のもとで宰相職を務めたが、いと高きアッラーのハラム［、メッカ］とアッラーの使徒［ムハンマド］——アッラーよ、彼に祝福と平安を与え給え！——のハラム［、メディナ］において、ムスリムたちのためを思い「最大多数のための最大の幸福」を人間行為の規範と考えて、[7]このような崇高な目標を一五年以上にわたって掲げ続け、その間に惜しみなく莫大な資金を投じてメッカにいくつもの邸宅を建て続けた。それらの邸宅は［いずれも］善行と慈善のために献納され、永久のワクフ財[8]と［して登録］されている。また、彼は飲料水用の貯水槽を設置し、雨水を用水として溜めるための水路に竪坑[9]（井戸）を設置し、さらにはいと有り難き両聖地［メッカとメディナ］にある建物の旧跡を修復するなど［の善行］を行った。

彼の数々の功業の中で、最も高貴なものの一つとして、アラファート[10]までの水［道］を敷設したことがある。すなわち、彼とその地方の住民であるアラブ遊牧民のシュウバ族[11]（バヌー・シュウバ）との間で、その地域に引く水について、彼ら［アラブ人］が巡礼者から水を奪わないという条件のもとに、多額の納付金を支払い、一定量の分配［権］を取り決めた。しかし、その男——アッラーよ、彼に御慈悲を与え給え！——が死亡し、アッラーのもとに召されるや、彼らはたちまちにして水を止めるという従来どおりの不正な行動に戻してしまった。

さらにまた、彼の栄誉ある功業と徳行のなかには、次のことがあった。すなわち、彼は使徒［ムハンマド］——アッラーよ、彼に祝福と平安を与え給え！——の町［メディナ］を二つの由緒深い堅固な周壁の保護下に置いたことである。彼は、その二つの周壁［の建設］のために莫大な資金を費やした。加えて、いと高きアッラーが彼を成功にお導きになられたなかで、最も驚嘆に値することは、彼がハラム（聖モスク）の諸門のすべてを改築したことである。また、彼は聖祝されたカアバの入口［の扉］を新しいものと取り換え、そこに金箔を貼った銀をかぶせた[12]。それは、すでにすべて説明したように、現在もそのままそこにある。また、彼は祝福された［カアバ神殿の入口の］敷居《アタバ》を純金の板で覆ったが、その説明についても、すでに言及した。そのため、彼は古くからあった扉を取り外し、それ［の廃材］を利用して、埋葬を行うための自分用の棺を作るよう命じた。いよいよ最期が近づいた時、彼はその祝福された棺に自分［の遺体］を納めてくれるように、また遺体の状態で巡礼をさせてくれるようにと遺言した。その結果、その遺言どおりに、彼は［実際に亡くなった時、］アラファートまで運ばれ、その地において少し離れたところからウクーフ（佇立の儀）がなされ、棺から外に出された。そして、人びとが［アラファートからムズダリファまでの］イファーダ[13]（早足の行）を行うと、同じように彼のためのイファーダが行われて、さらにその他の［巡礼］儀礼もすべて執り行われ、イファーダのタワーフが行われた。ところで、その当の人物（ジャマール・ウッ＝ディーン）――アッラーよ、彼に御慈悲を与え給え！――は、自らの存命中には［正式の］巡礼をした経験がなかった［という］。その後、彼［の遺体］は使徒［ムハンマド］――アッラーよ、彼に祝福と平安を与え給え！――の町［メディナ］に運ばれた。その町において、彼は、われわれがすでに言及したようないくつもの尊い至聖所を残しているので、そこの聖なる家族（シャリーフ）たちは、彼［の棺］を彼らの頭の上に載せんばかりに［敬意を表］して運び、ムスタファー[14]（アッラーによって選ばれた人、預言者ムハンマド）――アッラーよ、彼に祝福と平安を与え給え！――のラウダ（聖庭）の手前に、彼のための墓が築かれ、しかも彼の墓には［ムハンマドの］聖別されたラウダがいつでも望めるような場所に穴（窓）が開けられた。そのことは、彼が生前に数々の尊い所業があったため、彼のような［個人的な］強いこだわりであったにもかかわらず、彼に限っては特別に許可されたのである。彼は［望みどおりに］その［同じ］聖庭に埋葬されて、アッラーは彼を高貴なる［預言者の］隣人《ジワール》[15]となされ、しかも神聖にして崇高なる地面に葬られるという特別の御配慮がなされた。《まことに、アッラーこそは善行人たちの御褒美は決してお忘れになりはせぬ》（『クルアーン』第一一章第一一七節）。なお、彼の死亡年次については、彼の墓にある確実な日付をわれわれが実際に見［て確認し］た時点で、しかも至高・至大なるアッラーの御意思に適うのであれば、のちほど、そのことを述べるとしよう[16]。まことに、アッラーを除いて他に、主はあらせられないによって、何でも容易になし給う御方である。

　この故人――アッラーよ、彼に御慈悲を与え給え――には、［以上のような］いくつもの卓越した業績と輝かしき栄誉があるが、それらは［いずれも］過去におけるいかなる立派で高潔な人物であれ、著名な人物であれ、彼の以前には決してなし得なかったものである。このように彼の過去の時代に行ったことは数えると限りなく、また賞讃し尽くしようもないので［彼に向けての］祈願《ドゥアー》はこれからも末永く人びとの口の端に上り続けることであろうが、それらについて［一つひとつ説明することは煩雑になるので、取り分けて］われわれは以下のことのみを取り上げることにしよう。つまり、彼はイラクからシリアおよびヒジャーズに至るマシュリク（東方イスラーム地域）の方面において、ムスリムたちの［巡礼の］公道を修理することに自らの［最大限の］注意を払い、また水路を引いたり、いくつもの貯水槽を築いたり、砂漠中にいくつもの宿駅を計画して、道往く人たちやあらゆる旅行者たちのために、渇きを癒す場となる［砂漠の宿泊］施設の建設を命じるなどを行った。また、彼はイラクからシリアまで続く諸都市において、賃借料を払うことが難しいような困窮した道往く人たちが誰でも［無料で］泊まれるための、指定の宿泊所（フンドゥク）を建て、しかもそうした宿泊所や住地の管理人たちのため、彼らの生計を維持するために必要な手当てを支給し、それが彼らにとって永続するような方法を決めたのであり、したがって、そのような崇高な慣行［の取り決め］は、［改変されずに］そのままの状態でしっかりと今日まで続いているのである。旅する仲間たちは、この人物の立派な過去を思い起こしながら旅を続けるので、彼に対する賞讃［の声］をはるか遠方までも行き渡らせた。

　そうしたことを実際に経験したという巡礼者たち、商人たちのなかで、一人だけでなく、信頼の置ける複数の人たちがわれわれに伝えたところによると、ジャマール・ウッ＝ディーンはマウスィルで生存中に、広大な敷地と十分な居住空間のある〈慈悲の館〉《ダール・カラーマ》を整備して、毎日、見知らぬ一般の人たちをその館に招待し、誰彼となく腹一杯の食事と飲み物を提供し、彼のお蔭で、街道を往き来する旅人たちは幸せに過ごせるようになったという。アッラーが彼を［天国に］召すまで、彼は生涯を通じて、そうしたことを続けたので、彼の不朽の業績は残され、彼の評判は日々新たになって人びとの口の端《は》に伝わり、讃美と幸運のうちに、彼は一生を終えた［という］。［善行を行った］幸運な星のもとに生まれた人たちの［死後の］名声は永遠の命であり、一方、存命中のことは、いかに名声があっても、［瞬時で、しかも］二次的なものである。まことに、アッラーこそは寛大な人たちのなかで最大の寛大な御方であり、保証者たちの中で最大の保証者であらせられるので、善行を行った人たちへの御褒美を神の僕《しもべ》たちに、なお一層保証してくださいますようにお願い申し上げます。

そもそもこの高貴なるハラム——アッラーよ、そこをさらに偉大なところとなし、一層の栄誉を増し給え！——において厳しく禁止されていることの一つに、次のことがある。すなわち、ハラムでの［個人の目的での］出費は禁じられているので、もしも富裕な者たちの中に［死後、天国での特別の］御褒美を［アッラーから］期待して、ある建物を改築し、あるいはハティーム(17)やその他の祝福されたハラム内に限定されたことを実行しようとする者がいたとしても、全く不可能なことである。もしも、そうしたことが許されるのであれば、富裕層の人たちの中で、慈善目的で出費しようと強く望む者がハラムの壁を黄金《アスジャド》のものに改修したり、そこの地面を［高価な］竜涎香《アンバル》［を混ぜたもの］にしたりする恐れがあるが、実際にそのようなことをする術《すべ》は一切ないのである。したがって、この世の有力者の誰かがそこの至聖所の一つを修復したり、あるいはそこに一つの聖なる［石］碑を新たに立てようとする際には、その当人はそのことについて［時のアッバース朝の］カリフの許可を得なければならない。そして、もしも人が何かそこに［刻文を］彫ったり、あるいは別の様式のものに変えたとすれば、カリフの名前、もしくはその者が行ったことが［あくまでも］カリフの命令のもとに実行されたことを［刻文に］付け加えられることになっており、そのことを行った当人の名前はそこには記録されることはないのである。以上に加えて、［原則として、当人の死後の］余分に残された遺贈物（遺産）は、当然のこととしてそこの土地を治める支配者《アミール》のもとに帰属すべきもので、往々にしてその［慈善目的で］出費された額と遺贈物との両者がかち合うことになるので、当人にとっては二重の負担を背負うことになってしまい、そこでやっとその［本来の念願である慈善］目的を達成することになるのである。

財産と資金を持ったずる賢いペルシア人たちの中のある人物によって、たまたま起こされた世に最も不可解な事件の一つとして、以下のことがあった。その男は、このアミール＝ムクスィルの祖父(18)の治世代に聖なるハラムに到着すると、ザムザムの井戸の水道管《タンヌール》(19)とその円蓋堂(20)を見て、満足な状態でないことを知った。そこで、アミールに接見した彼は、次のように言った。「私は、ザムザムの水道管［の設備］とその内壁を［新しく］造り、その円蓋堂［の屋根］を改修し、最大限にそこを素晴らしい状態にしたいと望んでおりますが、それに際して必要な一切合切の費用を私自身が負担することにしましょう。ところで、そのことに関連して、あなた様は私に一つの条件を課していただき、それに対してあなた様の方もその条件をきちっと守ってくださるならば、［私は］予定どおりのことをやり遂げます。つまり、その条件というのは、まずはそれに関わる必要経費の総額を記録するために、信頼のおける一人の者をあなた様の方から指名していただき、そしてすべての建築工事が終了し、経費の支出が完了して、勘定の計算が定まった段階で、あなた様がそれを私に請求なされたならば、それと同額のものをあなた様にお支払いします」。

するど、アミールはそれにかかる費用は、その男が説明したとおりだとすれば、何千ディーナールにも達すると知ったので、強く心を動かされた。こうしてアミールは、そのことを彼に許可し、支出の多少にかかわらず［細かく］計算するための一人の記録係［の任用］を義務付けた。こうして、その男は実際に建設に取りかかり、細心の努力を払って、可能なかぎりの精力を集中し、《アッラーに気前よく貸付けする者》（『クルアーン』第二章第二四六節、第五七章第一一節）のなすべき同じ行動を行い、至高・至大なるアッラー御自身を心に念じつつ、目的とする仕事に最大限の努力を惜しまなかった。その間、記録係は経費［の細目］をいくつもの巻物に書き付けると、アミールの方は彼が書いたものを確認して、そのような多額の費用が自分の懐にそっくり入るものと期待していた。やがて、先にも言及したザムザムの井戸とその円蓋堂について［彼が］最初に申し出たとおりの仕様で、その建設が完了した。その後に残った仕事といえば、出費者が計算書をまとめ、アミールがそれに関わる費用の総額を請求すればよいだけの段取りとなった時、その男はそこから行方をくらましてしまい、もはや手遅れの状態となった。その男はその夜、ラクダに乗って立ち去り、一方のアミールは胸を叩いて悔しがった。しかし、一度、いと高きアッラーのハラムに築かれた建物についてはその後に変更の手を加えたり、あるいは今まであったものを取り外して新しくすることは堅く禁じられていた。その結果、その男［だけ］がアッラーの御褒美を頂戴することになり、アッラーは彼［の本来］の行くべき道を変えて、［死後に］帰る先を恵みのあるところに導くようになされたのである。《お前たちの費やしただけのもの（善事のために使った財）については、必ず代わりを下さろう。何しろ、これほどものをよく下さる御方はない》（『クルアーン』第三四章第三八節）。この男とアミールとの一件は、その不思議さとあっぱれ見事な策略という点で、それ以後も、ずっと人びとの口の端《は》に上り、そのおめでたき水（ザムザムの聖水）を飲むすべての者は、彼のために神の御加護を祈るという仕儀に相なったという次第である。

（八）｛五七九年｝第二ジュマーダー月訳注

（1）前章第一ジュマーダー月、二六六―二六八頁を見よ。

（2）その［ムスリム］共同体（al-jamāʻa）：ジャマーアはイスラーム共同体（al-jamāʻat al-Islāmīya）のことであるが、ここでは〈親交、霊的交渉、心を一つにして交わる仲間〉の意味を含む。

（3）マイヤーニシー（al-Mayyānishī）：おそらくウマル・ブン・アブド・アル＝マジード・ブン・

アル＝ハサン・アル＝マフダウィー・アル＝マイヤーニシー（ʻUmar b. ʻAbd al-Majīd b. al-Ḥasan al-Mahdawī al-Mayyānishī）のこと。チュニジアのイフリーキーヤ地方、マフディーヤの町に近いマイヤーニシュ（Mayyānish）生まれのマーリク派法学者。メッカに長期間滞在し、同地で死去（Yāqūt, *Muʻjam*., 4/709）。

（4）［柱を囲んで］講話を行っていた長老たちの一人（aḥad al-ashyākh al-muḥalliqīn）：ムハッリク（muḥalliq, muḥalliqūn）は、ハルカ（ḥalqa, ḥalqāt）を囲んで生徒たちに講義を行う長老、先生、師匠（mudarris, shaykh）のこと。ハルカの原義は〈輪、輪形のもの、車座〉のことで、モスクやマドラサ（高等学院）の柱を囲んで行う講義、教育課程、教科を指す場合もある。

（5）ジャマール・ウッ＝ディーン（Jamāl al-Dīn）：北イラクのジャズィーラ地方とアレッポの町を支配したザンギー朝（一一二七—一二二二）第五代の支配者イッズ・ウッ＝ディーン・マスウード一世（ʻIzz al-Dīn Masʻūd I, 在位一一七六—九三）のもとで宰相職を務めた。彼はメッカやメディナにある至聖所・名跡の修復、巡礼道の整備、貧しい旅人や巡礼者たちのための無料宿泊施設の建設など、数多くの慈善活動を行ったことで広く知られた敬虔な人物。

（6）マウスィルの支配者（ṣāḥib al-Mawṣil）：ザンギー朝第五代の支配者イッズ・ウッ＝ディーン・マスウード一世を指す。前注（5）および *Enc. Is*.［1986］3/127,［1991］6/900 を見よ。

（7）「最大多数のための最大の幸福」を人間行為の規範と考えて（ʻalā al-manāfiʻ al-ʻāmma）：マンファウ（manfaʻ, manāfiʻ）は〈奉仕、公的・私的設立物、慈善行為〉の意で、広く公共のための奉仕活動が含まれる。すなわち「最大多数のための最大の幸福」を人間行為の規範・原則とすること。

(8) 永久のワクフ財（mu'abbadat muḥbasa）：フブス（ḥubs, ḥubus, aḥbās）は北アフリカのモロッコやアンダルス地方で使われた言葉で、ワクフ（財産寄進制度）のこと。特定の慈善目的のために永久に設定されたワクフ財源およびワクフとして設定された土地・建物などを指す。

(9) 竪坑（jubb, jibāb）：ジュッブは〈深い井戸、水溜め、貯水池、深海〉のことであるが、ここでは井戸の穴、竪坑の意。

(10) アラファート（'Alafāt）：アラファの複数形で、巡礼行事における最も重要なウクーフ〈佇立の儀〉を行う場所。メッカの聖モスクから東に約二五キロメートル離れた広い原野に位置する。アラファートの中央にはラフマ山がある。

(11) シュウバ族（Banū Shu'ba）：アラブ遊牧民の一部族で、メッカからアラファートに至る道路近くで遊牧生活を送り、巡礼行事のためにメッカとアラファートの間を往復する巡礼者たちを襲撃し、時には金銭、食糧や水を強奪することもあった。

(12) 前出二三八頁を見よ。

(13) イファーダ（ifāḍa）：原義は〈骨折って仕上げること、入念、完成への最後の苦心、徹底的に消耗すること〉であるが、巡礼行事におけるイファーダは、アラファートにおけるウクーフの儀礼を果たした巡礼者が、日没後にミナーとの間にあるムズダリファに大急ぎで向かう儀礼をいう。ムズダリファでは、日没と夜の礼拝を行って一晩を過ごし、翌一〇日の朝、ミナーに戻り、三本の悪魔の石柱（ジャムラ）のうち、最大のものに七個の小石を投げる。イスラーム以前と以後のイファーダについては、*Enc. Is.* [1986] 3/32 を見よ。

(14) アラビア語の動詞サファー（ṣafā）の第八形、イスタファー（iṣṭafā）は〈誰々を選ぶ〉の意。

ムスタファーは〈選ばれた人〉の意で、とくに預言者ムマンマドのあだ名。

(15) 隣人(jiwār):アラビア語のジワールは〈隣人、隣人関係、相隣関係〉の意。本来の意味は、遊牧民間や都市内の住民の相互関係を規制するための慣習であり、いわば社会的エチケットのこと。旅人や客人についても、同じ仲間、客と主人の関係として認め、一時的に滞在を許す寛大さや保護関係のことをいう(*Enc. Is.* [1965] 2/558–559)。

(16) イブン・ジュバイルはメッカを離れて、メディナの聖モスク内にあるムハンマドのラウダ(聖庭)を訪れた時、「そのラウダの[東の]向かい側には、ジャマール・ウッ=ディーン・アル=マウスィリーの聖庭がある。アッラーよ、彼に御慈悲を与え給え! 彼についての言い伝えや実際の業績については、世に広く知られており、彼の成し遂げた仕事の説明は[詳しく]前述のとおりである。聖祝の[ムハンマドの]ラウダの手前には、鉄格子の窓が一つあって、その窓はジャマール・ウッ=ディーンのラウダに向かって開かれており、芳しい香りを乗せた風をその窓から吐き出させている」と説明している。しかし、ジャマール・ウッ=ディーンの没年については言及していない。

(17) ハティーム(ḥaṭīm):窓または入口の内と外との間に設ける遮断壁、衝立、鎧戸。とくに、カアバ神殿の西側を囲む壁、囲い場を指す。前出二七六頁を見よ。

(18) このアミール=ムクスィルの祖父(jadd hādhā al-amīr Mukthir):フライス・ブン・カースィム・ブン・ムハンマド・ブン・ジャウファル・ブン・アブー・アル=ハーシム・アル=ハサニー(Fulayth b. Qāsim b. Muḥammad b. Jaʿfar b. Abū Hāshim al-Ḥasanī)のこと。

(19) 水道管(tannūr):タンヌールは〈管・煙突や傷などの穴、口、炉、ストーブ〉の意。ここでは水道管の蛇口を指す。

(20) ザムザムの井戸とその円蓋堂については、前章の二四八―二五〇、二七二―二七三頁を見よ。

家島彦一《やじまひこいち》

1939年東京都生。慶應義塾大学修士課程修了。
文学博士。東京外国語大学名誉教授。
専攻　イスラーム史、東西交渉史。
主な著書　『イブン・バットゥータの世界大旅行』(平凡社新書)、『イブン・ジュバイルとイブン・バットゥータ――イスラーム世界の交通と旅』(山川出版社)、『海域から見た歴史――インド洋と地中海を結ぶ交流史』(名古屋大学出版会)、イブン・バットゥータ『大旅行記』全8巻、『中国とインドの諸情報』全2巻、『ヴォルガ・ブルガール旅行記』、『インドの驚異譚』全2巻(以上、訳注、平凡社東洋文庫)。

メッカ巡礼記1
――旅の出会いに関する情報の備忘録　東洋文庫868

2016年1月15日　初版第1刷発行

訳注者　家島彦一

発行者　西田裕一

印刷　創栄図書印刷株式会社
製本　大口製本印刷株式会社

電話編集 03-3230-6579　〒101-0051
発行所　営業 03-3230-6572　東京都千代田区神田神保町3-29
振替 00180-0-29639　株式会社　平凡社

平凡社ホームページ　http://www.heibonsha.co.jp/

ISBN 978-4-582-80868-1
NDC分類番号167.6　全書判(17.5 cm)　総ページ380

乱丁・落丁本は直接読者サービス係でお取替えします(送料小社負担)

《東洋文庫の関連書》

12 薔薇園《グリスターン》〈イラン中世の教養物語〉　サアディー著　蒲生礼一訳

42 ペルシア放浪記〈托鉢僧に身をやつして〉　A・ヴァーンベーリ著　小林高四郎・杉本正年訳

71 75 85 93 127 218 246 290 339 356 388 399 443 449 455 482 502 530 551 アラビアン・ナイト　全一八巻・別巻一　前嶋信次・池田修訳

134 ペルシア逸話集〈カーブースの書・四つの講話〉　カイ・カーウース　ニザーミー著　黒柳恒男訳

150 王書《シャー・ナーメ》〈ペルシア英雄叙事詩〉　フィルドゥスィー著　黒柳恒男訳

191 七王妃物語　ニザーミー著　黒柳恒男訳

299 ハーフィズ詩集　ハーフィズ著　黒柳恒男訳

310 ホスローとシーリーン　ニザーミー著　岡田恵美子訳

331 カリーラとディムナ〈アラビアの寓話〉　イブヌ・ル・ムカッファイ著　菊池淑子訳

434 436 ハジババの冒険　全二巻　J・モーリア著　岡崎正孝・江浦公治・高橋和夫訳

601 614 630 659 675 691 704 705 大旅行記　全八巻　イブン・バットゥータ著　イブン・ジュザイイ編　家島彦一訳注

621 ペルシア見聞記　J・シャルダン著　岡田直次訳注

644 ペルシア王宮物語〈ハレムに育った王女〉　タージ・アッサルタネ著　アッバース・アマーナト編　田隅恒生訳

647 ペルシア民俗誌　A・J・ハーンサーリー　サーデク・ヘダーヤト著　岡田恵美子・奥西峻介訳

669 千夜一夜物語と中東文化〈前嶋信次著作選1〉　前嶋信次著　杉田英明編

673 イスラムとヨーロッパ〈前嶋信次著作選2〉　前嶋信次著　杉田英明編

684 書物と旅 東西往還〈前嶋信次著作選4〉　前嶋信次著　杉田英明編

729 730 アルファフリー　全二巻〈イスラームの君主論と諸王朝史〉　イブン・アッティクタカー著　池田修・岡本久美子訳

766 769 中国とインドの諸情報　全二巻　家島彦一訳注

780 782 785 マカーマート　全三巻〈中世アラブの語り物〉　アル・ハリーリー著　堀内勝訳注

789 ヴォルガ・ブルガール旅行記　イブン・ファドラーン著　家島彦一訳注

813 815 インドの驚異譚　全二巻〈10世紀「海のアジア」の説話集〉　ブズルク・ブン・シャフリヤール著　家島彦一訳